清·段長基 著
扈耕田
王艷 點校
王方領

歷代一統表之三

歷代疆域表

上

全國高校古籍整理研究委員會資助項目
河南古都文化研究中心學術文庫成果
白河書齋河洛文獻系列叢書之三

文物出版社

《疆域表》序

西厓，吾家香渚公所取而拔其尤者也。幼以慧聞，及弱冠，諸子百家無不搜攬，而疆域之學尤所深究。乾隆己酉遇于都中，初見之如舊相識，即出所著《歷代疆域表》，屬余序。余顧之不勝驚愕，曰：『疆域豈易言哉！自黄帝建九州，萬世不改。而其間有得之而日增者，有得之而日削者，離合損益，不能常其所治。秦并天下，以爲萬世之業。不數年，皆爲漢有。兩漢四百六年，歷遭莽、卓之變，傳至季漢。三分僅有其一。晉不三代，割據者十六國。隋不二世，分裂者十八雄。唐至五國，五鎮分爭其地。宋之世，遼、金、夏、相爲終始。天下之勢，參差難紀，已概見矣。而前五代，既分南北，元魏又分東西，不但齊周篡繼，其後，而蕭詧之江陵又犬牙于中。後五季五十三年，凡八姓十三其主。不但契丹侵得十六州，而晉陽之劉旻、西遼之耶律，又犄角于外。既縱横之不齊，亦盛衰而無常。若欲舉全代之輿圖而具載之，寔有難得其詳者。疆域豈易言哉！』及讀西厓《疆域表》，條而不紊，序而不亂，簡明詳該，瞭如指掌。自序云『循常熟顧處士之舊文』，而顧以今之舒城爲舒，西厓則以爲龍舒。顧以漢之高平爲鎮原，西厓則以爲固原。顧以益與益都爲一邑，西厓則以爲兩縣。顧以曹魏接東漢，西厓以蜀爲正統。則西厓之所表其文似顧，其義實非顧之所能及者。至其按代繪圖，一目瞭然，并于秦漢分置郡縣之始。據《春秋左傳》及《水經注》各代地理諸志參考，其由來俾由漢以下，而晉而隋而唐而宋而元明皆可推，其建置沿革之舊，不尤詳且備哉！夫輿圖之考，代不乏人。不遇，即一朝一代而紀之。然晉之《地道記》，殘闕不全。唐之《郡國志》，但及元和八年以前，宋之《太平寰宇記》①無雲朔、幽、涿諸州，即王象之《紀勝》二百卷，秖南宋疆域尚不能悉，汴京一統之舊況，歷代之幅員，古今之沿革錯綜互易，而欲如星辰之羅列，點點不移，必其博稽群書，經歷郡國方能纖屑畢載，豈徒騁筆底之才華，心機之靈敏，所能仿佛其萬一哉！余初讀顧氏書，深服博洽。今讀西厓《疆域表》，實尤前人所未及者，余無以爲西厓序。第即他書之未及，西厓詳且備者而較之，即所以序西厓也。勾餘二雲邵晉涵拜撰。

①《寰宇記》：馬可波羅(1254–1324)著。

《歷代疆域表》序

粵稽史冊，百王疆理天下，代有不同。黄帝畫百里之國得萬區，禹别九州衍弼成五服，至於五千。商周因之。漢承秦制，裂爲郡縣，東西九千三百二里，南北萬三千三百六十一里。隋東西九千三百里，南北萬四千八百十五里。唐東西九千五百十一里，南北萬六千九百十八里。宋東西六千四百八十五里，南北萬一千六百二十里。元起自漠北，東西萬里，南北幾二萬里。明東西南北俱萬有餘里。唐視漢宋則過之，較元明則不及，漢猶愈于宋，明稍遜于元。歷代之疆域已昭然矣。然此特其大略耳，若夫增損離合，強者兼，弱者削，或日闢國百里，或日蹙國百里，月異而歲不同，實有不可以里道計者。三代以上尚多均齊，元明以來亦少紛更，而周之興也，尚千八百國，既而七雄兼吞，東周僅存七邑，而卒歸于秦。漢之興也，有十三州部，迨至三國分峙，西蜀止有二州，而終統于晉。晉分十九州，地何廣也。而劉淵一倡，十六國雲擾，卒成六朝之世。至隋乃一統焉。唐至十五道，規何大也，而河朔分擅。十國蜂起，終攘五季之篡。至宋乃一統焉，夫宋之渡于臨安，不啻唐之立于靈武也，晉之遷于建康也，蜀漢之都于成都也。隋之裂于李、竇（李密、竇建德），不啻晉之亂于劉、石也，蜀之分于魏、吴也，秦之墮于陳涉、項羽也。而林邑、吐谷，隋猶多徼外之州；河北、陝西，宋猶多化外之州；松茂、敘瀘，唐猶多羈縻之州；京口、歷陽，晉猶多僑置之州；武都、陰平，蜀猶多遥領之州。其增損離合，既縱横之難齊，亦廣狹而無定，欲總歷代之始末，而具載之，竟有難得其詳者。唐之《元和郡縣志》，起京兆府，盡隴右道，凡四十七鎮。而元和八年以後，惟置宥州一條，他無所及。王象之《輿地紀勝》二百卷，所載秖南宋疆域，并非汴京一統之舊。即《寰宇記》亦成于太平興國，尚無十五路之分，而雲、涿、幽、朔未入版圖，惟常熟顧處士祖禹著《方輿紀要》，自上古迄有明，建置沿革，詳贍分明，即僑置羈縻，以及省廢等州縣，亦俱考覈時代，魏冰叔以爲天下不可無之書，洵哉！然卷帙浩繁，考釋頗略，且係前代形勢，與今尚有不合者，是編循其舊文而增減之，另爲編次。首列漢、唐、宋、明等于上者，所以表一統之疆域也；次列南北朝、五季等于下者，所以表偏安割據之疆域也；而黜魏帝蜀，所以表蜀之承統，實繼兩漢之正，亦猶夫東晉、南宋也。至補秦漢之郡國，而釋以今縣，晉、唐、宋之州縣，而考其原名，又以表建置之所自沿革之不一也。然變遷無常，考證多疎，今所記大較參差，其詳難舉。沈約所謂『千回百折，巧歷莫算；尋校推求，未易精悉』者也。仍存考，以俟博學之君子云。

大清嘉慶十八年歲次癸酉仲冬，西亳段長基識于粤東海康署之荔波軒。

段西崖《歷代疆域表》序

西崖段君名長基。綏猺司馬戴東塘先生之鄉人也。以明經授州別駕，需次於粵。歲戊辰，余亦捧檄南來，晤於公廨間。談古今都邑之變更，華夏封疆之遷徙，西崖亹亹條陳，瞭如指掌，竊心訝之，顾時以洋匪充斥，委涖獻局，日與孫思、徐海輩爲伍，碌碌於申、韓之學，考訂舊章，無暇及也。迨晤東塘先生述其嗜古成癖，而疆域之學尤所深究。著有《歷代图表》，诚巨觀也。惜西崖方攝篆海康，未獲一览。未幾，東塘先生以内艱帰里，余亦補授興寧長，相间千有餘里，音问莫通。甲戌，因公晉省，聞西崖卒於旅次。竊歎其殚述經史，谈洽古今，不克展布於玉堂金馬之間，與名公卿相頡頏，徒以區區俗吏終焉。顾其書之元元本本，詳诸家之所未及者，究未窺其奥也。戊寅之冬，承乏南海，東塘先生遍留省鞫讞，暇時相遇，滋乃出西崖《疆域表》見示，且谓履曰：『余購是書，良不易也，西崖死，無子，兩孫幼孤寄，食於親串家，余憫其書之不傳，百計購得其板，將醵金印刷，公諸同好。西崖有知，當亦無恨矣！』子盍列而序之，而簿書繁劇，亦未暇也。嘉平祀竈日，新方伯莅粵，將迎於境上，乃取其書载舟中，詳加披阅，上自五代，下迄元明，凡郡國之因革，幅幁之損益，莫不畢載。邵二雲學士之序，謂其較顾祖禹之《方輿紀要》，尤爲博洽，信不誣也。顾是書之本末，邵序與自記已詳言之，不必贅矣。余獨幸其殁已五年，兩孫流離寄食，茕茕不克自保。鏤版雖存，其不至與春臼昌谷詩之入溷者幾希矣。得東塘先生購其版，而佈諸同好，不啻起西崖，而肉骨之。且聞有争其孫以訟者，先生言於番禺章雨薌司馬而乏其獄，其書存，其孫亦存。詩曰：『洽比其鄰，婚姻孔云。』先生其云之矣。

先生之於西崖，不以聚散異，不以死生易也，不良厚乎！同好之得是書者，景西崖之博洽，尤願景先生之古道，以敦相保、相助之義焉。庶文字之誼明，而桑梓之情篤爾。峕

嘉慶二十三年，歲次戊寅嘉平月，泰州仲振履柘菴甫序于紫洞舟中。

段西崖《歷代疆域表》跋

州别駕段君西崖，余爲南海始識之。盖鄉西亳人，暇時过从，知其好学深思者，顾方逐逐簿領間，未遑訂子雲之奇字，究君山之新論也，嗣是余與西崖，浮沉嶺海，或一年數面，或數年一面，仰屋踏壁之事，非風塵俗吏所常談。其著有《歷代疆域表》一書，則仍不之知。辛未，余以憂帰，逮甲戌歲杪，重抵羊城，而西崖歿已經年矣，然猶未知有是书也。乙亥春正。有揭陽督催之行。自此往来韓江、梅水间者又三年。戊寅以鞫讞留會垣。始悉西崖有是書，兩孫惸惸寄食，其板業典錢，非復段氏物。余憫西崖貽厥之孤苦，而又懼是板𡧿朽蟻蝕，久之其書遂湮没無聞，爲尤可憫也。爰極力購得之以質仲柘菴明府，谓可公諸同好。因丐柘菴數言弁其首，余亦附識巔末於後，至此書之其不至覆瓿與否，吾不敢知，毋亦謂西崖半生心血，得附是書而存焉。爾若柘菴所謂起西崖而肉骨之，則吾豈敢。

嘉慶二十四年已卯春正，樂静山人光山戴錫綸東塘甫跋於羊城行館。

歷代疆域總略

原夫天分九野，地畫九域，此天地自然之疆理也。聖人出，仰觀天文，俯察地理，畫野分州，黃帝得百里之區萬國，顓頊分爲九州：曰冀、曰兖①、曰青、曰徐、曰揚、曰荊、曰豫、曰梁、曰雍。洪水泛濫，天下分絶。堯使舜攝肇爲十二州。然亦以冀之廣分爲幽、并，青之廣析爲營、耳。禹平水土，仍爲九州。塗山之會，執玉帛者尚云萬國。而四百年間，遞相兼并，逮商受命，其能存者纔三千餘國，亦爲九州，分統天下。及周克商，改禹之徐、梁二州合于雍，青分冀州地以爲幽并，載職方氏，仍曰『九州』，而其國僅千八百焉。東遷以後，迄獲麟之末，諸侯更相吞滅，百有餘國，而會盟征伐見于《春秋》，章章可紀者，約止十四君。陵夷至戰國，天下分而爲七：曰秦、曰韓、曰魏、曰趙、曰燕、曰齊、曰楚。始皇并天下，罷侯置守，分天下爲三十六郡（三川、河東、上黨、壺關、太原、代郡、鴈門、雲中、九原、上郡、北地、隴西、潁川、南陽、碭郡、邯鄲、上谷、鉅鹿、右北平、遼西、遼東、東郡、齊郡、薛郡、琅琊、泗水、漢中、巴郡、蜀郡、九江、鄣郡、會稽、南郡、長沙、黔中）。又平百越，置閩中、南海、桂林、象郡，郡凡四十。始皇没，山東之衆起而亡秦。項羽分諸將，王楚者四，王趙者二，齊者三，燕者四，魏者二，二韓，三秦并漢中共一十八王。及漢平天下爲一統，先矯秦弊，爲封建，後仍增置郡國。武帝攘匈奴，開南越及西南夷，又通西域，開朝鮮，于是南置交阯，北置朔方，分天下爲十三州部（司隸豫州、冀州、兖州、徐州、青州、荊州、揚州、益州、涼州、并州、幽州、交州）。各置刺史，而不常所治。光武中興，郡國蕭條，并省者八（城陽、淄川、高密、六安、泗水、廣平、膠東、真定）。而增置永

①兖：音yǎn。

昌、任城、吴郡、濟北凡四郡，又合屬國比郡者六，合之百有五焉。東樂浪、西敦煌、南日南、北雁門，四履之盛幾于前漢。董卓賊亂，關東兵起，先主以帝室之胄在蜀，正位以承大統。而魏據中原，吴割江東，季漢僅成偏安之勢。晉武既平，孫氏增置郡國二十有三，省司隸置司州，别立梁、秦、寧、平、四州，仍吴之廣州。凡十九州。斯時也，割據中原，縱横于河北、廣東者凡十六國（前趙、後趙、前秦、後秦、西秦、前凉、後凉、南凉、北凉、西凉、前燕、後燕、北燕、南燕、西燕、成夏），其亂與晉相終始，及晉亡，拓拔氏興，而天下遂分爲南北朝，南宋、齊、梁、陈、北魏與周齊。自晉惠帝永興元年，劉淵僭號平陽，是爲亂華之始。後歷南北朝滋亂，共三百四十六年，至隋平陳，南北始合于一。煬帝廢郡爲州，仍置司隸刺史，分部巡察。後平吐谷渾，更置四郡，凡郡百，縣千二百五十有五，自李密窦建德等十八姓逞雄割據，九宇分崩。與山東之衆之亡秦者略同。唐承隋後，置州愈多。貞觀初，分天下爲十道，曰關内、河南、河東、河北、山南、隴右、淮南、江南、劍南、嶺南。開元二十一年，又因十道分山南、江南爲東西道，增黔中道及京畿、都畿爲十五道，各置採訪使，檢察非法，如漢刺史之職。于邊境置節度經略使，郡府二百二十八，縣千五百七十有三。朱温篡唐，與後唐、晉、漢、周號爲五代，皆都汴。中原戰爭方未已，而江、淮、蜀、楚、閩、廣之間割據者十國（吴、南唐、西蜀、後蜀、南漢、北漢、楚、吴越、閩、荊南）。復星羅碁布其中，亂何極也。宋興而天下一治。太宗分天下爲十五路，仁宗析爲十八路，神宗元豐頒《九域志》，總二十三路，曰京東東西，曰京南南北，曰河北東西，曰河東，曰陝西二路，曰兩浙二路，曰淮南東西，曰江南東西，曰荊湖南北，曰成都等四路，曰福建，曰廣南東西。然契丹未静，夏孽方張。紹興二十一年，金人自淮水中流定界，宋截長補短僅十六路（浙西、浙東、江東、江西、淮東、淮西、湖北、湖南、京西、成都、潼川、利州、夔州、福建、廣東、廣凡府州軍監一百九十，縣七百有三。元滅金、滅夏，遂滅宋，而一天下，立中書省一，以統腹裏諸路（河北、山東、山西，地謂之腹裏，領大寧等路廿九，曹州等州八，又屬府三順寧、中山、河中、也）。外立行中書省十一（嶺北、遼陽、河南、陝西、四川、甘肅、雲南、江浙、江西、湖廣、征東。）以分鎮藩服其地。西北雖過于前，而東南島夷尚未盡附。至有明，改故行中書省爲布政司十三，分領天下之府州縣，而都司衛所錯置于其間，以爲防禦東西萬一千七百五十里，南北一萬九百里。我皇清誕膺天命，統一華夷，幅員之廣，實有莫知其所至者，東不盡遼左，西不盡流沙，南越海南而又南于海，北極漠北而又北于漠，八荒四極，靡不來庭，而一統之盛，冠乎古今者，垂之萬世，有足徵云。

南北朝國都地理圖

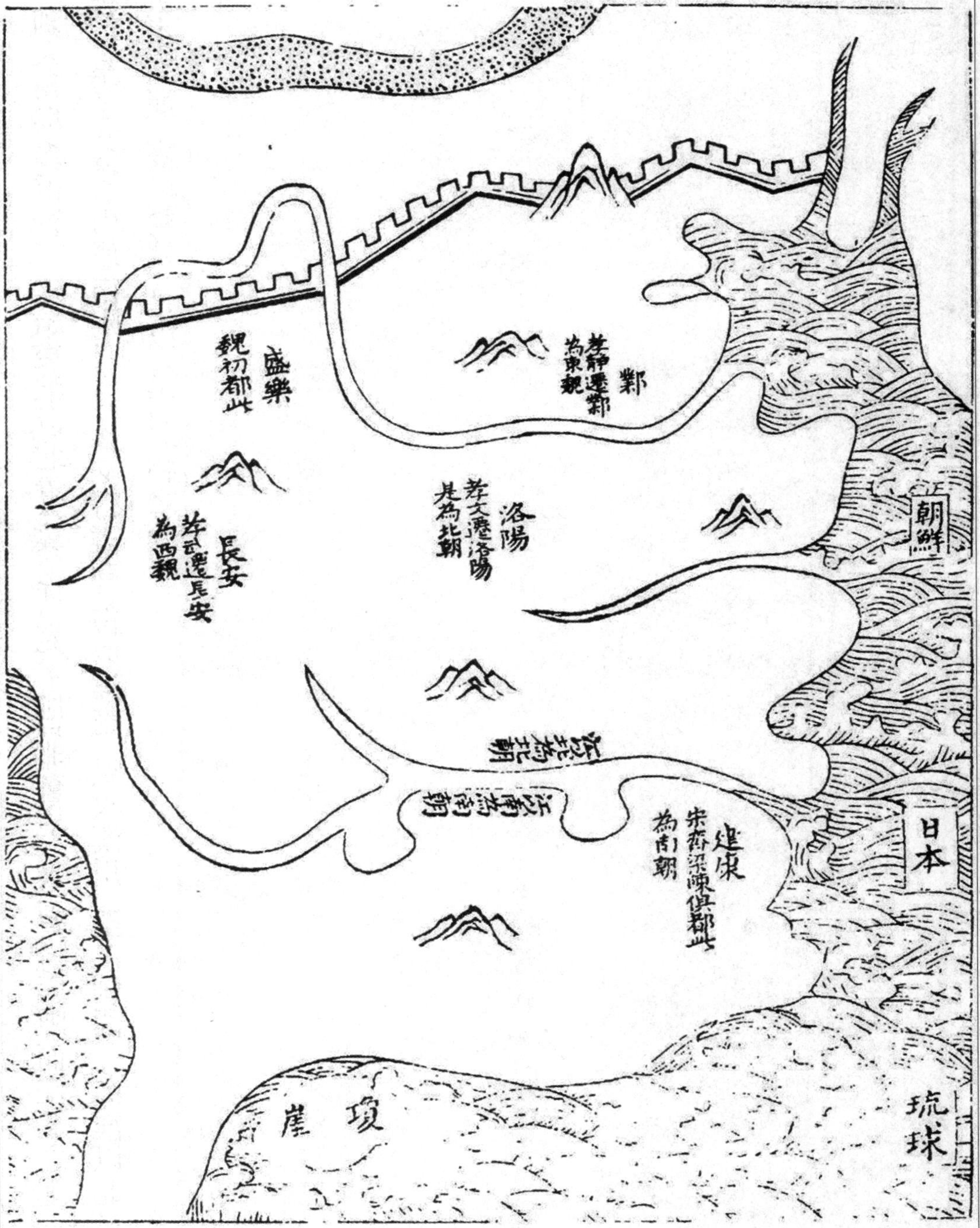
盛樂
魏初都此
鄴
孝静遷鄴為東魏
洛陽
孝文遷洛陽是為北朝
長安
孝武遷長安為西魏
江北為北朝
江南為南朝
建康
宋齊梁陳俱都此為南朝
朝鮮
日本
瓊崖
琉球

劉宋州郡多僑置。建始後淮以北青、冀、徐、兖、豫皆非舊境。至齊、梁、陳而江北之地，多没于齊、魏。至孝文遷洛，取南陽，宣武恪又得壽春，復取淮南，續收漢川，至于劍閣。江漢以北，西自流沙，東至高麗，寖以屬魏，是以有南北朝之分。

晋國都地理圖

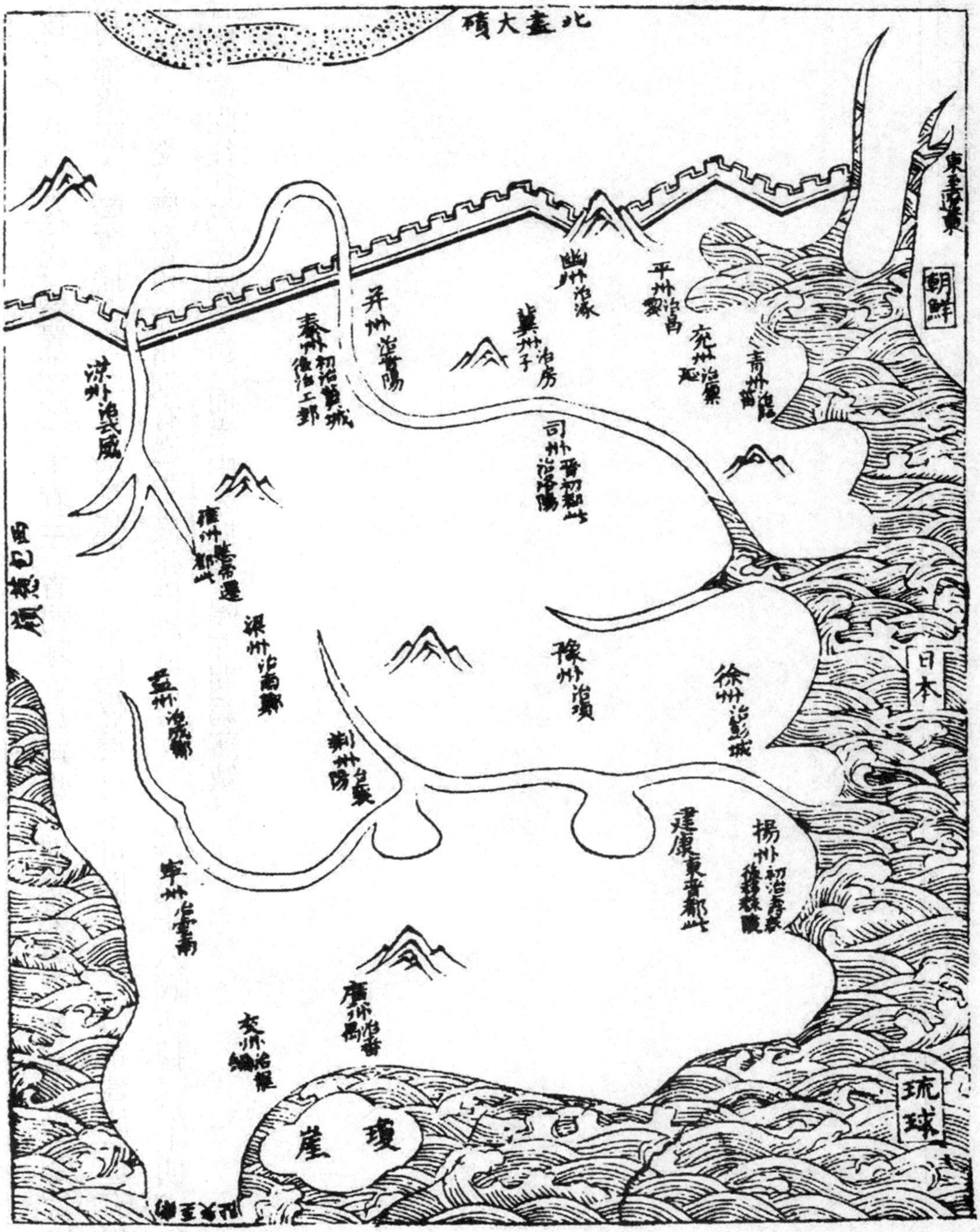
北盡大磧
東至遼東
朝鮮
幽州治涿
平州治昌黎
兗州治廩丘
青州治臨菑
冀州治房子
并州治晉陽
秦州初治冀城後治上邽
涼州治武威
司州治洛陽晉初都此
雍州治長安愍帝還都此
梁州治南鄭
益州治成都
豫州治項
徐州治彭城
荊州治襄陽
揚州初治壽春後移秣陵
建康東晉都此
寧州治雲南
廣州治番禺
交州治龍編
瓊崖
日本
琉球

按：晉武既平孫氏，增置郡國二十有三，省司隸置爲司州。别立梁、秦、寧、平，仍吴之廣州，凡十九州，都洛陽。愍帝播遷長安，卒爲劉曜所降，中原板蕩，已不可問矣。元帝都建康，但有揚、荊、湘、江、梁、益、交、廣數州，徐州則有過半，豫州惟譙城而已。其餘盡爲十六國所據，然上明、夏口、武昌、合肥、壽陽往往爲邊圉重鎮，而漢中彭城、襄陽亦間爲藩鎮。

①湣(mǐn)帝：皇帝的謚號之一。

隋國都地理圖

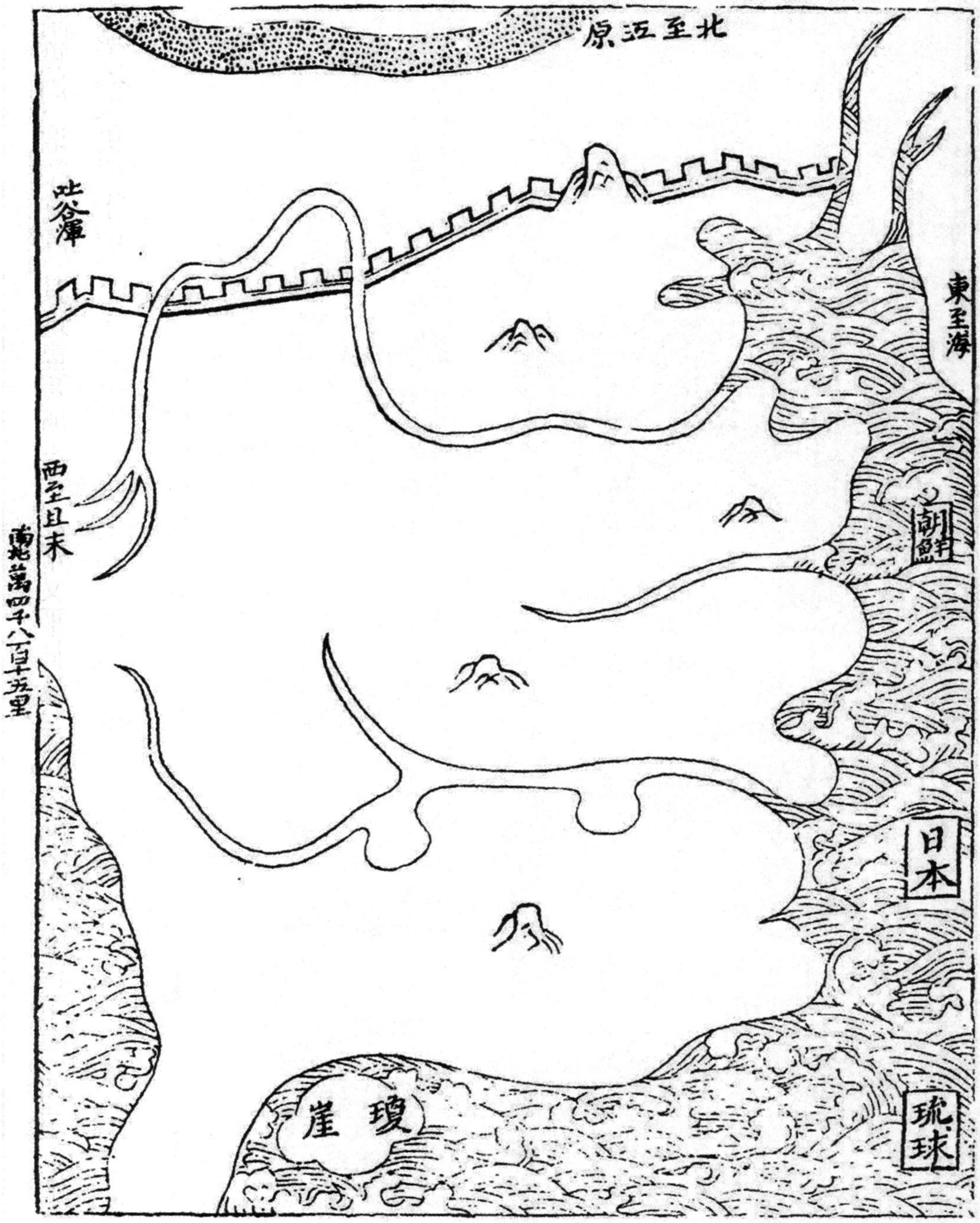

隋簒周，取梁并陳，其地盡爲所有。煬帝又平林邑，克吐谷渾，東、南皆至海，西至且末，北至五原，疆域之大更盛于前。

秦國都地理圖

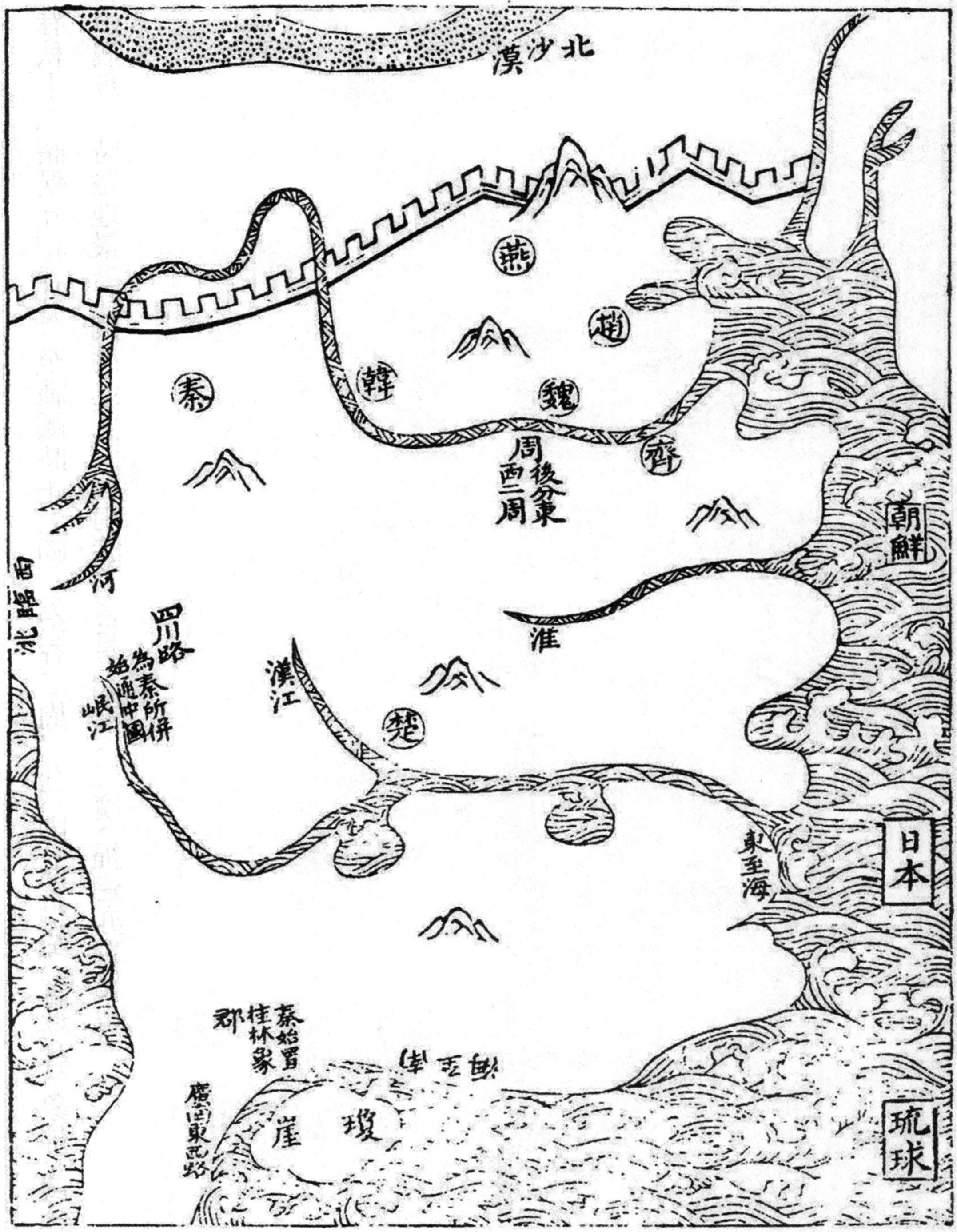
北沙漠
燕
趙
韓
秦
齊
周後分東西二周
朝鮮
河
四川路為秦所併始通中國
岷江
漢江
淮
楚
日本
東至海
秦始置桂林象郡
廣西東西路
瓊崖
琉球

春秋十二諸侯互相吞滅，至戰國時止七國。秦吞二周，并六國，開巴蜀，置桂林、象郡，閩越、東越皆臣屬焉。時楚地最廣，荆湖、淮南、江南諸路皆是，兩浙、二廣、福建亦羈屬也。

三漢國都地理圖

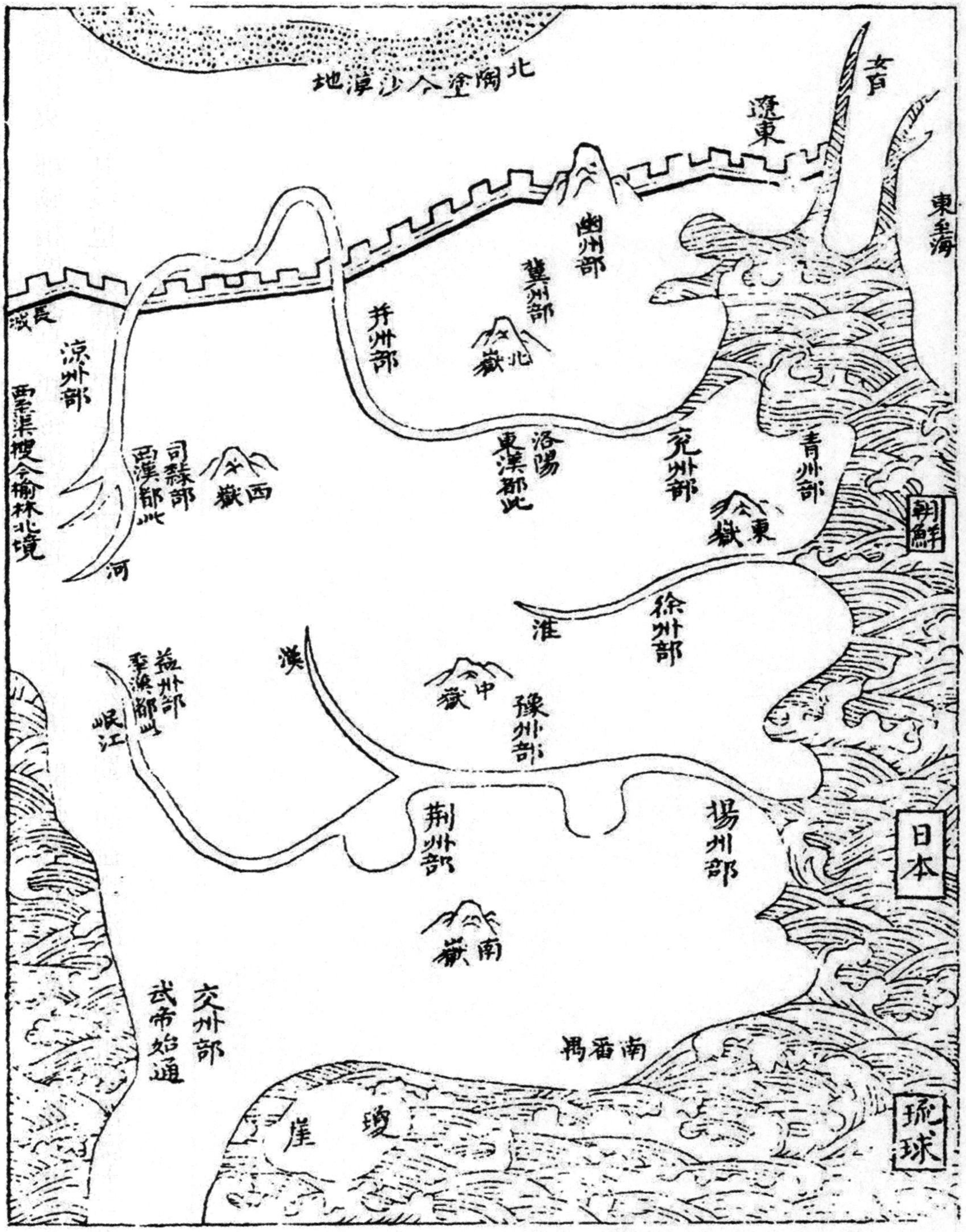

南北一萬三千三百六十一里

東西九千二百二里

漢興以來，郡國稍增秦置。武帝攘胡平越，又通西南夷，開朝鮮，分天下爲十三州部。東漢光武中興，仍舊。迨其季也，魏據中原，吴割江東，昭烈雖承統西蜀，而益州、涼州、交州僅得漢十三州之一。

周國都地理圖

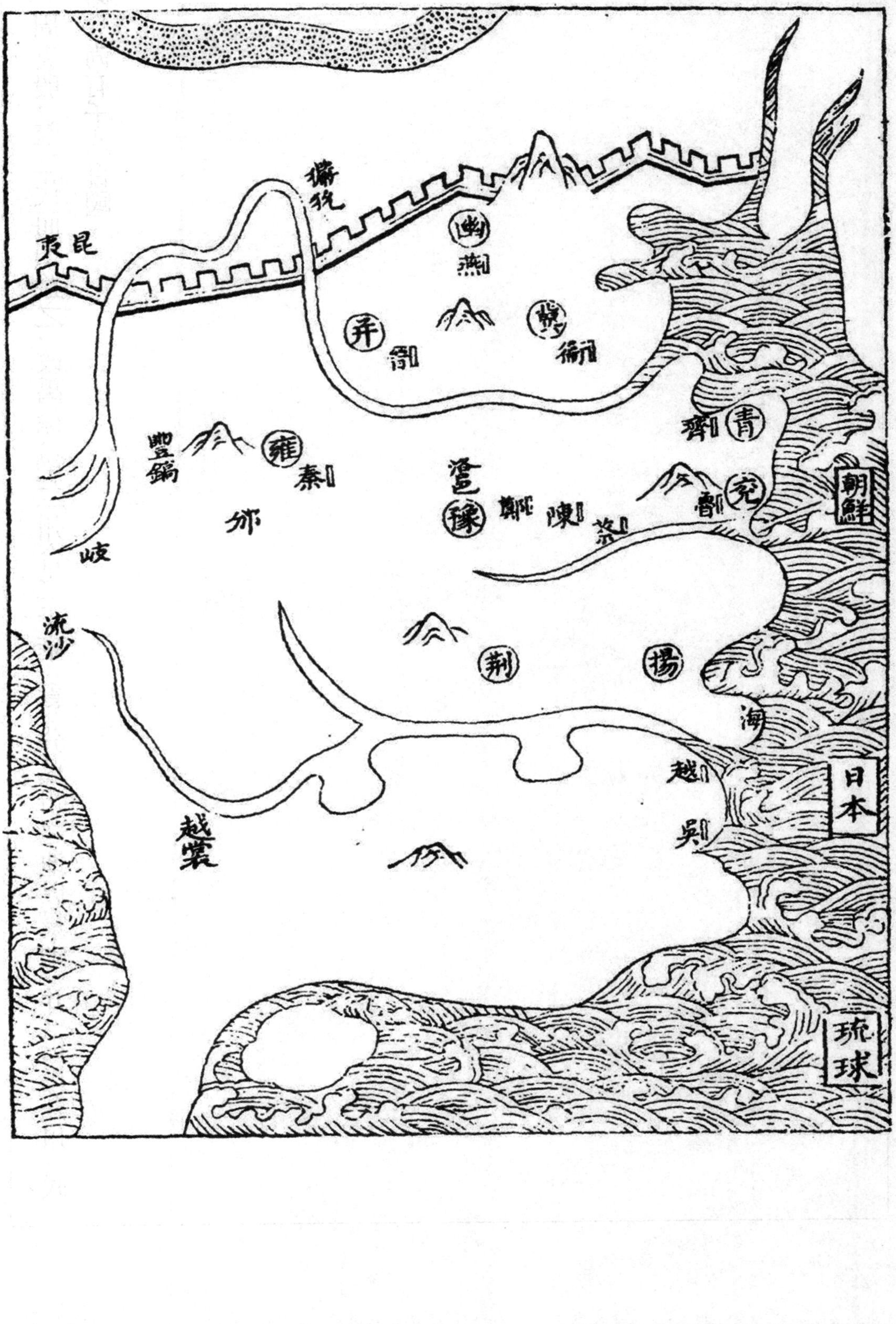

周克殷，監二代而損益之，改禹徐、梁二州合之于雍、青，分冀州之地以爲幽、并，仍爲九州，武王觀兵尚有千八百國。

五帝國都地理圖

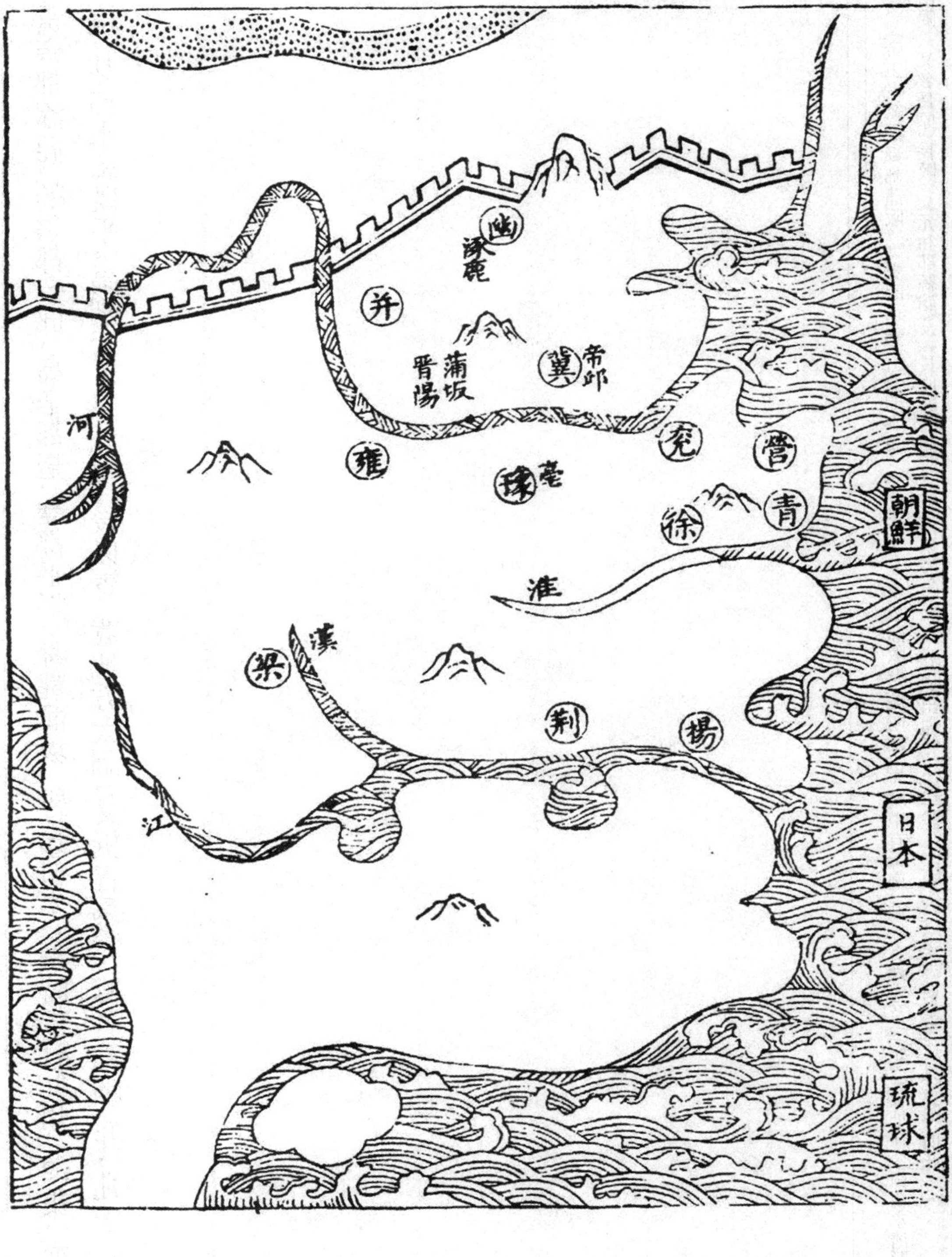

黄帝都涿鹿，顓頊都帝邱，高辛都亳，堯都平陽，舜都蒲坂，皆在河東。是時方有九州。河東、河北一也，其初水患既平，禹别天下爲九州，後以青、冀地方太濶，又析青爲營，析冀爲幽、并，凡十有二州。

①蒲坂：《帝王世紀》：『舜都蒲阪。』《史記正義》引《地記》注：『河東縣東二里故蒲阪城，舜所都也。城中有舜廟，城外有舜宅及二妃。』故址在今山西永濟縣蒲州老城東南隅。又名長原、長阪。《元和郡縣誌》：『長原亦名蒲阪，在（河東）縣東二里，其原出龍骨。』《太平寰宇記》：『漢志始皇東巡見長阪，即此。』

夏商國都地理圖

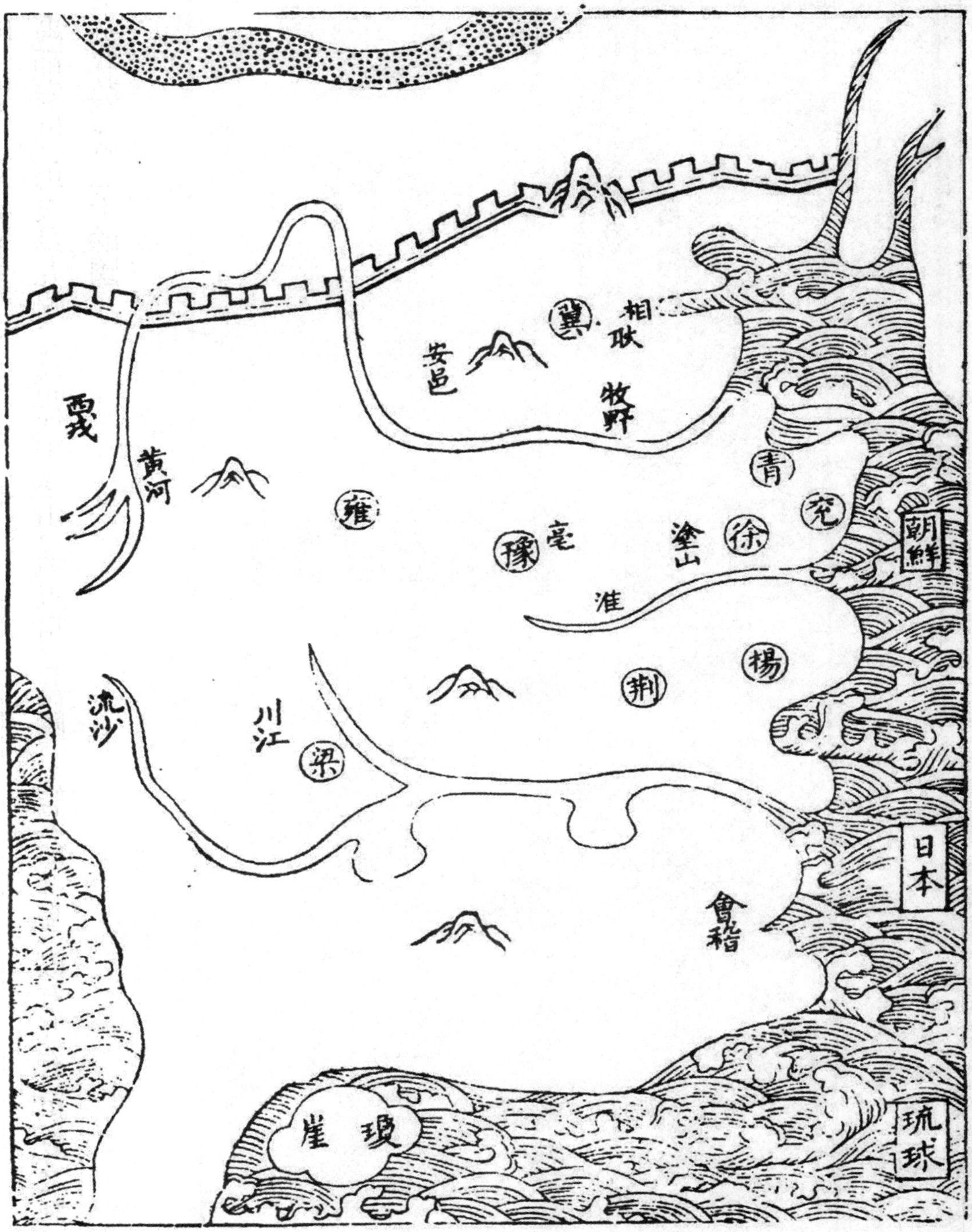

禹都安邑，仍復爲九州，會諸侯于塗山，執玉帛者萬國。湯受命都亳，以有九有，仍夏之制，無所變更，而其存者三千餘國。

元國都地理圖

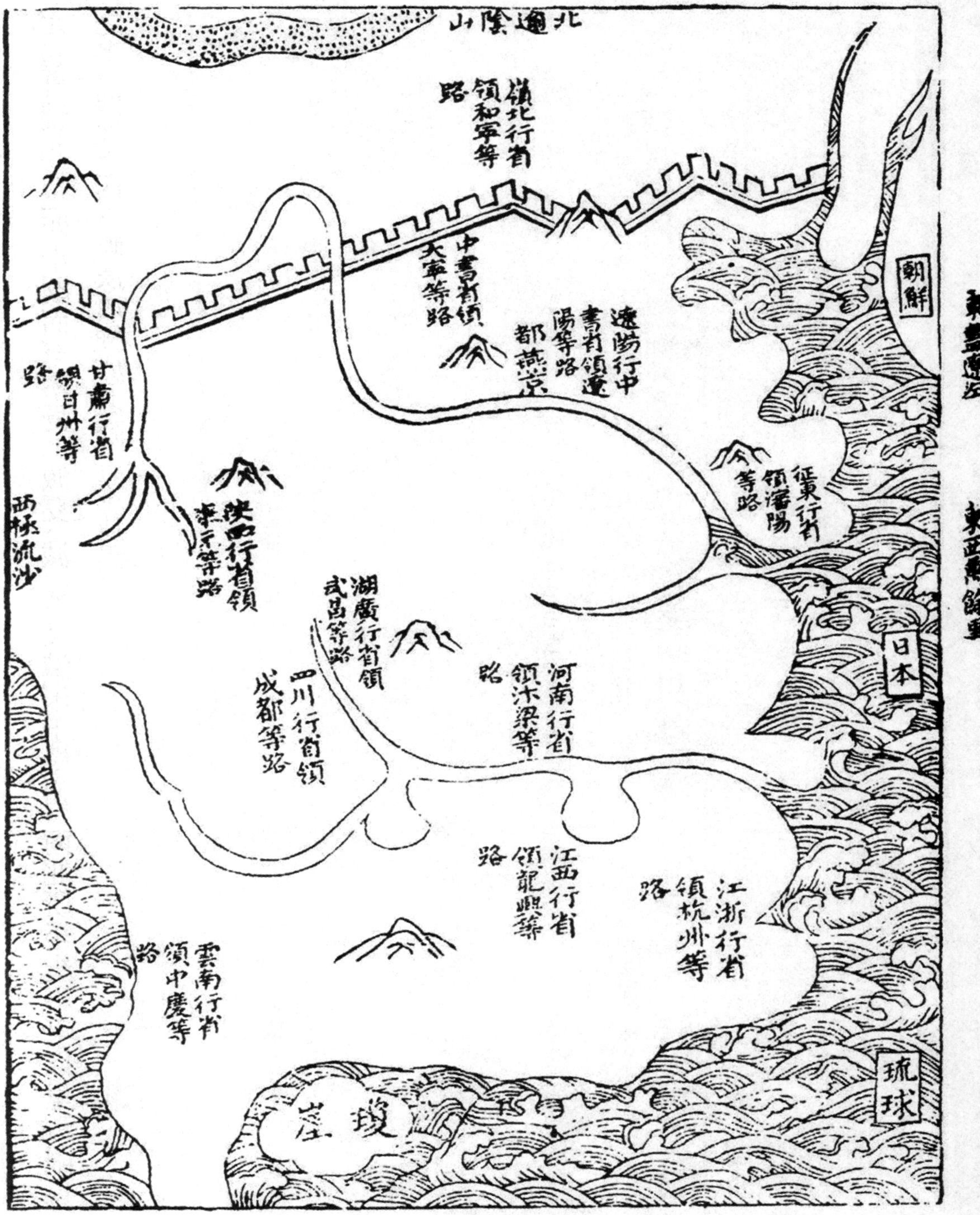
北通陰山
嶺北行省領和寧等路
中書省領大寧等路
遼陽行中書省領遼陽等路
都燕京
甘肅行省領甘州等路
陝西行省領京兆等路
征東行省領瀋陽等路
朝鮮
東盡遼左
東西萬餘里
西極流沙
湖廣行省領武昌等路
四川行省領成都等路
河南行省領汴梁等路
日本
江西行省領龍興等路
江浙行省領杭州等路
雲南行省領中慶等路
琉球
瓊崖
南越海表

元起自漠北，越四十國而至寧夏。滅夏、滅金，又滅宋于崖州，南北所至幾不可以里數限也。其户口之多，輿地之廣，雖漢唐極盛之際有不逮焉。

明國都地理圖

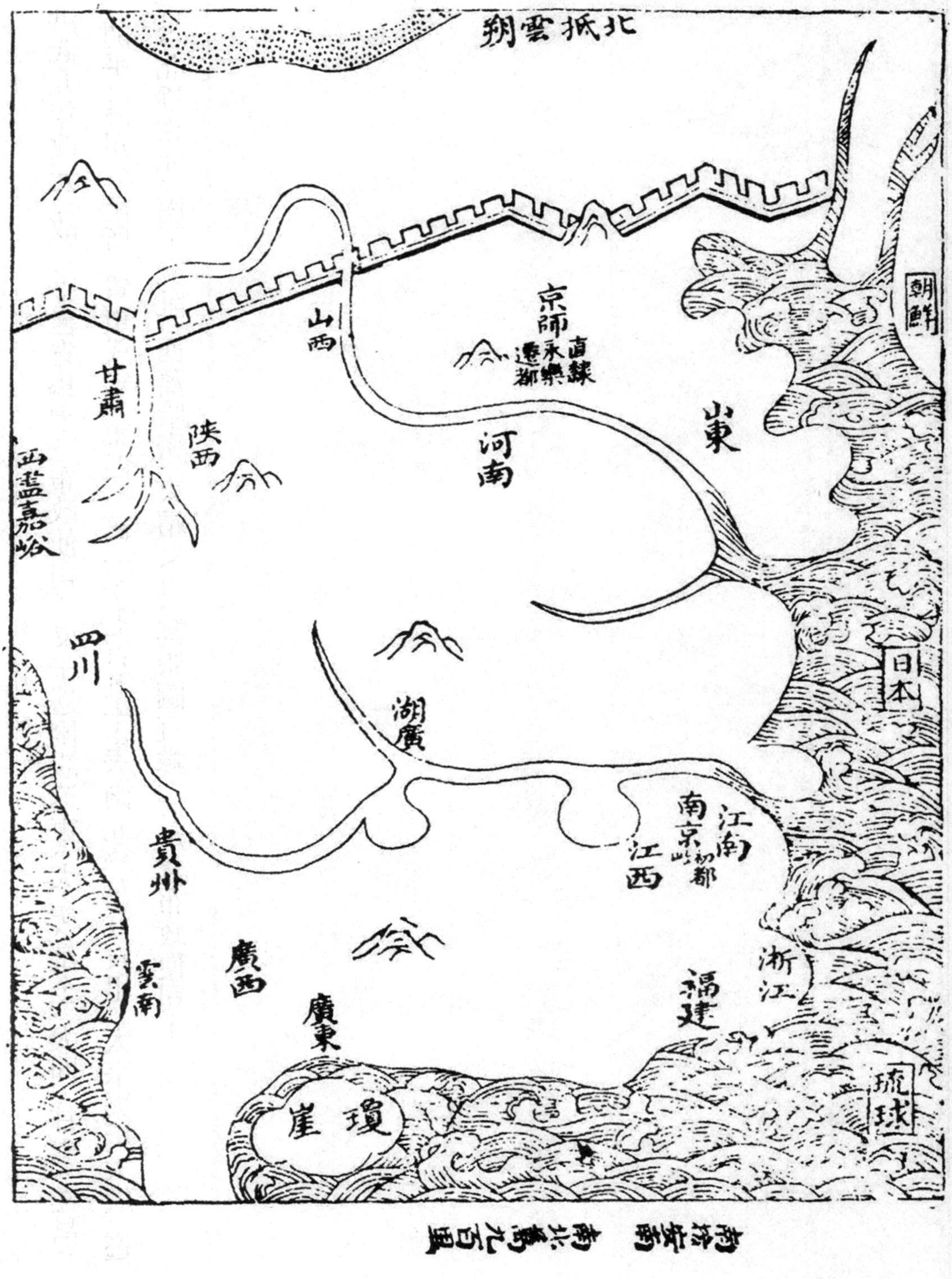
北抵雲朔
東越遼陽
東西為一千七百五十里
南抵安南
南北為九百里
朝鮮
京師
直隷
永樂遷都
山西
甘肅
陝西
河南
山東
西盡嘉峪
四川
湖廣
南京
初都
江南
江西
貴州
雲南
廣西
廣東
浙江
福建
日本
琉球
瓊崖

洪武九年改元，故行中書省爲十三布政使司。又于邊圉設遼東、大寧、萬全、大同、甘肅、建昌、貴州、開平、洮州各衛所，置軍戍守。東西一萬一千七百五十里，南北一萬九百里。太宗纂承大統，遷都北京，北逐亡元，南平交阯，西藩哈密，東靖女直，其版圖直隸二、承宣布政使司十三。

唐國都地理圖

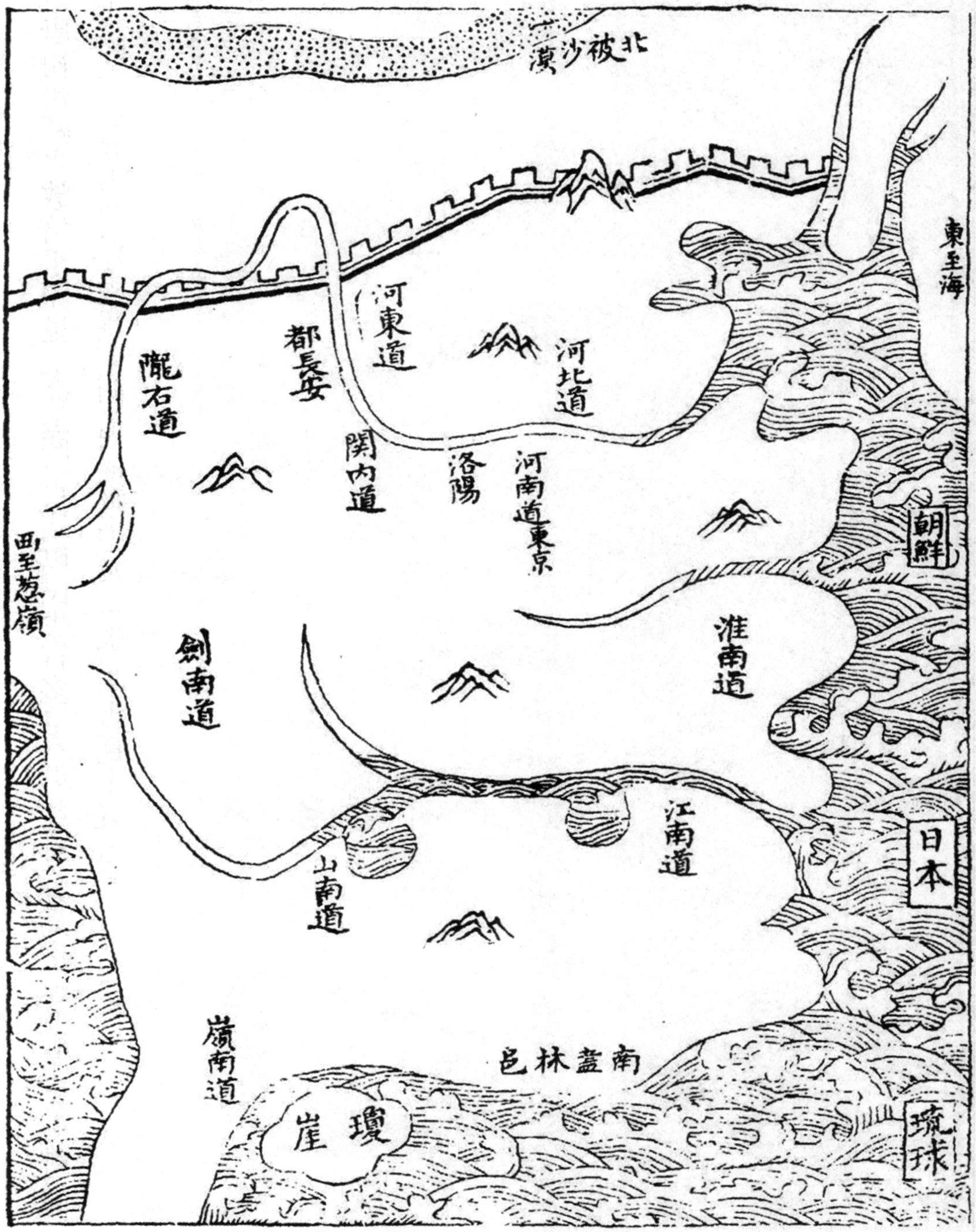

南北萬六千九百十八里

東西九千五百十一里

唐初州縣之數倍于開皇、大業間，貞觀以民少官多，大加并省，分爲十道。明皇增飾，開元二十一年，因十道分山南、江南爲東西道，增黔中及京畿、都畿爲十五道。

宋國都地理圖

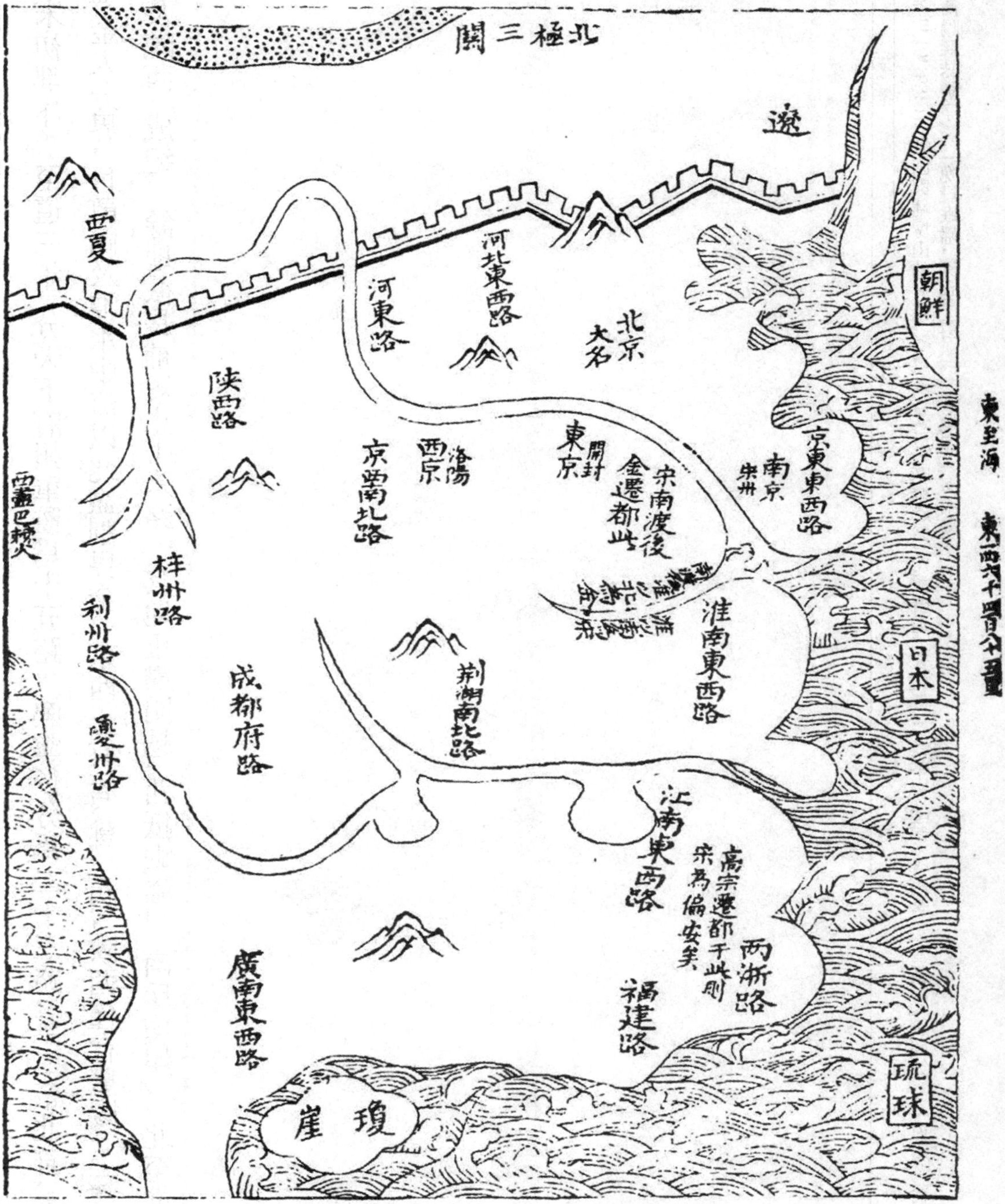
北極三關
遼
西夏
朝鮮
河北東西路
河東路
北京
大名
陝西路
西京
洛陽
京西南北路
東京
開封
宋南渡後
金遷都此
南京
宋州
京東東西路
淮南東西路
日本
梓州路
利州路
成都府路
荊湖南北路
夔州路
江南東西路
高宗遷都于此則
宋為偏安矣
兩浙路
福建路
廣南東西路
瓊崖
琉球
東至海　東西九千四百八十里
南至海　南北萬一千六百二十里

宋初都汴。至道三年，分天下府州軍監爲十五路。熙寧後分爲二十三路，至二帝北狩，高宗南渡，與金人分界，自散關及淮水中流以北盡割畀金。京西止有唐、鄧二州，陝西僅存豐陽、上津、天水三縣及隴西、成紀。餘地截長補短止十六路。其地東盡明越，西抵岷嶓①，南斥瓊崖②，北至淮漢。

①岷嶓（mín bō）：岷山與嶓塚山的并稱。《書·禹貢》：『岷嶓既藝，沱潛既道。』孔《傳》：『岷山、嶓塚，皆山名。』晉張載《劍閣銘》：『遠屬荊衡，近綴岷嶓。』王闓運《〈衡陽縣誌〉序》：『晚投岷嶓，抗志浮雲。』 ②瓊崖：海南島。

歷代疆域表上卷

偃師段長基編輯

男揺書恭注

孫鼎鑰
鼎鈞校梓

目録

盤古至唐虞

夏

商	周	秦	西漢	

盘古至唐虞

伏羲　都邑

都陳。○注：今河南陳州府。

疆域

神農，都陳又營曲阜。○注：今山東曲阜縣。

黃帝，邑於涿鹿之阿。○注：今涿州北直順天府屬，《括地志》：媯州①懷戎縣東南五十里，有涿鹿山，城在山側，黃帝所都也。懷戎縣今宣府鎮懷來衛。

方制萬里，畫野分州，得百里之國萬區。故《易》稱『先王以建萬國，親諸侯』，《書》稱『協和萬邦』。

少昊，自窮桑○注：今曲阜北。登位，徙曲阜。

①媯州：媯州，是中國古代行政區劃名。唐貞觀八年（西元634年）改北燕州置，屬河北道，治懷戎縣（今河北省涿鹿縣西南保岱鎮。長安二年（702年）移治清夷軍城，今河北省懷來縣東南舊懷來）。轄境相當於今河北省張家口市、宣化縣、懷來縣、懷安縣、涿鹿縣及北京市延慶縣等地。

顓帝，自窮桑徙帝邱。○注：今北直開州西南三十里舊濮陽城。	建冀、兖、青、徐、荆、揚、豫、梁、雍九州，地載《禹貢》。	
高辛氏，都亳。○注：今河南偃師。	受顓帝九州。	
唐堯，都平陽。○注：《世紀》堯始封于唐，今北直唐縣，後徙晉陽，今山西太原府，及爲天子都平陽，今山西平陽府。	遭洪水，懷山襄陵，天下分絶。	

虞舜，都蒲坂。○注：今山西蒲州府。

摄帝位，命禹平水土，肇十有二州。

冀州

兖州

青州

徐州

荆州

扬州

豫州

梁州

雍州

并州○注：分冀東恒山之地，置今北直之真定、保定及山西之太原、大同等府皆是。

幽州○注：分東北醫無閭之地，置今北直之順天府、永平府及遼东广宁等，衛以西北皆是。

營州○注：分青州東北遼東之地，置今遼東定遠諸衛以北，又東至朝鮮境。

夏

都邑

都安邑。○注：《世紀》鯀封崇伯，地在秦晉之間，或曰陝西鄠縣，禹封夏伯，今河南禹州，及受禪都平陽，或爲在安邑，今山西解州屬縣，或爲在晉陽。其後帝相都帝邱，少康中興，復還安邑。堯、舜、禹，皆在冀州境内。

東坡《禹迹圖》云：禹都平陽、安邑。是禹避舜子處，非都也。

疆域

隨山刊木，奠高山大川。水土既平，還爲九州載《禹貢》。

冀州○注：東、西、南三面距河。今北直山西及河南之彰德、衛輝、懷慶三府，遼東之廣寧諸衛皆是。

濟河惟兗州○注：東南據濟，西北距河。今山東東昌府及濟南北境、兗州府西境，又兼有北直大名府，及河間府、景滄諸州境。

海岱惟青州○注：東北距海，西南距岱。今青、登、萊三府，以至濟南府西境，及遼東定遼諸衛皆是。

海岱及淮惟徐州○注：東至海，北至岱，南及淮。今山東兗州府，及南直徐州，又鳳陽府之宿州、泗州、淮安府之邳州、海州皆是其地。

濟水發源河南濟源縣王屋山，至山東利津縣入海。

岱，泰山。在山東泰安州北五里。

海在淮安府東，淮水出河南桐柏縣桐柏山，至淮安府安東縣東北入海。

淮海惟揚州○注：北據淮，東南距海。今南直浙江、江西、福建皆是。

荆及衡陽惟荆州○注：北據荆山，南及衡山之陽。今湖廣州郡，至四川遵義府及重慶府南境，又貴州思南、銅仁、恩州、石阡等府，及廣西之全州，廣東之連州皆是其地。

荆山在湖廣南漳縣西北八十里，衡山在湖廣衡山縣西三十里。

荆河惟豫州○注：西南至荆山，北距河。今河南州郡及湖廣、襄陽、鄖陽府境皆是。

華陽黑水惟梁州○注：東據華山之陽，西距黑水。今四川州郡及陝西漢中府境。

華山在陝西華陰縣南十里，黑水或以爲雲南之瀾滄江。

黑水西河惟雍州○注：西據黑水，東距河。今陝西州郡皆是。

黑水今陝西肅州衛西北十五里，有黑水河在古雍州東。

鄭氏曰：州縣之設，有時而更，山川之形，千古不易。所以《禹貢》分州，必以山川定疆界，使兖州可移，而濟河之兖不可易，梁州可遷，而華陽黑水之梁不可遷，故《禹貢》爲萬世不易之書。

殷商

都邑

契始封商。○注：今陝西商州。

相土遷商邱。○注：今河南歸德府。

湯居亳。○注：《括地志》：宋州穀熟縣西南三十五里，南亳故城，湯所都也。又蒙城西北，有亳城，爲北亳，河南偃師爲西亳，帝嚳始居此，湯即位，自南亳徙都焉。

仲丁。○注：遷囂，《世紀》：今河南敖倉。《括地志》：鄭州滎澤縣西南十七里[1]，故滎澤城是。

河亶甲居相。○注：今河南彰德府西北五里[2]，有相城。

祖乙都于耿。○注：今山西河津縣南十里有。

疆域

因夏之制無所變更。○注：王氏曰：『《爾雅》兩河間曰冀，河南曰豫，濟東曰徐，河西曰雍，漢南曰荆，江南曰揚，燕曰幽，濟河間曰兖，齊曰營。孫氏炎以爲分《禹貢》之冀，而復舜之幽，又并青于徐，而復舜之營。殷之九州，燦然可考。』陸氏佃亦云：『《禹貢》有青、徐、梁，而無并、幽、營。《爾雅》有徐、幽、營，而無青、梁、并，《職方》有青、幽、并，而無徐、梁、營，三代不同故也然。』《班氏志·地理》以爲，殷因于夏，亡所變更。杜佑亦曰：『殷湯受命，亦爲九州，分統天下，《爾雅》之文，未可據爲商制矣。』

---

①滎澤縣：形成于史前，《禹貢》所講『滎波既瀦』，説的是黄河水沿古濟水溢出後聚積爲滎澤。滎澤與濟水如連體弟兄、息息相連，『濟水出王屋，其源來不窮』，『朝宗未到海，千里不能休』。　②河亶甲：（生卒年不詳），甲骨文作戔甲，子姓，名整，是商王太戊之子，商王仲丁和外壬的弟弟，商朝第十一任君主。在其兄外壬死後繼位。河亶甲在位時，商朝再度衰落，無奈之下，他北上遷都於相（今安陽内黄），以緩解内外交困的局面。河亶甲還曾出兵征伐東南方的藍族和班方，在一些方國的幫助下，使叛亂的諸侯重新安定下來。河亶甲在位9年病死，後葬於相。

耿城《史記》：祖乙遷于邢，或以爲今北直順德府，治邢臺縣《索隱》曰：邢即耿，非。

盤庚遷殷。○注：即西亳。

武乙徙朝歌。○注：今北直濬縣西五十里[1]，廢衛縣是。亦見淇縣。

周

都邑

后稷始封邰。○注：今陝西武功縣西南二十里，故斄城是。

公劉徙邑治于豳。○注：今陝西三水縣西三十里有古豳城。

太王遷于岐。○注：今陝西岐山縣東北五十里岐山鎮是。南有周原，改號曰周。

疆域

既克。殷，監二代而損益之，改禹徐、梁二州合之于雍、青，分冀州之地以爲幽并。仍爲九州。載《周職方氏》：『東南曰揚州：山會稽，藪具區，川三江，浸五湖。』[2]

○注：水瀰漫而灘淺者曰藪，窪下[3]而種水者浸。

會稽山：在浙江紹興府城東南十三里。具區即太湖。

三江：一曰松江，自太湖分流，由蘇州府吴江縣長橋口至嘉定縣東南四十里吴松口入海；一曰婁江，亦自太湖分流，經蘇州府城東至太倉州東南七十里，劉家河口入海；一曰東江，亦自太湖分流，從吴江縣東南入浙江嘉興府，至海鹽縣東北三十五里入海，今由南直松江府，合松江入海。五湖：孔氏曰：『太湖東岸五灣也。』

①濬：音xùn，今河南省内。 ②據《周禮·夏官·職方氏》，此段文字當作『東南曰揚州：其山曰會稽，藪曰具區，川曰三江，浸曰五湖。』 ③窪：古同『窪』。

王季宅程，亦曰郢。○注：今陝西咸湯縣東二十里，有安陸城，古程邑也。

文王遷豐。○注：今長安西北，靈臺鄉，豐水上，又今陝西鄠縣東有豐城。

武王徙都鎬。○注：長安西北十一里，昆明池，北有鎬陂，鄭康成曰：豐邑在豐水西，鎬京在豐水東，相去二十五里。《括地志》①：周豐宮在鄠縣東二十五里，鎬在雍州西南二十五里。

成王營洛邑。○注：西曰王城在今河南府治西偏。東曰下都今河南府城東，洛水北，西去王城三十餘里，亦謂之成周。

懿王徙于犬邱。○注：今陝西興平縣東南十里槐里城是。

正南曰荊州：山衡山，藪雲夢，川江漢，浸潁湛②。

河南曰豫州：山華山，藪圃田，川滎洛浸波溠③。

雲夢：在湖廣德安府城南五十里，江水：發源四川茂州西北之岷山，歷梁、荊、揚三州之域，至南直海門縣入海。漢水：發源陝西寧羌州東北之嶓冢山，至湖廣漢陽府城東，北入江。潁水：發源河南登封陽乾山，至南直潁上縣，東南入淮。湛水：出河南汝州魚齒山，經葉縣北下流入海，二水在《禹貢》爲豫州域內。

圃田澤：在河南中牟縣西北七里。滎即濰水河所出，今之汴水。洛水：出陝西商州南冢領山，至河南鞏縣，北入河。波水：出河南魯山縣西北歇馬嶺，流入汝水。溠水：出湖廣棗陽縣④東北黃山，流入溳水。

①《括地志》：唐初魏王李泰主編的一部大型地理著作。全書正文550卷、序略5卷。它吸收了《漢書·地理志》和顧野王《輿地志》兩書編纂上的特點，創立了一種新的地理書體裁，爲後來的《元和郡縣誌》《太平寰宇記》開了先河。全書按貞觀十道排比358州，再以州爲單位，分述轄境各縣的沿革、地望、得名、山川、城池、古跡、神話傳說、重大歷史事件等。徵引廣博，保存了許多六朝地理書中的珍貴資料。原書字數無考，今《括地志輯校》四卷，約13萬字。②據《周禮·夏官·職方氏》，此段文字當作『正南曰荊州：其山鎮曰衡山，其澤藪曰雲瞢，其川江、漢，其浸潁、湛。』③據《周禮·夏官·職方氏》，此段文字當作『河南豫州，其山鎮曰华山，其泽薮曰圃田，其川荥洛。』④溠：音qiāng。

平王避太戎之難，東遷于洛，即洛邑。

正東曰青州：山沂山，藪孟諸，川淮泗，浸沂沭①。

正西曰雍州：山岳山，藪弦蒲，川涇汭，浸渭洛②。

東北曰幽州：山醫無閭，藪貕養，川河泲，浸菑時③。

沂山：在山東臨朐縣南百五十里。孟諸澤在河南歸德府東北，于《禹貢》爲豫州境。泗水：出山東泗水縣陪尾山，至南直清河縣，南入淮二水于《禹貢》皆徐州境。沂水：出山東臨朐縣沂山，至南直邳州南入泗。沭水亦出沂山，至南直安東縣入淮。

岳山：吴岳山也，在陝西隴州南百四十里。涇水：出陝西平凉府西南笄頭山，至高陵縣西南入渭。汭水：出弦蒲藪，至邠州長武縣合涇。渭水：出陝西渭源縣西南谷山，至華陰縣北入河。洛水：出陝西合水縣北白於山，南流合漆沮至潮邑縣南入渭，此雍州之洛水也。

醫無閭：在遼東廣寧衛西五里。貕養澤，在山東萊陽縣東《禹貢》屬。青州境河泲濟同，菑出山東萊蕪縣，東原山至壽光縣，東北入海，亦曰『淄水』。時水出東臨淄縣西，至博興縣，合小清河入海，二水《禹貢》在青州境。

①據《周禮·夏官·職方氏》，此段文字當作『正東曰青州，其山鎮曰沂山，其澤藪曰望諸，其川淮泗，其浸沂沭。』②據《漢書志·地理志上》，此段文字當作『正西曰雍州：其山曰嶽，藪曰弦蒲，川曰涇、汭，其浸曰渭、洛。』③據《周禮·夏官·職方氏》，此段文字當作『東北曰幽州。其山鎮曰醫無閭，其澤藪曰貕養，其川河泲，其浸菑時。』

河内曰冀州：山霍山，藪楊紆，川漳，浸汾潞①。

霍山：在山西霍州東南三十里。揚紆：即大陸澤③，今北直寧晉隆平，及鉅鹿縣境。漳有二：濁漳，出山西長子縣西發鳩山；清漳，出山西樂平縣西南少山，至河南臨漳縣西合焉。其下流復分爲二：徑流自北直獻縣，合滹沱河；支流自山東館陶縣，合衛河，俱逕北直静海縣北小直沽入海。汾出山西静樂縣北管涔山，至滎河縣西入大河。潞闞駰：即濁漳。今濁漳經潞安府西南二十里，土人猶呼爲潞水。通曲云潞水在密雲縣，即今北直通州之白河。

正北曰并州：山常山○注：即恒山，藪昭餘祁，川滹沱、嘔夷，浸淶易②。

昭餘祁，在山西祁縣東七里。滹沱：出山西繁峙縣秦戲山，至北直静海小直沽入海。嘔夷水：一名唐河，出山西靈邱縣西北高是山，至北直安州北而合易水。淶出北直淶水縣北，一名拒馬河，下流合易水。易水，出易州西山，有三源：并導分流，東注合衛河、滹沱河以入海。

①②據《周禮·夏官·職方氏》，此段文字當作『河内曰冀州，其山鎮曰霍山，其藪澤曰揚紆，其川漳，其浸汾潞汾出汾陽，潞出歸德。』 ③據《周禮·夏官·職方氏》，此段文字當作『正北曰并州：其山鎮曰恒山，藪曰昭余祁，川曰滹沱、嘔夷，浸曰淶、易。』 ④『合』下脱『於』字，當補。

河東曰兖州：山岱山，藪大野，川河、沛，浸盧濰①。

○注：此周之九州也，然此特指其九州之山川藪浸而言之，非其所屬之國也。

○注：陳氏曰：古者名山大川，皆天子使吏治之，而入其貢賦。是以九州川陵山藪，各在職方，不屬諸侯之版。夫子作《春秋》，虎牢不係鄭。○注：牢在河南汜水縣西二里成皋關。沙鹿○注：山在北直大名府城東四十五里。不係晉緣陵○注：今山東諸城縣東。不係杞楚邱○注：今滑縣東六十廢衛南縣。不係衛蓋別天子之守地也○注：春秋僖二年，城楚邱十四年，諸侯城緣陵又沙鹿崩，襄二年，仲孫茂獲會諸侯之大夫城虎牢。周季諸侯始擅，不盼之利，齊幹山海，晉守郇瑕○注：今山西臨晉縣東北有郇城，東南有瑕城。桃林之塞○注：今河南陝州西至潼關。宋有孟諸楚有雲：夢皆不入干王官，此諸侯所以僭侈王室，所以衰微也歟。

大野澤，在山東鉅野縣東五里。盧，在山東長清縣廢盧縣，已湮没，不可考。濰，出山東莒州西北箕屋山，至濰縣北入海，于《禹貢》爲青州川。

①據《周禮·夏官·職方氏》，此段文字當作『河东曰兖州：其山镇曰岱山，其泽薮曰大野，其川河，其浸庐潍。』

《傳》稱禹會諸侯于塗山，○注：在南直懷縣東八里[①]。執玉帛者萬國，成湯受命，其存者三千餘國。武王觀兵有千八百國，東遷之初，尚存千二百國，迄獲麟之末二百四十二年，諸侯更相吞滅，其見于《春秋》經傳者，凡百有餘國，而會盟征伐，章章可紀者，約十四君。

魯都曲阜，故少皞都也，今自山東兖州府以東，南接南直邳泗之境，皆魯分。	侯爵，姬姓，周公子伯禽始封，獲麟後二百三十二年，公二十四年，滅于楚。	
衛都朝歌，殷紂都也，今自北直大名。	侯爵，姬姓，文王子康叔始封，衛桓公十三年，入春秋，書公十二年，獲	

①塗山：位於安徽省蚌埠市禹會區的山峰，距懷遠縣榴城鎮東南3.5公里，淮河東岸，與荊山隔河對峙。相傳早在4000多年前大禹就在此劈山導淮，并娶塗山氏爲妻（中國第一代封建帝王啟的母親），于此留下『三過家門而不入』的佳話。

府開州以西，至河南衛輝懷慶府之境，皆衛分。其後，戴公盧曹，○注：今滑縣。文公遷楚邱，成公徙帝邱，即顓頊都也，亦謂之濮陽，至元君徙野王，○注：今懷慶府河內地。而祀絶。

麟後二百七十二年，衛君角二十一年，爲秦二世所滅。

齊初封營邱，○注：山東臨淄縣，或曰：昌樂縣東南，廢營。陵城爲古營邱。今自山東青州府以西，至濟南東昌之間，又北至北直河間府景滄諸州，東南則至于海，皆齊分也，胡公徙于薄姑，○注：今青州府博興縣東北十五里有薄姑城②。獻公徙臨淄。

侯爵，姜姓，太公尚父始封。齊僖公九年，入春秋，簡公四年，獲麟後九十五年，田氏篡齊，遷康公于海上，又七年，康公二十六年亡。

晉叔虞封唐，○注：山西太原縣北有古塘城。今自山西平陽太原以東至北直廣平大名之間，皆晉分。

侯爵，姬姓，武王子叔虞始封，晉鄂侯二年，入春秋，定公三十一年獲麟後一百五年，静公二年，爲魏、韓、趙所滅。

①『書』當作『出』。②薄姑：亦稱蒲姑。商末周初蒲姑國都。在今山東博興縣湖濱鎮寨卞村西北，小清河之陽，東南距齊都臨淄城(今山東淄博市臨淄區齊都鎮)25公里(據今發現的考古證明在高青縣境内)。蒲姑同時也是古代少數民族的姓氏之一。

燮[1]父徙居晉○注：太原治，東北晉陽故城是。穆侯徙絳，○注：今山西翼城縣东南十五里，故翼城是。考侯改絳曰翼，既而曲沃，○注：山西聞喜縣東，左邑故城是。武公滅翼，復都絳。景公，遷于新田，○注：今曲沃縣西南二里之絳城是。仍稱絳。

宋都商邱，今自河南歸德府以東至南直、徐州境，皆宋分。

公爵，子姓，殷後微子啓始封。宋穆公七年入《春秋》，景公三十六年，獲麟後一百九十五年，宋王偃四十三年，滅於齊。

鄭都新鄭，○注：今河南新鄭縣，又陝西華州西北，有故鄭城，則鄭桓公始封邑也。今河南開封府以西，至成皋故關，皆鄭分。

伯爵，姬姓，厲王子友始封。鄭莊公二十三年入《春秋》，公二十年獲麟後一百六年，康公二十一年，滅于韓。

陳都宛邱，太皞之墟，今河南開封府。以東，南至南直，亳州西境，皆陳分。

侯爵，嬀姓，舜後胡氏始封。陳桓公二十三年入《春秋》，哀公三十五年，爲楚所滅。昭八，後五年，惠公復興，昭十三閔公二十一年，獲麟。後三年，滅于楚，《史記》先一年。

①燮：音 xiè。

蔡　蔡叔始封蔡，○注：今汝寧府上蔡縣是。今河南汝寧府以東北，即蔡分也。平侯徙新蔡，○注：今汝寧府新蔡縣。昭侯徙州來，○注：今南直青州北三十里下蔡城，哀公二年爲吴所遷。亦曰下蔡。	侯爵，姬姓，文王子叔度始封。蔡宣公二十八年入春秋，靈公十二年，爲楚所滅昭十一年，後二年平公復興昭十三，成公十年獲麟後三十四年，蔡侯齊四年滅于楚。
曹　都陶邱，○注：今山東定陶縣西，故陶城是。一云都曹，今曹州城也。今山東曹州以南，即曹分。	伯爵，姬姓，文王子叔振鐸始封。曹桓公二十五年入春秋，曹伯陽十五年滅于宋。
許　都許，○注：今許州東三十里，故許昌城是。今河南許州以東，即許分也。靈公遷于葉，○注：今河南葉縣。悼公遷夷，實城父，○注：今南直亳州東南七十里，廢城父縣是。旋還葉，又遷于析，實白羽。○注：今河南内鄉縣。許男斯遷容城。○注：在葉縣西。爲鄭所滅，其後仍見于《春秋》，爲楚所復也。	男爵，姜姓，伯夷後文叔始封。入《春秋》十一年，始見《經》『：是年莊公奔衛，後五年，穆公復立于許桓十五』許男斯十九年，爲鄭所滅（定六），後十年復見《經》。襄元，或云楚復封之。許男結元年獲麟，戰國時滅。

秦非子封秦城。○注：《秦紀》非子居犬邱，即周懿王所都，周孝王分土爲附庸，邑于秦，今秦州清水縣，故秦城是也。今自陝西西安府以西，皆秦分也。莊公復居犬邱，襄公徙居汧，○注：今隴州西南三里有汧城。文公復卜居汧渭間，○注：凤翔府郿縣東北十五里故郿城是。寧公徙平陽，○注：今郿縣西。四十六里有平陽城。德公徙居雍，○注：今鳳翔府治。獻公徙櫟陽○注：今西安府臨潼縣五十里，故櫟陽縣。孝公作爲咸陽，○注：今西安府咸陽縣東三十里故咸陽地也。徙都之自孝公至子嬰，凡十世。皆居咸陽。

伯爵，嬴姓，伯益後。非子始爲附庸，邑之秦。至文公四十四年入春秋，悼公十一年，獲麟後二百六十年，始皇初并天下。

楚熊繹封丹陽。○注：今湖廣歸州東南七里，丹陽故城是也。本號曰荆。春秋僖公初始改稱楚。今自湖廣荆州府以北，至河南裕州、信陽州之境，皆楚分。文王始都郢，○注：即今荆州府北十里紀南城是也。平王更城郢而都之，○注：今荆州府東北故郢城是。昭王遷鄀，○注：今襄陽府宜城縣西南九十里有鄀城。旋還郢至襄王，東遷于陳城，○注：即故陳國。考烈王遷鉅陽，○注：或曰即潁州西北之細陽城。又遷壽春，○注：今南直壽州。亦曰郢。最後懷王孫心都盱眙，○注：今盱眙縣[1]。又徙長沙郴縣，○注：今湖廣郴州。而亡。

子爵姓，顓頊，後熊繹始封。楚武王十九年入春秋，惠王八年獲麟後二百五十八年，楚王負芻五年，滅于秦。

①盱眙縣：是江蘇省淮安市下轄縣。盱眙建縣已有2230多年，秦始皇統一中國實行郡縣制度時，盱眙建縣，縣名初爲『盱台』(台，音怡)，後爲『盱眙』。

國	都邑	爵姓
吳	都吳，○注：今南直蘇州府治，始泰伯居梅里，今常州府無錫县东南四十里，有泰伯城至闔閭始築吳郡城，都之。今猶謂之闔閭城。今自南直淮泗，以南至浙江嘉湖二府之境，皆吳分。	伯爵，姬姓，太王子太伯始封，入《春秋》，一百二十年，始見《傳》宣八，又十七年，壽夢二年，始見《經》，城[2]夫差十五年，獲麟後八年滅于楚。
越	都會稽，○注：今浙江紹興府治後勾踐嘗徙瑯琊，今山東諸城縣城東南百四十里，有瑯琊城。今自浙江杭州府以南，又東至于海，皆越分。其子男附庸之屬，百十有二國。	子爵，姒姓，夏后少康子無餘始封。宣八年始見，獲麟後一百四十七年，大爲楚所破，遂微弱濱于海上，服朝于楚。又一百十二年。滅于秦。
邾	今兖州府鄒縣[1]。文十三年，邾文公遷繹，○注：今鄒縣東南二十五里，有繹山。魯繆公時邾改曰『鄒』。	附庸進爵子，曹姓，顓頊苗裔挾始封。儀父始入春秋隱元，終春秋世猶存，後改國號曰鄒。杜《譜》：《春秋》後八世，楚滅之。
杞	今開封府杞縣，周封杞于雍邱。○注：即杞縣。至春秋時已遷東國，桓公六年，淳于公亡國，杞并之，	公爵，後或書伯，或書子姒，姓禹，後東樓公始封。武公二十九年入《春秋》，閔公六年，獲麟後三十六年，簡公元年，滅于楚。

①鄒：音zōu。 ②『城』，當衍。

遷都淳于。○注：淳于今山東青州府安邱縣東北三十里。僖十四年又遷緣陵，○注：（緣陵今青州府昌樂縣東南十五里）。襄二十九年，晉人城杞之淳于，杞又遷淳于。

滕　今兗州府滕縣，西十四里，有古滕城。

侯爵，後書子姬姓，文王子叔繡始封。入春秋七年，始見《經》，終春秋世猶存。後六世，齊滅之。今按《戰國策》，宋康王滅滕，疑宋亦尋滅，地入於齊，故《世族譜》云：齊滅之。

薛　今滕縣，西南四十里，有薛城。《左傳·定二年》薛宰曰：薛之皇祖奚仲居薛，爲夏車正。奚仲遷于邳，○注：今南直邳州。仲虺居①薛，爲湯左相。

侯爵，後書伯，任姓，黄帝後奚仲始入。春秋十一年，始見《經》，終春秋世猶存，後不知爲誰所滅，或曰齊滅之。

①仲虺：音，zhòng huǐ。華夏族，奚仲後裔，薛方國君主，生於薛（今滕州市官橋鎮薛國故城），湯革夏命的主要領導者之一，傑出的政治家、軍事家。

莒　今山東青州府，莒州。

向　今山東沂州南百里，故向城。隱二年，莒人入向。

紀　今青州府壽光縣，西南三十餘里，有紀城。《左傳·莊四年》：『紀侯大去其國。』

夷　今山東膠州，即墨縣西廢北武城，即古夷國。隱元年，紀伐夷。

郳①　今滕縣東南有郳城，僖七年改爲小邾。

鄫②　今兗州府嶧縣，東有鄫城。襄六年，莒人滅鄫。

莒　子爵，已姓，茲輿期始封。入春秋二年，始見《經》，莒子狂卒。三年，獲麟後五年，滅于楚。

向　姜姓，隱二年見春秋。

紀　姜姓，隱元年見春秋。後地入于衛。

夷　妘姓，隱元年見春秋。

本附庸進爵，郳公子友國于郳，改爲小邾，終春秋世猶存。

子爵　姒姓，禹後。僖十四年見，襄六年滅于莒。昭四年，地入於魯。

①郳：音ní，中國周代諸侯國名，在今山東省滕州市東（一説在棗莊市西北）。　②鄫：音zēng。

	遂　今兖州府寧陽縣北，有遂城。莊十一年齊滅遂。	嬀姓　莊十三年，爲齊所滅。
	譚　今濟南府東南七十里，有譚城。莊十年，齊滅譚。	子爵　子姓。
	偪陽　今嶧縣，南五十里，有偪陽城，襄十年，晉及諸侯滅偪陽。	子爵　妘姓，襄十年，晉滅之，以予宋，使周内史選其族嗣，納諸霍人，以奉妘姓之祀。
	郜　今兖州府城武縣，有郜城，僖二十年，郜子來朝。	子爵　姬姓，文王子。
	鑄　寧陽縣西北有鑄城。	鑄　祁姓，堯後。襄二十三年見。
	邿[1]　今兖州府濟寧州東南有邿城，襄十七年取邿。	邿　襄公十三年見，爲魯所滅。

①邿：音 shī。古國名，中國春秋時屬魯，在今山東省濟甯市東南。

鄟①	或曰：在山東沂州郯城縣東北，成六年，取鄟。	附庸，成六年爲魯所滅。
宿	今兗州府東，平州東二十里，無鹽城，即古宿國，莊十年宋人遷宿。	男爵 風姓，太皞後。
任	今濟寧州，即古任國。	風姓 太皞後，僖二十一年，見《春秋》。孟子時，猶有任國。
須句	今東平州，僖二十二年，邾人取須句，魯伐邾，取須句而復封之。文七年，取須句。	子爵 風姓，太皞後。僖二十一年見，爲邾所滅。二十二年，公伐邾。復其封，後復滅于邾。文七年。魯再取之，卒爲魯地。
顓臾②	今沂州，費縣西北有顓臾城。	附庸，風姓。太皞後。僖二十一年見春秋。
郯	今郯城縣，西南有古郯城，宣四年，公及齊侯平莒及郯。	子爵，己姓，少昊後。終春秋猶存。《紀年》云：于越子朱勾，三十五年滅郯。今按《史記·楚世家》：頃襄王十八年，猶有郯國，相去一百三十五年，《紀年》誤。

①鄟：音zhuān。古國名，中國春秋時魯的附庸國，在今山東省郯城縣東北。②顓臾：音zhuān yú。春秋國名。風姓，相傳是伏羲之後。故城在今山東省費縣西北。爲魯國的附庸。

	州　今青州府安邱縣，東有淳于城，州國都也。桓六年，州公如曹。《傳》曰：『淳于公也。』	州　公爵，姜姓，桓五年，州公如曹。《傳》云：『度其國危，遂不復。』後地入于杞，爲杞都。
	於餘邱，或曰在沂州境，莊二年，魯伐於餘邱。	莊二年，見春秋。
	牟　山東泰安州萊蕪縣，東二十里，有牟城桓十五年，牟人來朝。	附庸，桓十五年，見春秋。
	郚　東平州東六十里，有郚城，莊三十年，齊人降郚。	附庸，姜姓。
	郕，東平州汶上縣，北二十里，有郕城。隱五年，衛人伐郕。	伯爵，姬姓，文王子叔武始封。隱五年見。文十二年，郕伯來奔。《傳》云：『郕人立君，則郕尚存也。』戰國時有城陽君，《括地志》云：『古郕國。』。
	鄅　今沂州，北故開陽城，即鄅國也。昭十八年，邾人入鄅。	子爵，妘姓，昭十八年，宋公伐邾，盡歸鄅俘，知鄅復存，不知何年地入。于魯哀三年，城啓陽，即此。

極	或曰在兖州府魚臺縣西南，隱二年，魯入極。	附庸，姬姓。
根牟	莒州沂水縣南，有牟鄉，即古根牟國。宣九年，取根牟。	東夷國，宣九年，爲魯所滅。
陽	今沂水縣，南有陽都城，故陽國也。或曰陽本在今益都縣東南。閔二年，齊人遷陽于此。	侯爵，姬姓。
介	今膠州高密縣西，有故黔陬城①，即古介國。僖二十六年，介葛盧來朝。	東夷國。
萊	今登州府黄縣東南，有萊子城。〇注：亦曰郲。襄六年，齊滅萊，而遷之于郳。〇注：今萊州府治。	子爵，姜姓，襄六年，滅于齊。

①黔陬：音 qián zōu。黔陬县，故治在今山東膠州市的西南。

虞　今山西解州平陸縣，東四十餘里有虞城，即虞國都也，僖五年，晉滅虞。

公爵，姬姓，仲雍後虞仲始封。

虢　今河南陝州，城東南有上陽城，即古虢仲國都，杜預謂之西虢。其鄭州汜水縣，古虢叔所都也，謂之東虢。杜佑曰：陝州之虢爲北虢，汜水之虢爲東虢，又陝西鳳翔府南三十五里，有虢城，謂之西虢。亦曰小虢。東虢爲鄭滅，在春秋前，西虢爲秦滅，在莊公之季，北虢爲晉滅，在在僖公五年，是爲三虢。

公爵，姬姓

東虢，文王弟虢仲始封。春秋前爲鄭所滅。爲制邑，隱元年見《傳》。

西虢，文王弟虢权始封。隱元年見，僖五年，滅于晉。

小虢，莊七年，爲秦所滅。

按：各地理書虢有三：鄭樵《通志》：『虢都上陽，今陝州治，是虢仲之封也，謂之西虢。』而虢叔之封在鳳翔府虢縣，謂之南虢。復有一虢在滎陽，謂之東虢。而賈逵、馬融以上陽之虢爲虢叔國，酈道元又謂虢仲所都，賈、馬指爲西虢。班《志》則爲北虢，道元又謂南虢，迄無定論。據《晉地道記》，以雍州爲西虢，又《太康記》曰：虢叔之國，有虢宫，平王東遷，叔自此之上陽爲南虢，是虢叔先都西虢，後徙南虢，而東虢乃虢仲都矣。上陽之爲南虢，雍州之爲西虢，亦可無疑矣。

祭	開封府，鄭州東北十五里有祭城。隱元年，祭伯來。	伯爵，姬姓。
共	今衛輝府輝縣，即古共國，隱元年，鄭叔段出奔共，即共國。	伯爵，隱元年見。後地入于衛。
南燕	今衛輝府胙城縣，本胙國①，春秋時爲南燕國○注：或曰胙爲南燕所并也。《春秋傳》：『凡稱皆南燕，召公所封則曰北燕。』	爵，姞姓，黄帝後，隱五年見。
凡	今輝縣，西南二十里有凡城，隱七年，凡伯來聘。	伯爵，姬姓，周公子隱七年見。
蘇	今懷慶府温縣。西南二十里，故温城。蘇子國都也，亦曰温。僖十年，狄滅温。○注：自是温子徙邑于河南。	

①胙國：音zuò guó。西周封國，位於今河南省延津縣北胙城，國君爲姬姓，始封君是周公旦之子。

原　今懷慶府濟源縣西北十五里有原城，與温皆畿内國，僖二十五年，襄王以温、原與晉。

伯爵，姬姓，文王子。莊十八年見，僖二十五年，襄王以其地賜晉，晉遷原伯貫于冀，此後原伯見于《傳》者甚多，或曰遷邑于河南，至隱十一年《傳》，蘇忿生之田亦有原邑，當是兩地，《正義》合爲一，誤。

周　畿内國，其采邑，在陝西岐山縣，東遷後在洛陽東郊。

召　亦畿内國。采邑即今陝西鳳翔府治，後徙于東，今山西垣曲縣東有召亭，其采邑云。

毛　畿内國，在河南府宜陽縣境，僖二十四年，狄伐周，獲毛伯。

伯爵，姬姓，文王子叔鄭始封。

甘　畿内國，今河南府西南二十五里。有甘城，襄王弟子帶封邑。

	單　畿内國。或曰在今河南孟津縣東南。	
	成　畿内國。在河南府境。成十年，成肅公會晉侯，伐秦。	
	樊　畿内國。或曰今濟源縣西南十五里，曲陽城是古陽樊也，蓋仲山甫采邑，後徙河南。	侯爵，仲山甫始封。僖二十五年，王以其地賜晉，《晉語》倉葛曰：『陽有樊仲之官守。』知尚未絶封，蓋遷于河南；昭二十二年，《傳》有樊頃子。
	尹　畿内國。或曰在今河南府新安縣東南。東遷初，自歧西遷于此。	
	劉　畿内國。河南府偃師縣南三十五里，有劉聚。宣十年，劉康公來聘。	子爵，姬姓，匡王子。宣十年見。貞定王時絶封。

芮　今陝西同州，即古芮國。又，山西解州芮城縣西有古芮城。桓三年，芮伯萬出居于芮，即此。

伯爵，姬姓。僖二十年，滅于秦。《竹書紀年》作二年，今從《史記》。

魏　芮城縣東有古魏城。閔元年，晉滅魏。

姬姓。閔元年，爲晉所滅，以賜畢萬爲邑。

荀　亦曰郇。今山西蒲州臨晉縣東北十五里，有古郇城。

侯爵，姬姓。桓九年見。後爲晉所滅，以賜大夫原氏黯，是爲荀叔。

梁　今同州韓城縣南二十二里少梁城，即古梁國。僖十九年，秦取梁。

伯爵，嬴姓，僖十九年，滅于秦，以其地爲少梁邑，文十年，晉人取少梁，地遂入晉。

賈　今陝西華州蒲城縣西南十八里有賈城，即古賈國。桓八年，虢仲、芮伯、梁伯、荀侯、賈伯伐曲沃。○注：時滅翼。

伯爵，姬姓，桓九年見，不知何年滅于晉，後以賜狐射姑爲邑。

耿　今蒲州河津縣，有耿城。閔元年，晉滅耿。	姬姓，閔元年，爲晉所滅，以賜趙夙爲邑。
霍　今山西霍州。閔元年，晉滅霍。	侯爵，姬姓，文王子叔處始封。閔元年，爲晉所滅，後以賜先且居爲邑。
冀　今河津縣東北有冀亭，即僖三年晉荀息所稱冀爲不道者。	僖二年見。後地入于晉，爲郤氏食邑。
崇　或曰在同州。又西安府鄠縣①東五里有鄷城，即殷崇侯虎國，宣元年，晉侵崇。	侯爵，姬姓。文王子本商崇侯虎地。文王滅崇，作豐邑。武王封其弟爲鄷侯。《竹書》：『成王十九年，黜鄷侯，自是絶封。後其地復爲崇國。』
黎　今山西黎城縣東北十八里有黎侯城。宣十五年，晉滅潞氏而立黎侯，蓋先爲潞所滅。	侯爵。宣十五年，嘗爲狄所滅。是年，晉復立之。《詩·旄邱·序》：『狄人迫逐黎侯。』《詩譜》次于周桓王之世，誤也。酆舒奪黎氏地，即當日罪案，豈有失國百年，而後復之乎？
鄧　今南陽府鄧州。莊十六年，楚滅鄧。	侯爵，曼姓。

①鄠縣：音hù。中國秦代邑名，在今陝西省户縣北。

申　今南陽府北二十里有申城，即故申國都。莊六年，楚滅申。	侯爵，姜姓，伯夷後。莊六年《傳》：『楚文王伐申，遂入楚爲申邑。』
滑　今河南府偃師縣南二十里廢緱氏，故費邑，滑都也。僖二十三年，秦人滅滑。	伯爵，姬姓。僖二十三年，滅于秦，旋入晉，後又屬周。
息　今河南光州息縣北有故息城。莊十四年，楚滅息。	侯爵，姬姓。
黄　今光州西十二里有黄城，僖十二年，楚滅黄。○注：又山西境内，亦有。黄国子産，所謂沈姒蓐黄，晉主汾而滅之者。	嬴姓。①
江　今汝寧府真陽縣東南有故江城，文四年，楚滅江。	嬴姓。

①嬴姓：音yíng xìng。爲秦國及趙國國姓。

	弦　今光州西南有弦城。僖五年，楚滅弦。又昭三十一年，吳圍弦。蓋楚復其國也。	子爵，隗姓①，僖五年見。爲楚所滅。宛溪氏曰：『昭三十一年《傳》：「吳圍弦，蓋楚復其國也。」』
	道　今息縣西南十里故陽安城，即春秋時道國。	僖五年見。昭十一年，楚靈王遷之于荆，十三年，平王即位而復之，知此時尚存。杜《注》謂楚已滅之，爲邑，未知何據。
	柏　今汝寧府西平縣，即古柏國也。	柏，僖五年見。
	沈　今陳州府沈邱縣，杜預曰：『平輿縣有沈亭，在今汝寧府東北，定四年，蔡滅沈。』	沈，子爵，姬姓，文三年見。定四年爲蔡所滅。後屬楚，爲平輿邑。
	頓　今陳州府商水縣，北有南頓城，即古頓國，定十四年，楚滅頓。	子爵，姬姓。僖二十三年見。
	項　今陳州府項城縣。僖十七年，魯滅項。	僖十七年，魯滅項。後爲楚地。

①隗：音wěi。《姓氏考略》上指出，隗姓出於古帝大隗氏，隗姓望出西河。

鄀　今南陽府内鄉縣西丹水城，即古鄀國①。文五年，秦人入鄀。○注：後遷南郡鄀縣，即今湖廣宜城縣，故鄀城。楚昭王所都。

僖二十五年見。文五年，秦人入鄀，蓋自是南徙，爲楚附庸。定六年《傳》：『遷郢于鄀，則楚滅之，爲邑矣。』

胡　今南直潁州西北二里有胡城，定十五年，爲楚滅。

子爵，歸姓。

隨　今湖廣德安府隨州。

侯爵，姬姓。桓六年見，春秋世猶存。

唐　今隨州西北八十五里有唐城，定五年，楚滅唐。○注：古唐國本堯之後裔，在今山西太原府，周成王滅唐，以封叔虞，徙舊唐之子孫于許郢之間，今隨州西北八十五里，春秋時唐惠侯是其後。

侯爵，祁姓，堯後。

房　今汝寧府遂平縣，即房國。

昭十一年，楚靈王遷之于荆，十二年，平王復之。不知何年并於楚孟。康注《漢志》云：『楚封吴，大概于此。又曰吴房縣。』

①鄀：音ruò。指古國名。

戴　今河南睢州考城縣，即古戴國。隱十年，鄭取戴。

子爵，隱十年見。不知何年滅于宋。

葛　今歸德府寧陵縣，北十五里有故葛城。昭十五年，葛人來朝。

伯爵，嬴姓。

蕭　今徐州蕭縣。宣十二年，楚滅蕭。

附庸，子姓，蕭叔大心始封。莊十二年見。宣十二年，滅于楚。後仍入宋爲邑。

徐　今泗州北五十里有徐城。昭三十年，吳滅徐，徐子奔楚，楚遷徐于夷，即許所嘗遷者。

子爵，嬴姓，伯益後。莊二十六年見。

六　今廬州府舒城縣，東南六十里有六城，文五年，楚滅六。

偃姓，皋陶後。

	蓼① 今壽州霍邱縣，西北有蓼城，古蓼國也。文五年，楚滅蓼。又宣八年，楚滅舒蓼。或曰楚改封蓼，而復滅之。杜預曰：『湖陽縣，○注：今唐縣，南九城十里故湖陽。亦古蓼國。』桓十一年，與鄖隨伐楚者。	偃姓，臯陶後。
	宗 或曰在今廬州府廬江縣西境。文十二年，楚執宗子。	子爵，見舒庸《注》。
	巢 今無爲州巢縣東北有居巢城。文十二年，楚圍巢。	伯爵，見《尚書序》。
	英氏 在六安州西。僖十七年，徐人、齊人伐英氏。	偃姓，臯陶後。
	桐 今桐城縣。杜預曰：『廬江舒縣西南。』有桐鄉古桐國，定二年，桐叛楚。	偃姓。

①蓼：音 liǎo。古縣名。南朝梁置。在今河南省固始縣。

舒　今廬州府舒城縣。僖三年，徐人取舒。宣八年，楚滅舒。	偃姓，皋陶後。	《一統志》云：『舒，今廬江縣，非舒城縣，舒城，古龍舒縣，即羣舒之邑。』杜預曰：『羣舒，偃姓，舒庸、舒鳩之屬。今廬江①有舒城，舒城西南有龍舒城。』後漢永平元年，封楚王英舅子許昌爲龍舒侯國，東晉末廢。唐開元中復于此，置龍舒縣。《寰宇記》：『古舒鳩城，在舒城縣城內。』又龍舒城、舒鮑城俱在縣西一百里，龍舒水南又有舒康城，與舒鳩城相似，亦在縣城內。
舒鳩　在南直廬州府境。襄二十五年，楚滅舒鳩。	子爵，偃姓。襄二十五年，滅于楚。定二年，復見《傳》，蓋楚復之。	
舒庸　在南直安慶府境，與舒鳩俱舒屬。文十二年，羣舒叛楚是也。成十七年，楚滅舒庸。	偃姓，皋陶後。舒鳩、舒庸、舒蓼及宗四國，皆皋陶後。	
鍾吾　今南直邳州宿遷縣，即古鍾吾國。昭三十年，吴執鍾吾子。	子爵，三十年，吴執鍾吾子，	
穀　今湖廣襄陽府穀城縣北七里故穀城是，桓七年，穀伯來朝。	爵，嬴姓。桓六年見。後地入于楚。	

①『江』下脱『字』，當補。

	貳　在隨州應山縣境。	桓十一年見，不知何代滅于楚，軫同。
	軫　在德安府應城縣西①，桓十一年，楚屈瑕將盟貳軫。	
	鄖　亦作䢵②，今德安府治，即古鄖國也。	子爵，即䢵國。
	絞　在湖廣鄖陽府西北，桓十二年，楚伐絞。	
	羅　今襄陽府宜城縣西二十里有羅川城，又南漳縣南八十里有羅國城。桓十三年，楚伐羅。○注：杜預曰：羅在宜城縣西山中，後徙南郡。枝江縣，又今岳州府平江縣，南亦有羅國城志云，楚自枝江徙羅于此。	熊姓，桓十二年見。後滅于楚。
	賴　今河南光州商城縣南有賴亭。昭四年，楚滅賴，遷賴于鄢③，	子爵，公穀俱作厲，蓋古厲、賴二字同音，故有此誤。

①軫：音zhěn。古代指車箱底部四周的横木；借指車；引申爲方形：車軫。　②鄖：音yún。1.國名。春秋時被楚所滅，故址在今湖北省安陸縣。2.地名。春秋時吴國邑地。故址在江蘇省如皋縣南。　③鄢：音yān。即鄢姓。

	即湖廣宜城縣。	
州	楚境州國，今荊州府監利縣，東有州城，即古州國也。桓十一年，鄖與隨、絞、州、蓼伐楚師。	
權	今湖廣荊門州當陽縣，東南有權城，《左傳》：『楚武王克權，遷權于那處。』	子姓，莊十八年見，後滅于楚。
厲	今隨州北境有厲鄉，即古厲國，僖十五年，齊師、曹師伐厲。	姜姓，厲山氏後。
庸	今鄖陽府竹山縣東四十里有上庸城。文十六年，楚滅庸。	
麇	今鄖陽府治，古麇國也①，又岳州府境東、西二麇城。文十一年，楚滅麇。	子爵。

①麇國：周國名，祁姓，一作嬴姓。子爵，春秋滅于楚，周朝麇子國。建國在距今3300多年以前，商末，麇率百濮部族（漢水中上游到長江一帶的部族）參與伐商有功而受封爲周朝麇子國。曾與庸、楚兩國睦鄰友好，建都於錫穴。

夔①	今湖廣歸州東二十里有古夔城。僖二十六年，楚滅夔。	子爵，芊姓，熊摯始封。
巴	今四川重慶府治巴縣是，王氏曰：『夔州以西，敘州以北，皆古巴國。』	子爵，姬姓，至戰國時滅于秦。
邢	今北直順德府治，即古邢國，僖元年，邢遷于夷儀，今東昌府西南十二里有夷儀聚。又順德府西一百四十里有夷儀城。僖二十五年，衛滅邢。	侯爵，姬姓，周公子。僖二十五年，滅于衛。
北燕	今順天府治燕都也。本薊國②，武王封堯後于此，燕故都在易州城。東南後并薊，遂遷薊。	伯爵。《史記》作侯，姬姓，召公奭始封，穆侯七年，入春秋，獻公十一年獲麟，後二百五十九年，燕王喜二十三年，滅于秦。
焦	今河南陝州南二里有焦城，古焦國。	姬姓，後滅于晉。

①夔：音kuí。古代地名。

②薊國：音jì guó。中國商代到春秋中期的諸侯國，位於今天的北京市區北。

	楊　今山西平陽府洪洞縣東南十八里有楊城，古楊國。	侯爵，姬姓，春秋時楊侯國，襄二十九年，《傳·女叔齊》，謂虞、虢、焦、滑、霍、楊、韓、魏，皆姬姓，而晉滅之，後以楊賜羊舌肸爲楊氏邑。
	韓　今陝西韓城縣南十八里有古韓城，後晉滅。	侯爵，姬姓，武王子春秋前爲晉所滅，後以封夫人韓萬爲邑。
	不羹○注：音郎。　今河南許州襄城縣東南有西不羹，裕州舞陽縣西北有東不羹。	昭十一年見春秋，後滅于楚。
	又有九州夷裔，參錯于列國間者，約十九國。	
	戎蠻　河南汝州西南有蠻城，即戎蠻子國，哀四年楚圍蠻氏。	戎別種即蠻氏。

	陸渾　今河南府嵩縣北二十里有陸渾廢縣，僖二十六年，遷陸渾之戎于伊川。昭十七年，晉滅陸渾。	陸渾。允姓，子爵。昭十七年爲晉所滅，陸渾子奔楚，其餘服屬于晉，曰九州戎。渾，本瓜州地名，後遷伊川，仍以陸渾爲名。
	鮮虞　今北直真定府西北四十里新市城，即鮮虞國，後改稱中川。	姬姓，白狄別種。昭十六年見，獲麟一百八十六年，滅于趙。
	無終　今北直薊州玉田縣，即山戎無終子國。昭元年晉敗無終及羣狄于太原。	子爵，山戎國。
	潞氏　今潞安府潞城縣，宣十五年，晉滅赤狄潞氏。十六年，滅甲氏及留吁、鐸辰，皆潞氏之屬①。	子爵，赤狄別種。
	廧咎如　在山西太原府境，赤狄別種。其屬又有皋落氏。閔二年，晉伐東山皋落氏。	隗姓，赤狄別種。

①鐸辰：音duó chén。古族名。春秋時赤狄的一支。分佈在今山西長治縣。

白狄　在今陝西延安府境及山西汾州府西境，亦曰狄。	僖三十三年見。
驪戎①　今陝西西安府臨潼縣，即古驪戎國。	男爵，姬姓。莊二十二年爲晉所滅。二十八年見《傳》，後入秦爲侯，晉地。
犬戎　在陝西鳳翔府北境。杜預曰：『西戎別在中國者。』	閔二年見。
山戎　今北直永平府境。莊三十年，齊伐山戎。	即北戎。
茅戎　在河南陝州境。成元年，劉康公伐茅戎，敗績于徐吾氏。○注：杜預曰：茅戎，戎之別種，徐吾氏又茅戎之別種。	
盧戎　今湖廣南漳縣東五十里廢盧城。襄陽者，旧《傳》曰：『古盧戎也。』	子爵，南蠻。桓十三年見，後滅于楚，爲盧邑。文十六年《傳》：『自盧以往，振廩同食是也②。』

①驪戎：音lí róng。古族名。古戎人的一支。國君姬姓。在今陝西省西安市臨潼區一帶。②振廩：音zhèn lǐn。謂開倉放糧。

	鄋瞞① 在山東濟南府北境。亦曰狄。文十一年，叔孫得長狄僑如。	漆姓，防風氏後。宣十五年，滅於晉。
	北狄 在山西大同蔚州諸境。即莊公末伐邢、伐衛之狄。	
	淮夷 在南直徐、邳諸州境，亦曰東夷。	
	肥山 西平定州樂平縣，東五十里有昔陽故城，肥國都也，昭十二年，晉滅肥。	子爵，白狄别種。
	鼓 今北直晉州，即古鼓國。昭二十二年，晉滅鼓。	子爵，阮姓，白狄别種。
	戎 杜預曰：『陳留，濟陽縣東南有戎城。』古戎國，今山東曹縣東南有楚邱城。《括地志》云：即春秋戎州巳氏邑。	

①鄋瞞：音sōu mán。古國名。春秋時長狄的一支，其國都在山東省高青縣高城鎮西北二里左右的狄城遺址。

	濮　亦曰百濮。文十六年，麇人帥百濮伐楚。杜預曰：『今建寧郡有濮夷。』或曰：湖廣常德辰州二府境，即百有濮地①。 又富辰，所謂文之昭，尚有。	西南夷。
	管　○注：今河南鄭州治，即古管城。	姬姓，文王子叔鮮所封。春秋前，已絶封其地，屬檜，檜滅屬鄭。宣十二年《傳》：『晉師救鄭，楚子次於管以待之』是也；戰國時屬韓。
	聃②　○注：亦作冉，又作郉，今湖廣荆門州那口城。孔氏曰：那，讀曰然。即古郉國。	姬姓，文王子季載所封，不知何年滅于楚，莊十八年《傳》：遷權於那處，則聃之滅，又在權前矣。
	雍　○注：今河南修武縣西，有雍城，即古雍國。	姬姓，文王子。
	畢　○注：今陝西咸陽西，有畢原即畢公高所封。	姬姓，文王子。春秋前不知爲誰所滅，畢萬，其後也。

①『百有濮地』當作『古百濮地』。　②聃：音dān。古國名。

鄷　○注：杜氏曰：鄷，在鄠縣東見上崇國。	侯爵，姬姓，文王子，見崇注。
武之穆有：	
邘　○注：今懷慶府西北三十里，有邘城，即古邘國。	姬姓，武王子。
應　○注：今河南魯山縣東三十里，有應城。	侯爵，姬姓，武王子，不知何年絶封，地入周，後入秦：《史記》：『赧王四十五年，客謂周最，以應爲秦太后養地』是也。
周公之胤有：①	
蔣　○注：今河南固始縣西北有闭思城即西蔣国。	姬姓，周公子，不知何年成于楚，为期思邑。
茅　○注：山東金鄉縣西北有茅鄉，古茅國。	姬姓，周公子，後爲邾邑。哀七年《傳》：『茅成子以茅叛，是也。』
史伯所謂當成周者，南尚有：	
呂　○注：今南陽府西三十里有呂城，故呂國。	侯爵，姜姓。不知何年并于楚爲邑。成七年《傳》：『子重請取于申，呂以爲賞田。』即此。

①胤：音yìn。會意。從肉，從八，從幺。肉表示血統關係，幺表示重迭，八表示延長。合起來表示後代。本義：子孫相承

北有：

洛　〇注：即洛戎，在今陝西慶陽府東北境。

僖十一年，揚拒、泉皋、伊、雒之戎同伐王城。按：文八年，公子遂及雒戎盟於暴。

泉　〇注：《左傳》所云：泉皋之戎也。今河南府西南有泉亭。

蒲　〇注：亦赤狄之屬。

西有：

隗　〇注：或曰隗，即白狄也。白狄隗姓，言隗者别於上交之北狄也。

傀　白狄，隗姓。

諸國。按：杜佑曰：『《春秋》經傳所載之國。』

凡百。七十九國①知土地所在，二十一國不知其處。今考定大小諸國以及戎蠻之屬，凡一百四十有五國，而春秋以前②不録焉。

①『九國』當作『百三十九』。②『以前』下脱『之國』二字，當補。③犨：音chōu。姓。【風俗通】晉大夫郤犨之後。

周末，戰國惟有七君。○注：周威烈王二十三年以後，則為戰國。

秦見前。○注：周威烈二十三年系秦簡公十二年。

韓　晉封韓武子于韓原，宣子徙居州，貞子徙平陽，景侯徙陽翟，哀侯徙新鄭。○注：周威烈王二十三年、景侯六年。

韓武子，名萬，曲沃桓叔子也。仕晉，封于韓原，再傳爲厥，是爲獻子，厥之子起，是爲宣子。三傳爲虎，是爲康子。與趙魏分知伯地，虎再傳爲多，是爲景侯。與趙、魏分晉地。周威烈二十三年，韓景侯六年也。魏出周畢公高之後，始祖畢萬爲晉大夫，封于魏。萬卒，子犨嗣[1]，犨卒，子顆嗣，顆，卒子絳嗣。時無終國，請和於晉。絳陳和戎五利，絳卒，子舒嗣。舒卒，子侈嗣。侈孫駒滅知氏。駒卒，子斯嗣。與韓趙共分晉地，是爲文侯。

魏　晉封畢萬于魏城，○注：魏城即故魏國。悼子徙霍。○注：霍故霍國。莊子徙安邑，○注：無邑。至惠王徙大樑，○注：大樑今開封府。因稱梁。○注：周威烈二十三年文侯二十二年。

[1]犨：音chōu。姓。【風俗通】晉大夫郤犨之後。

趙　造父始封趙城。○注：今平陽府趙城縣。趙夙邑耿，○注：故耿國。成子居原，○注：故原國。趙衰為原大夫。簡子居晉陽，○注：故晉都。獻子治中牟。○注：今河南湯陰縣西五十里有中牟城，後復居晉陽。肅侯徙都邯鄲。○注：周威烈王二十三年，烈侯六年。

燕　○注：周威烈王二十三年，燕閔公三十一年。

齊　○注：周威烈王二十三年，齊康公二年。未幾，田和遷康公於海上，簒齊而爲諸侯，日以疆盛。

楚　○注：周威烈王二十三年，楚聲王五年。

周室衰微，所有者河南、○注：即王城。洛陽、○注：即下都。穀城、○注：今河南府西北十八里有故穀城。平陰、○注：故城在今孟津縣東。偃師、○注：今縣。

侯爵，姬姓，武王封其弟召康公奭于燕，以下九世至惠侯，又三十二世至閔公。

鞏、○注：今縣。緱氏、○注：故城在今偃師縣南二十里。七城而已，既又分爲東西二周，秦人入寇，周遂先亡。

○注：吕氏曰：『平王東遷，賜秦以岐、豐之地，而周始弱。既又割虎牢畀鄭、酒泉畀虢。』或曰：酒泉，今河南府澠池縣地。襄王又畀温、原數邑于晉。畿甸益削矣。

吴氏曰：『敬王四年，子朝奔楚。王雖返國，然以子朝餘黨多在王城，乃徙都于成周，而王城之都遂廢。至考王，封弟揭于王城，是爲周桓公。自此以後，東有王，西有公，而東西之名尚未立也。桓公生威公，威公生惠公，惠公之少子班，又别封于鞏以奉王，是爲東周惠公。而班之兄，則仍父爵，居王城，爲西周武公。自此之後，西有公，東亦有公。二公各有采食，而周尚爲一也。顯王二年，韓、趙分周地爲二，亦周公治之，王既焉而已。周公之分東西，自此始也。自慎靚王以上，皆在成周。赧王立，復徙于王城，蓋東西之名，前後凡三變。初言東、西周者以鎬京對洛邑而言，中間言東西周者，以王城對成周而言，昭二十三年，王子朝在王城時，謂之西王。敬王居狄泉，在王城之東，時謂之東王。最後乃言東、西周者，以河南对鞏而言也。

周亡，七雄爭長于天下又三十餘年。

秦　西有巴蜀、漢中，北有胡、貉、代、馬。○注：今山西太原府苛嵐州以北，故樓煩胡地，遼東三萬戶以東即貉地，而大同蔚州之境古代地。南有巫山、黔中，東有崤函，范睢曰：『秦四塞以爲固，北有甘泉○注：甘泉山在西安府經陽縣西北。谷口，○注：在西安府醴泉縣東北。南帶涇、渭，右隴、蜀，左關、阪。

韓　北有鞏、洛、成皋，西有宜陽、商阪○注：即商洛山。東有宛、○注：即申。穰、①○注：即鄧。洧水，南有陘山，○注：在新鄭縣西南。地方千里。

魏　南有鴻溝，○注：即汴河。東有淮潁，西有長城，○注：惠王十九年，築自鄭濱洛以北有上郡、周陽。鄭，即今華州治。上郡，在今延安綏德州，周陽今陝西榆林衛北有稠陽塞。北有河外地方千里。

①穰：音 rǎng。古縣名。戰國時楚邑，秦置縣，治所在今河南省鄧州市。

趙　西有常山，南有河漳，東有清河，○注：在廣平府清河縣西境。北有燕國，地方三千里，燕東有朝鮮，遼東北有林胡、樓煩，西有雲中、九原，南有滹沱①、易水，地方二千里。

齊　南有泰山，東有琅琊，西有清河，北有勃海，地方二千餘里。

楚　西有黔中、巫郡，東有夏州、○注：即漢口。海陽。○注：在吳越地楚東南境。南有洞庭、蒼梧，北有陘塞、○注：汾之塞即陘山也。郇陽。○注：郇水之陽今陝西洵陽縣。地方五千里。

①滹沱：音hū tuó。水边的村寨，原史，胡语印记。

秦○注：滅六國一天下。

都邑

都咸陽。

疆域

罷侯置守，分天下爲三十六郡。

○注：吕氏曰：『春秋時，郡屬於縣。』《周書·作雒篇》：『千里百縣，縣有四郡。』《釋文》謂周制地方千里，分爲百縣，縣方百里，郡方五十里。趙簡子誓衆所謂『上大夫受縣，下大夫受郡』是也。戰國時縣屬於郡，秦惠文王十一年，魏納上郡十五縣是也。秦當孝公十二年，聚鄉邑爲三十一縣，置令丞，此廢鄉邑爲郡縣之始，然尚未有郡牧守稱。及魏納上郡之後，十有餘年，秦紀始書置漢中郡。又《戰國策》楚王以新城爲主郡，或者諸侯先變古制而秦效之歟。

內史　今陝西西安府鳳翔府，此其畿內也。

三川　今河南之河南府、開封府、懷慶府、衛輝府，郡治洛陽，故國都也。

三川，河洛也，周之王城下都也。秦置郡，漢置河南郡，東漢都於此。晉亦都此。後魏改爲洛州，徙都。隋亦徙都於此，改豫州。唐改爲東都，宋爲西京。

河東　今山西平陽府，治安邑，故魏都也。	安邑，《禹貢》所營之邑，春秋屬晉，戰國屬魏，後屬秦漢，置縣，爲河東郡治，晉魏因之。
上黨　今潞州府及遼、澤、沁等州魏收曰：『上黨郡，秦置。』	
壺關　○注：今潞安府，治長治縣。漢治長子。○注：今潞安屬縣。	
太原　今太原①、汾州府。郡治晉陽，故趙都也②。	晉陽，古邑名，周唐叔虞始封之地。戰國屬越。秦滅之，治晉陽縣，爲太原郡，治所改爲太原府。
代郡　今大同府，北及蔚州之境。	古代國，春秋屬晉，戰國屬趙，秦置代縣，屬代郡，漢封代王爲代國，今屬大同府。
雁門　今太原府，代州以北、大同府之應州、渾源州、朔州，皆是其地。	朔州虞周并州，春秋北狄地，戰國屬趙，秦雁門郡即漢雁門郡之馬邑縣也。

①『太原』下脱『府』字，當補。　②『故趙都也』當作『趙故都也』。

	雲中　今陝西榆林東北四百餘里廢勝州一帶，是其地。	勝州，雍州域，戰國晉趙地。《地理志》：『雲中立、五原，本戎狄地，趙有之，秦始皇分爲雲中郡，漢因之不改。』
	九原　今榆林西北七百餘里廢豐一帶，是其地。	
	上郡　今延安府榆林鎮。	《禹貢》雍州域。春秋爲白翟，所居七國屬魏。《史記》曰：『魏有西河上郡，後獻于秦，秦并天下置爲上郡。』
	北地　今慶陽府、平涼府及寧夏鎮，是其地。郡治義渠，今慶陽府之寧州。	寧州，夏公劉邑焉，周爲義渠戎國，太子避戎于岐山，武王都鎬，逐戎於涇洛之北，後迷王爲犬戎所殺①，至秦昭王殺義渠戎王，置爲北地郡。
	隴西　今臨洮府、鞏昌府，郡治狄道，今臨洮府附郭縣。	《禹貢》：雍州域，古西戎地也。秦并天下爲隴西郡，漢武降匈奴，以其地置武威、酒泉、張掖、敦煌四郡。
	潁川　今開封府之禹州、陳州及汝寧府以至汝州之境，郡治陽翟，故韓都也。	今許州，周爲許國。周末爲晉地，三卿分晉，其地屬韓。秦滅韓，虜韓王安，以其地置潁川郡。

①迷王：当为幽王。

南陽　今南陽府及湖廣之襄陽府，郡治宛，即今南陽府，治南陽縣。

豫州，周爲中國，戰國屬韓。蘇秦曰『韓東有穰、淯』是也。秦昭襄王取韓地，置南阳郡。

碭郡　今河南歸德府及山東濟寧、東平二州，南直碭山縣至鳳陽府之亳州，皆是其境。郡治碭，即碭山縣。

《禹貢》豫州域，即高辛氏之子閼伯所居商邱，武王封微子，传三十三世，至君偃，爲齊、楚、魏所滅，三分其地，秦并天下改爲碭郡。

邯鄲　今北直廣平府及河南之彰德府。郡治邯鄲，故趙都也。

古衛地，七國時爲趙都。趙敬侯自立晉陽，始徙都邯鄲。至幽王遷降秦，秦滅趙以爲邯鄲郡。

上谷　今保定府、河間府及順天府南境、西境，又延慶、保安二州，至宣府鎮境内皆是。

今易州，《禹貢》冀虞周并州，春秋燕，戰國燕，秦置爲上谷，漢分置涿郡。

鉅鹿　今順德府及真定府，郡治鉅鹿，今順德府平鄉縣是。

平鄉，古邢國，即商三公以忠諫被誅之邢侯邑也。春秋屬晉，三家分晉屬趙，秦滅趙置鉅鹿郡。

漁陽　今順天府，東至蘇州一帶。

古邑名，春秋戰國俱屬燕，秦置漁陽，漢因之。魏晉屬幽州，唐爲薊州。今屬順天府。

右北平　今永平府，西至薊州，又北至廢大寧衛之西南境。

右北平，即春秋時山戎、肥子二國地。漢末爲公孫慶所據，魏改盧龍郡。北燕置平州及樂浪郡，後魏改樂浪爲北平郡，今爲永平府。

遼西　今永平府以北至廢大寧衛，又東至遼東之廣寧等衛境。

遼東　今遼東、定遼等衛境。

古郡名，戰國屬燕，秦屬營州，漢因之。漢武拓朝鮮割遼東屬邑，置樂浪等四郡。

東郡　今北直大名府及山東東昌府、濟南府之長清縣以西，是其境。郡治濮陽，故衛都也。

濮陽古昆吾國，即帝邱顓頊①之墟，春秋衛爲狄所滅，自楚邱遷于濮陽，戰國屬魏，秦始皇拔魏二十城，初置東郡。

齊郡　今青州府、登州府、萊州府及濟南府之境。郡治臨淄，故齊都也。

今德州，兗州域，春秋戰國屬齊國，秦并天下爲齊郡，漢分齊郡爲平原郡。

	薛郡　今兖州府東南至南直海州一帶是其境。	伯禽就封于魯。傳三十四君，至頃公爲楚烈考王。所滅地，屬楚，秦滅楚以魯爲薛郡。
	琅琊　今兖州府東境，沂州、青州府南境，莒州、萊州府南境，膠州一帶，皆是其境。	青州，本古少昊氏之墟，舜以青州遼闊分置營州。武王克商，封尚父于營邱。二十五代爲田和纂，傳五世至王建，爲秦所滅，立爲琅琊郡。
	泗水　今南直徐州，鳳陽府泗州、宿州淮安府邳州皆是，郡治沛，今徐州沛縣也。	徐州，春秋時爲宋、滕、薛、小邾、偪陽之地，六國時屬楚。秦并天下，爲泗水郡。漢改爲沛郡。
	漢中　今陝西漢中府及湖廣鄖陽府。	梁州，舜十二牧，梁其一也。春秋戰國并屬楚，楚懷王時，秦惠文王取漢中地六百里，以爲漢中郡。
	巴郡　今四川保寧府、順慶府、夔州府、重慶府、及瀘州境皆是，郡治巴州，故巴國也。	梁州，春秋戰國爲巴子國，秦并天下，爲巴郡。漢武分郡，置犍爲郡。

①顓頊：zhuān xū，传说中的上古帝王。

蜀郡　今成都府、龍安府、潼川州、雅州、邛州及保寧府劍州以西皆是，即故蜀國。

《禹貢》梁州域，爲蜀國，秦滅蜀，置蜀郡，漢分蜀郡爲廣漢郡。

九江　今南直鳳陽、淮安、揚州、廬州、安慶府及滁、和二州，江西境内州郡皆是。郡治壽春，因楚都也。

《禹貢》揚州域，春秋楚之東境，吴之西境，七國時全屬楚。秦滅楚爲九江郡，《元和志》謂洪州，今江西省會也。

鄣郡　今應天府。太平、寧國、徽州、池州諸府及廣德州，又浙江之湖州、嚴州府境，皆是。郡治鄣，今湖州府長興縣有故鄣城。

《元和》宣州，今《宣城縣志》《禹貢》揚州域，秦秋屬楚，秦爲彰郡。漢武帝改爲丹陽郡，理宛陵，即今理是也。故彰在今廣德州東北九十里，漢曰故彰城。

會稽　今蘇、松、常、鎮諸府，及浙江境内州郡皆是，郡治吴，今蘇州府附郭吴縣。

今吴縣，《禹貢》揚州，周爲吴國太伯所置城，至闔閭遷都於後爲越所并，楚滅越，封黄歇于吴，秦以爲會稽郡。

南郡　今湖廣荊州、承天、漢陽、武昌、黄州、德安諸府及襄陽府之南境，又施州衛，亦是其地。郡治郢，故楚都也。

《禹貢》荊州域。春秋、戰國并屬楚。《史記》白起拔郢，東至竟陵，即此是也。秦置南郡，在漢即江夏郡之竟陵縣地也。

按：襄陽乃荊、豫二州之域，于周諸國，則穀、鄧、鄾、盧、羅、鄀之地。春秋時地屬楚。秦并天下，自漢以北爲南陽郡，今鄧州南陽是也。漢以南爲南郡，今荊州是也。

長沙　今長沙、嶽州、衡州、永州、寶慶諸府，又郴州至廣東之連州，皆是。郡治湘，今長沙縣。

《禹貢》荊州域，春秋爲黔中地，楚之南境。秦并天下，分黔中以南之沙鄉爲長沙郡。

黔中，今辰州府、常德府至岳州府之澧州，又永順、保靖諸衛，皆是其地。黔中與唐之黔州不一地，唐黔州治在四川，今彭水縣。又平百越置四郡。

今辰州沅陵縣地。《禹貢》荊州域，春秋楚地，秦爲黔中郡，漢爲武陵郡。

按：黔中故城，在今湖南辰州府沅陵縣西。《史記·秦本紀》：『昭襄王二十七年，使司馬錯發隴西，因蜀攻楚黔中，拔之。』蕭德言《括地志》黔中故城，在辰州沅陵縣西。《元和志》：『秦黔中郡所理在辰州西二十里，漢改爲武陵郡，即今辰州敘浦縣。自宇文周，以故涪陵縣置黔州。』隋曰黔安郡，因同隋州郡之名，遂與秦、漢黔中郡犬牙難辯。其實今辰、錦、敘、蔣、漢、澧、朗、施等州，是秦漢黔中之地，與今黔中及夷、費、思、播，隔越峻嶺，東則沅江，東注洞庭湖，西則涪陵江，北注岷江。以山川言之，巴郡之涪陵，與黔中故地炳然分矣。

閩中　今福建州郡，郡治侯官，今福州府附郭縣。

《禹貢》揚州域，本閩越，秦并天下，以閩中下郡，作三十六郡之數。今福州理即閩中郡之地也。

南海　今廣東廣州府、肇慶、南雄、韶州、潮州、惠州及高州府北境，廣西平樂府東境，及梧州府東南境，皆是。郡治番禺，今廣州府附郭縣。

《禹貢》揚州域，春秋百越之地，秦以爲南海郡。

桂林　今廣西境内州郡。

古越地，秦取百越以爲桂林郡。

象郡　今廣東雷州、高州、廉州諸府及廣西梧州府之南境，以至安南州郡，皆是。

合四十郡，郡一守，其地西臨洮而北沙漠，東縈南帶，皆臨大海。

始皇既没，山東之眾起而亡秦，陈勝起兵于蕲。○注：今鳳陽府，宿州南廢蕲縣是。略地至陳，爲楚王。沛公起兵于沛，項羽起兵于吴，田儋略定齊地爲齊王①，秦嘉起兵于剡，奉景駒爲楚王，既而破咸陽②，降子嬰，項羽自立爲霸王。分王諸將。楚分爲四。

項羽自立爲西楚霸王，王梁、楚地，都彭城。○注：今南直徐州。

吴芮爲衡山王，都邾。○注：今黄州府附郭黄岡縣、黄安縣是。

英布爲九江王，都六。○注：見前六國。

①田儋：（？—西元前208年），原是戰國時期齊國王族，秦國滅亡齊國後，與其堂弟田榮、田横移居狄縣（今山東高青縣東南）。其在當地勢力雄厚，家族强盛，頗得人心。西元前209年，爆發陳勝、吴廣起義，田儋趁機殺死狄縣縣令，舉兵起義，自立爲齊王，攻取平定齊國故地。西元前208年，秦朝將領章邯圍攻魏王魏咎，魏咎派周市向齊、楚兩國求援。田儋與楚將項它率軍隨周市援救魏國。章邯在臨濟城下大敗齊、魏援軍，殺死田儋和周市。 ②咸陽：原作『威陽』誤。

共敖爲臨江王，都江陵。○注：今荊州府附郭縣。

趙分爲二。

張耳爲常山王，王趙地，都襄國。○注：今順德府治邢臺縣是。

趙王歇徙王代，爲代王，○注：今大同府蔚州治。

齊分爲三。

田都爲齊王，都臨淄。○注：故齊都也。

田安爲濟北王，都博陽。○注：今山東長清縣西南廢盧縣，或曰當在博陵，今山東博平縣西北故城。

徙齊王田市爲膠東王，都即墨。

燕分爲二。

臧荼爲燕王，都薊。○注：故燕都也。

徙燕王韓廣爲遼東王，都無終。○注：見前無終國。

魏分爲二。

徙魏豹爲西魏王，王河東，都平陽。

司馬卬爲殷王，王河内，都朝歌。

韓分爲二。

韓王成爲韓王，都陽翟。○注：韓故郡。

申陽爲河南王，都洛陽。○注：申陽姓名，張耳之嬖臣。

秦分爲三，并漢中爲四。

章邯爲雍王，王咸陽以西，都廢邱。○注：即大邱，今西安府興平縣。

司馬欣爲塞王，王咸陽以東至河，都櫟陽。○注：塞名桃林，在河南靈寶縣西至潼關地。

董翳爲翟王，王上郡，都高奴。○注：秦縣名，今延安府西百里廢金明城是。

沛公爲漢王，王巴蜀、漢中，都南鄭。○注：今漢中府附郭縣。

漢○注：定秦、平楚，天下一統。

都邑

都長安。

高祖初自南鄭徙都櫟陽，既破楚，還都洛陽。既而從婁敬、張良之説，復還櫟陽，乃定都長安。

長安考○注：今西安府。

《禹貢》雍州地。周爲王畿①，東遷后屬秦。始皇置内史郡。漢初爲渭南郡，尋復爲内史郡。景帝二年，分置左、右内史，此爲右内史。武帝太初元年，京兆尹與左馮翊、右扶風爲三輔。後漢因之。三國魏改尹爲守。後爲秦國，又爲京兆國，晉爲京兆郡。○注：兼置雍州治此，愍帝時都焉。

疆域

矯秦之弊，封建王侯，其初以異姓而封王者，凡七國。

楚，韓信初爲齊王，既滅楚，更立爲楚王，王淮北，都下邳，○注：今邳州。漢六年國除。

梁，彭越封梁王，王魏故地，都定陶，○注：今縣。漢十一年國除。

趙，張耳封趙王，王趙故地，都襄國，五年子敖嗣，九年國除。

韓王信初封韓王，王故韓地，都陽翟，六年更以太原雁門郡三十一縣爲韓國，徙都晉陽，信請治馬邑，○注：今山西朔州東北有故馬邑城。是年信降匈奴，十一年，擊斬之。

①王畿：古指王城周圍千里的地域，泛指帝京。

後没于群翟。劉曜及符健、姚萇相繼都之，○注：赫連夏時號曰南國。後魏亦曰京兆郡，○注：仍置雍州，治焉。西魏亦都於此。後周復爲京兆尹。隋初置雍州。大業三年，改爲京兆郡。唐初復曰雍州，天授，初，亦曰京兆郡。開元三年曰京兆府，○注：時亦謂之西京。至德二載改為中京。上元二年，復曰西京。廣德初，亦曰上都。天佑初，廢爲佑國軍。五代梁改爲大安府，又改爲永平軍，後唐復爲京兆府。晉曰晉昌軍，漢曰永興軍，宋復爲京兆府，亦曰永興軍。金亦曰京兆府，○注：兼置京兆府路。元曰安西路。皇慶初，又改爲奉元路，明初改爲西安府。

淮南，英布故封九江王，王漢，因其故封改爲淮南，仍都。六十年，布叛，討滅之。

燕，臧荼，故封燕王。又并有遼東地，漢因而封之，旋叛，滅。改立盧綰爲燕王，仍都薊。十一年，綰叛，降匈奴。

長沙，吳芮故封衡山王，項羽奪其地，稱番。漢滅羽，更封芮爲長沙王，都臨湘，傳五世。臨湘即長沙郡治。

今府城，隋開皇二年，所營大興城也。漢都城在今城西北十三里，本秦離宮。漢高帝七年，始都於此。城狹小，惠帝三年更城長安，周圍六十五里，六年始成，○注：《纪年》惠帝元年年始作长安城西北方。至五年，乃畢。蓋前此未有城云。城南爲南斗形，北爲北斗形，人呼爲斗城，○注：亦名陽甲城，一陽始生之義。北負渭水南，南直南山子午谷。有十二門，東面三門，東北南頭第一門曰霸城門，亦曰青城門，○注：門色青，民間因以為名，亦曰青綺门。又《洞冥記》：武帝時，有群雀翔於霸城門，改爲青雀門。又王莽天鳳二年，霸城災，莽改爲仁壽門、無强亭。

數年之間以次翦除，○注：自五年定封，至十一年惟長沙僅存。于是改封其同姓子弟，凡九國。○注：司馬遷曰：高祖子弟同姓為王者九國，惟獨長沙異姓。而功臣侯者百有餘人，自雁門、大原以東至遼陽，即今遼東鎮爲燕、代國，常山以南太行左轉渡河，濟河○注：山東東阿縣、鄄[1]○注：濮州治。以東薄海爲齊趙國。自陳以西，南至九疑，東帶江淮谷泗，薄會稽爲梁楚吴淮南國，皆外接于胡越，而内地北拒山以東盡諸侯地。大者或五六郡，連城數十里。漢獨有三河、東郡、潁川、南陽，自江陵以西至蜀，北自雲中至隴西與内史凡十五郡，而公主列侯食邑其中。

齊　漢六年，以膠東、膠西、臨淄、濟北、博陽、城陽郡，凡七十三縣，立子肥爲齊王，都臨淄，文帝十六年分齊爲六國，立悼惠王肥之諸子皆爲王。

①鄄：音juàn。地名，在山東。

東出中門曰清明門，亦曰籍田門，○注：門内有籍田倉也。或曰凱門，漢宫殿疏第二門名城東門，莽改爲宣德門、布恩亭。

東出北頭第一門曰宣平門，亦曰東都門。○注：王莽改宣门曰春王門、正月亭。南面三門，南北東頭第一門曰覆盎門，亦曰下杜門。○注：亦曰：杜門，又曰端門，北對長樂宫，王莽更名永清門、長茂亭。

南出中門曰安門，亦曰鼎路門。○注：北對武庫，王莽更為光禮門、顯樂亭。南出西頭第一門曰平門，亦曰西安門。○注：北對未央宫，即便門，古平便同字，王莽改爲信平門，城正亭。西面三門，西出南頭第一門曰章城門，亦曰章門。○注：一為光畢門，王莽更名為萬秋門、億年亭。胡氏曰：章門，或謂之白門。

荊　漢六年，分楚王信地，以淮東之故東陽郡、鄣郡、吴郡五十三縣，立從兄賈爲荊王，都吴。十一年，爲英布所滅，更以荊爲吴國，立兄仲之子濞爲吴王，都廣陵。

楚　漢六年，分楚王信地，以淮北之薛郡、東海、彭城三十六縣，立弟交爲楚王，都彭城。

淮南　漢十一年，以淮南王英布地，立子長爲淮南王，都壽春。文帝十六年，分淮南爲三國，立淮南厲王長三子皆爲王。

燕，十二年，以燕王盧綰地，立子建爲燕王，都薊。

趙，八年，以趙王張敖地，徙代王如意爲趙王，都邯鄲。

西出中門曰直城門，亦曰直門。○注：王莽天鳳初，大風發直城門屋瓦，更為直道門，端路亭。西出北頭第一門曰西城門，亦曰雍門。○注：水北有函里，民名曰函里门，莽更為章義門，著誼亭。北面三門，北出東頭第一門曰路城門，亦曰高門。○注：門外有台，貯承露盤，又名鸛雀台，又有客舍，民曰客舍門，亦曰洛門，或謂之利城門。莽更爲進和門，臨水亭。

梁，十一年，分梁王彭越地，又益以東郡地，立子恢爲梁王，都睢陽。

代，六年，以雲中、雁門、代郡五十三縣，立喜爲代王，都代。七年，匈奴攻代，王棄國自歸，因改立子如意爲代王。八年，徙爲趙王，立子恒爲代王，兼有韓王故地，都晉陽，後徙中都。○注：今汾州介休縣。

淮陽，十一年，分彭越地，又益以潁川郡，立子友爲淮陽王，都陳。

景帝時，吴、楚、趙、膠東、膠西、菑川、濟南七國變起，以次削平。其後諸侯益衰弱矣。自漢興以來，郡國稍復增置。武帝逐匈奴、平南越及西南夷，又通西域，開朝鮮，于是南置交趾，北置朔方，分天下爲十三部，而不常所治。

司隸校尉部〇注：察郡七。《漢紀》：成帝綏和元年，罷刺史置州牧，哀帝復置刺史，尋復曰牧。

京兆尹

秦内史郡，漢武帝太初元年，更名京兆尹，領長安等縣凡十二，今西安府是其境。

屬縣

長安縣　附郭。本秦杜縣之長安鄉，高帝五年置縣，定都于此，惠帝始筑城，在今縣西北。隋始遷於今治。唐又分置乾封縣，復并入焉。

霸陵縣　府東三十里，秦穆宫築霸宫于此，文帝置縣。

南陵縣　府東南二十五里，文帝七年置。《寰宇記》：在萬年縣東南二十四里，曰鹿原。

杜陵縣　府東南。十五年，周杜伯國，秦武公置杜縣，漢宣帝葬杜東京上，曰杜陵，後改為縣。

奉明縣　故長安縣東，《宣帝》：紀元康元年，益奉明園曰為奉明縣。

新豐縣　今臨潼縣，秦酈邑，漢高祖以太上皇思歸，置此以象豐邑，兼徙豐人及枌榆社於此，故名。

櫟陽縣　今臨潼縣北三十里，渭水北，本晉之櫟邑，漢高祖初都此。後漢廢，入萬年縣。

藍田縣　府東南九十里玉之次，美曰：藍縣。山出玉，故名。《竹書》：秦子向命為藍田君，盖子向故邑也。

北出中門曰厨城門，亦曰朝門。○注：朝門內有長安厨官，因名，或曰广门。莽更為建子門、廣世亭。北出西頭第一門曰横門，亦曰横城門。○注：横讀光王莽更爲朔都門，左幽亭。又横門外有都門，有棘門，又有通門、亥門。《漢舊儀》：長安城，方三十里，經緯各長十五里。○注：周围六十五里，《唐志》長安故城東西十三里，南北十二里。潘岳《關中記》，長安城皆黑壤赤城，今尚赤如火，堅如石，父老相傳鑿龍首山土爲之。隋開皇二年，以故都制度狹小，歷年既久，宫宇朽蠹，乃議遷都于故城之東南十三里，南直子午谷，○注：《吕氏圖云》：南直石鱉谷。

左馮翊

秦内史郡，今西安府以東至司州，是其境。武帝太初元年，更名左馮翊，領高陵等縣二十四。

舡司空　本主舡之官，為渭水入河處，後漢省入華陰。顔师古曰：三輔黄圖有舡庫官，後改爲縣。

鄭縣　華州城北，周鄭桓公所封邑，一名咸林，秦昭公十一年始置县。

華陰縣　秦置，以在華山之北也。春秋魏之陰晉也，魏以陰晉為和于秦，即此。

下邽　今渭南縣北五十里。秦伐邽戎置縣，以隴西有上邽，故曰下。

湖縣　今阌鄉縣東四十里。秦曰湖關，即黄帝鑄鼎之處，漢置縣，初屬京兆，後屬宏農。

高陵縣　今高陵縣。西安府北七十里，本秦縣，左輔都尉治所，故城在縣西一里。

長陵縣　今咸陽縣東三十五里。高帝陵亦曰長山，太初以後隸馮翊。

安陵縣　今咸陽縣東二十一里。秦舊邑，惠帝葬此，置安縣，太初以後隸郡。

陽陵縣　今高陵縣西南三十里。本秦弋陽縣，景帝營陵邑，改曰陽陵，太初以後隸郡。

萬年縣　本櫟陽縣地，高祖初都此，後以太上皇萬年陵在城北，因分置萬年縣於城中，為陵邑，武帝以後屬左馮翊，後漢廢櫟陽入萬年，今廢爲鎮，故城在西安府臨潼北五十里。

北枕龍首原，○注：《長安志》西北據渭水。左臨灞滻①，右抵灃水，曰大興城。○注：隋文帝敕封大興公也，或曰其地，本名大興村。遂定都焉。大業九年，發丁男十萬，城大興。唐初因之。

蓮勺縣 讀曰輦酌，今渭南縣北七十里。

頻陽縣 以在頻山南而名，秦厲共公置。漢《薛宣传》頻陽北當上郡、西河，為數郡湊。今富平縣東北五十里。

池陽縣 今三原縣西北二十里，池水之陽，惠帝置。

谷口縣 今醴泉縣，舊治在縣東北七十里，《元和志》谷口縣在九峻山東、仲山西，當涇水出山之處。

洽陽縣 今同州府東北百里，古莘國。《詩在洽之陽》。後，汵水流绝②，故去水加邑。

雲陵縣 今邠州淳化縣是其地，漢钩弋夫人葬此，始元中置為陵邑。

雲陽縣 今西安府涇陽縣西北三十里，本秦縣。秦始皇除道，道九原，抵雲陽，塹山堙谷，通之。

懷德縣 今朝邑縣西南三十里。按：今西安府富平縣，亦有懷德縣。

夏陽縣 今韓城縣地，舊治在今洽陽縣東四十里，古韓國及梁國，韩因故城，今韓城縣南十八里。梁國故城二十三里有少梁故城，春秋晉、秦戰于韓原。

重泉縣 今蒲城縣。華州北百二十里，蒲城縣東南五十里。

徵縣 今澄城縣。同州府北百里，春秋時晉北徵地，後譌為澄，後漢省。

①灞滻：灞水和滻水的合稱。 ②汵：音gàn。古同『淦』，水由縫隙進入船中。

永徽四年，又復增築，名長安城，亦曰京師城。○注：永徽五年，築京師罗郭。開元十八年，築外郭。貞元四年，又築夾城。《六典》：長安左河華，右隴坻，前終南，後九嵏。京城。南北十五里，一百七十五步，東西十八里，一百十五步，周六十餘里。皇城○注：子城即內城。南北三里，一百四十步，東西五里，一百十五步，周二十五里，宮城有三所謂三內也。○注：一曰西內，在皇城內西北隅。

衙縣　今同州府白水縣是其地，晉省入粟邑，《春秋》：秦晉戰于彭衙，即此。

沈陽縣　今華州東南十五里。

祋祤縣　今同官縣及耀州是其地，舊治在州東北一里，漢景帝二年置。魏改為泥陽，隋改為華原，唐爲耀州治。按：祋祤①二字從示顏師古曰：軍士禱祀之名。

粟邑縣　今白水縣西北二十八里，薛宣為左馮翊，以粟邑縣小，僻在山中，其人謹樸，以頻陽令薛恭換粟邑合尹，賞二縣俱大理。

武城縣　鄭縣東北十三里，後漢廢。

臨晉縣　今朝邑縣是其地，本大荔國，秦取其地，築高壘以臨晉國，故名。大荔國在今朝邑縣東三十步，故王城是也。

翟道

①祋祤：音duì yǔ。縣治在今陝西耀州河東堡東側。

正門曰承天。○注：即隋大興宮城正南門也，初曰廣陽門，仁壽初改曰昭陽，唐武德初改曰順天，神龍初始曰承天。《六典》，長安宮城亦曰太極宮城。南面三門，中承天，東長樂，西永安。又大興宮城正北門元武，東北門曰至德。一曰東内，在皇城内東北隅。○注：即西内之東北。正門曰丹鳳。○注：即大明宮也，高宗龍朔二年，置南面五門，西東第一門曰興安，第二門曰建福。至德三載，改丹鳳曰明鳳。一曰南内，在皇城内東南隅。○注：在東門之南，所謂興慶宮也。自東内達南内有夾城，復道經京城之通化門，宣宗于夾城南頭開便門，俗號新開門。

右扶風

秦内史郡，今西安府以西至鳳翔府是其境。武帝太初元年，更名右扶風，領渭城等縣二十一以上所謂三輔。皆治長安城中。

渭城縣 今咸陽縣，秦置，秦孝公徙都於此縣，在九嵕①諸山之南，渭水之北，山水皆陽，故名西安府。西北五十里，漢初爲新城縣，元鼎三年改曰渭城。

鄠縣 西安府西南七十里，夏扈國地，殷崇國地，周豐邑地，秦為鄠甘亭。扈、鄠一也，漢置。

盩厔縣② 山曲曰盩，水曲曰厔，故以名縣。

武功縣 今武功縣。在乾州南六十里。古郃國，后稷封此。秦孝公始置县。

斄縣③ 讀郃，即后稷所封。秦孝公置縣，在武功縣南二十二里。

郿縣 本秦縣，右輔都尉治焉，在今縣東十五里，有故城，《詩·大雅》：『申伯信邁，王餞於郿。』

漆縣 今乾州永壽縣及邠州是其地，漆水在城西。

安陵縣 今西安府咸陽縣東二十一里，秦時邑，漢惠帝葬此，置安陵。

槐里縣 今西安府興平縣東南一十一里，周曰犬邱，懿王所都，後以其久廢於戎，改曰廢邱，漢三年，置縣後，析置平陵、茂二縣。

好畤縣 今乾州，舊治在州東南四十里。時者神明所依止也，自古於雍州立畤，以郊上帝。好畤秦文公時作。

①九嵕：音 jiǔzōng。又名九宗山。在今湖北孝昌縣東。 ②盩厔：音 zhōu zhì。 ③斄：音 lí。

三内皆有宮城，○注：唐西内有三城，一重曰京城，外郭城也。南近樊川，北連禁中。内一重曰宮城，惟列府寺。又内一重曰内宮城，太極宮在其内，即隋大興宮。今省城正直宮城之地。其皇城之門凡七，南面三門，中曰朱雀，○注：亦曰瑞門其北對承天門。東曰安上，○注：至德二載，以安祿山叛改曰先天，尋復舊。西曰含光。東面二門，南曰景風，北曰延喜。西面二

杜陽縣 今鳳翔府北九十里，今麟游岐陽縣，俱是其地。

虢縣 今鳳翔府南三十五里，周文王弟虢仲所封邑，是為西虢。

陳倉縣 今鳳翔府寶雞縣，舊城在今縣東二十里，即秦文公所築。

汧縣 本秦縣，今隴州治，在汧①水之北，即秦非子養馬處，城在縣城東二十五里。

郁夷縣 今隴州西五十里，《詩·小雅·四牡》之篇曰：『周道倭遲』，《韓詩》作『鬱夷』言使臣乘馬行道于此道。

雍縣 《禹貢》雍州地，周曰岐周。春秋時為秦地，始皇為内史地，漢初屬雍國，太初後隸今屬。

隃麋縣 今鳳翔之汧陽縣是其地，舊治在縣東三十里，因縣東隃麋澤為名。

栒邑縣 本秦邑，漢置縣，舊治在今邠州之三水縣，東二十五里古郇國也，《左傳》『畢原、豐、郇，文之昭也。』古豳城在縣西三十里，公劉始都之處。

平陵縣 今西安府，興平縣東北二十里，昭帝陵邑。

茂陵縣 今興平縣東北十七里，本槐里之茂鄉，漢武建元二年，析置陵邑。

①汧：音qiān。今千河的古稱，源出中國甘肅省，流經陝西省入渭河。

南曰順義，北曰安福。京城之門凡十。南面三門，中曰明德，東曰啟夏，西曰安北。○注：至德三載改曰達禮。東面三門，正中曰春明，○注：隋名。南曰延興，○注：隋之安興門也。北曰通化。西面三門，正中曰金光。○注：隋名。南曰延平，北曰安遠。○注：隋曰開遠，唐改。《唐書》天寶十二載，時中国強盛，處安遠門西盡唐境，萬二千里，又安遠門揭候署曰西極，道九千九百里，示戍人無萬里行也。至德三載，改安遠門曰開遠。

宏農郡

武帝元鼎四年，分河南郡，置今河南府以西至陝州，又南陽西境，改西安府之商州，皆是其地。領宏農等縣十有一。○注：宏農在靈寶縣南，秦函關地，漢武帝元鼎三年，徙關于新安，以故關置宏農縣，四年置宏農郡治焉。

按：長陵、茂陵各萬户，俱系徙關東豪族，以奉陵邑者。其餘五陵各千户，初皆屬太常，不隸於郡。武帝太初以後，各屬馮翊、扶風等郡。

宏農　今靈寶縣，本秦函谷關地，舊治在縣西南三十里，為宏農郡治。

宜陽　河南府西南七十里，周召伯聽訟之所。

澠池　以縣在崤、函[1]間，故名。府西百六十里，本韓地，哀侯東徙其地入秦。

新安　府西七十里，戰國周地，本秦置。二世二年，項羽坑秦卒二十餘萬人，入新安城南。

陸渾　今嵩縣北三十里，《春秋》：秦晉遷陸渾之戎[2]于伊川。

盧氏　本虢之莘地，漢因盧敖得仙，因置盧氏縣。

陝　周、召分陝之州，今陝州治，春秋虢國地，是所謂北虢。

析　今內鄉、淅川二縣是其地，春秋楚之析邑，《史記》秦昭王發兵出武關，攻楚取析十五城是。

丹水　今內鄉縣西南百二十里，古都國，本秦置。

①崤函：古代地名，崤山與函谷關的合稱。相當今河南洛陽以西至潼關一帶。

②陸渾之戎：春秋陸渾戎居今河南嵩縣東北一帶。漢在此置陸渾縣。

北面一門曰光化。○注：《唐書》：京城内有東西兩市，南北十四街，皆三百余步。皇城南大街曰朱雀街，街東五十四坊，萬年縣領之。街西五十四坊，長安縣領之。京兆尹總其事。《長安志》朱雀街，南北盡郭，有六條坡，象乾卦，六爻[1]横亘城中，亦謂之六岡。隋宇文隍營都城于九二爻。置宮殿以當皇居。九三列百司以象君子之數。九五貴位，不欲常人居之，故置元都觀興善寺鎮其地。又有苑城，本隋大興縣也。○注：開皇二年置。唐曰禁苑，亦曰三苑。○注：以三大内皆有苑。苑城東，東西二十七里，

河内郡

秦三川郡，漢高二年改置，今懷慶衛輝以至彰。德府南境皆是其地，領懷縣等縣十有六。

商 今商南、山陽俱是其地，即契所封邑，戰國為商於地，後漢屬京兆郡。按：商今商洛於在鄧州内鄉縣東七里。

上洛 今商州治，漢元鼎四年置。

焦 今河南陝州東北三十里，是其故地，古邑名。以焦水為名，周武王克商，封神農之後於此，為焦國。

懷 今懷慶府治。《禹貢》覃懷[2]之地，周畿内地及衛、邢、雍三國，春秋屬晉，七国屬韓、魏二國，秦為三川、河東二郡。項羽立司馬卬爲殷王，王河内即此。

野王 今河内縣，《春秋》曰：『晉人執晏弱[3]于野王。』是也，隋改為河内縣。

平皋 今懷慶府東南十七里，以其地在河之皋處，勢平夷，故曰平皋。《左傳》晉侯送女于邢邱，即此。

波城縣 今懷慶府城南。孟康曰：『晉文公所得賜者。』

州 今懷慶府東南五十里，本周，司寇蘇忿生之州邑，《左傳》：『周與鄭人蘇忿生之田，州、陘、隤懷。』注曰：今河内州縣是也。

①六爻：音 liù yáo。既可以指從下向上排列的六個陰陽符號的組合，也泛指借用這種組合進行占卜的方法。　②覃懷：音 qín huái。又被稱做河内，是指古代中國(黄)河之陽、(太行)山之陽間那片狹長却富饒鮮活的土地，是指當代中國以河南沁陽(今屬河南焦作)爲核心，涵及焦作市所轄區縣的那一大方水土。

③晏弱：(前 635 年 - 前 556 年)子姓，晏氏，名弱，謚桓，即晏桓子，春秋時期齊國大夫，夷維邑(今高密)人。

南北三十二里，周迴一百二十里。東接灞水，西接長安，故城南連京城，北枕渭水。○注：中有離宮、亭館二十四所。凡十門，南面三門，中曰景耀，○注：直宮城元武門。東曰芳林，○注：元和十二年，築夾城，自東內堂韶門，通芳林門。西曰光化。東面二門，南曰光泰，○注：程大昌曰：『在京城通化門北小城之東門，門東七里，即長樂坊。呂大防之《長樂圖》：光泰門在大明宮東苑之東。北曰昭應，西面二門，南曰延秋，北曰元武。

武德　今武安縣舊治，在縣東二十里，隋開皇十六年，分修武縣，置武陟縣于武德故城。

軹　今濟源縣軹城是，本魏邑，秦昭王伐魏取軹，漢文帝封薄昭為軹侯，即此。

修武　今修武縣，本殷之甯邑，《韓詩·外傳》武王伐紂勒兵於甯，改曰武，《左傳》：晉陽處父聘于衛，過甯。《注》云：『汲郡，修武是也。』

山陽　今修武縣東北二十三里，有濁鹿故城，即魏文帝受禪，封漢爲山陽公所居之城也，以在太行山南，故名。

河陽　今孟縣，本周司寇蘇忿生之邑，後為晉邑。

温　今溫縣，本周畿內。司寇蘇公之邑，春秋周襄王賜晉文公。

汲　今衛輝府附郭縣，本殷牧野之地，縣東北有邶故城，高帝封公士不害為汲侯。

獲嘉　今獲嘉縣，粵相呂嘉反，武帝將幸緱氏，至汲縣新中鄉，得呂嘉首，以為獲嘉縣。

朝歌　今淇縣，舊治在淇縣東北，《張洽集》：傳以為在淇縣北，关西社是也，武之所都，武王滅殷，封康叔。

北面三門，中曰啟運，東曰欽馬，西曰永泰○注：苑中又有白華門，殿門名也。又望仙門，亦苑中門名也。三苑地廣，故唐世用兵多在苑中。

《元圖經》：今奉元路城，唐天祐元年，匡國節度使韓建所築新城也。朱全忠遷昭宗於洛，毀長安宮室、百司及民廬舍，長安遂墟，建去宮城外郭，重修子城，南閉朱雀，東閉延喜，西閉安福三門。北開元武門，是爲新城城之制，内外二重四門，門各三重，今門惟二重，内重基址尚存。東西又有小城二，以爲咸寧、長安二縣治。治邑攺府城，即唐末新城之址。

河南郡

秦三川郡，漢二年改置，今河南府至開封府以西，皆是其地。領洛陽等縣二十二。

共 今輝縣是其地，周共伯國厉王流崩於彘①，共伯奉王子靖，立爲宣王，共伯歸國。

蕩陰 今蕩陰縣，本七國時魏湯陰邑也，以縣有湯水，因名羑里城，在縣北九里。

隆慮縣 今林縣，以隆慮山在北，因名。後避殤帝諱，改曰林慮。

沁水 今澤州沁水縣，古廣寧地，元省端氏縣入焉。

洛湯縣 今洛陽縣東三十里，金鏞城乃其故城西北角。本周下都，亦，謂成周。秦三川郡，漢為河南郡治，至魏晉因之。隋遷郡，治河南縣。宋初河南、洛陽二縣，并置。金省河南入洛陽。

河南 周王城也，今洛陽縣治，亦曰郟鄏②。

穀城 今河南府城西北十八里，故苑中，西臨穀水。

偃師縣 今偃師縣，古亳地。帝嚳及湯、盤庚並都之，武王伐紂於此，息偃戎師，因以名焉。

鞏 今鞏縣，古鞏伯之國也。《春秋》晉師克鞏。戰國韓獻于秦，至漢置縣。

緱氏 今偃師縣西南二十五里，古滑國也。《左傳》：秦師滅滑。即此。隋大業十年，移據公路澗西，馮岸為城。

①彘：音zhì。地名。《前漢·地理志》河東郡彘縣，順帝改曰永安。 ②郟鄏：音jiárǔ。周朝東都。故地在今河南省洛陽市。

按：苑陵城，《新鄭》《尉氏》《洧川》三縣志并載，今以地度之，新鄭東北，即洧川西北，漢以來之苑陵本在於此，唐武德四年，移置於尉氏界，故尉氏縣西亦有苑陵城。

新城 今河南府西南七十里，戰國时謂之新城，漢惠帝四年置縣，即隋唐之伊闕縣也。

梁 今汝州西南四十五里，周邑，戰國為南梁，以別大梁少梁，畀狐聚，秦滅西周，徙其君於此。陽人聚，秦滅东周，徙其君于此。陽人聚秦，滅東周。

成皋 今開封府汜水縣，古東虢國，鄭之制邑，一名虎牢。

滎陽 今滎陽縣。東虢國地，楚漢戰于京索間，今縣理，即大索城也，小索城在縣北四里。

京 今滎陽縣東南三十里，春秋鄭京城太叔之邑，今京水鎮是。

密 今密縣，古密國。春秋諸侯伐鄭，圍新密即此。

新鄭 今新鄭縣，古有熊地，黃帝都焉。周封黃帝后於此，為鄶國。春秋时，鄭武公與平王東遷，平定虢鄶之地，以爲國號，新鄭別京兆之鄭也。

苑陵 今新鄭縣東北三十八里，本秦邑。

陽武 今陽武縣，秦博浪沙地，張良為韓報仇擊始皇處。

原武　今原武縣，古陽池城，《竹書紀年》：惠王十五年，遣將龍賈築陽池以備秦。

卷　今原武縣西北七里，古邑名，春秋屬晉，戰國屬魏。

中牟　今中牟縣，春秋鄭邑，本周封管叔之國，漢以後為中牟。

故市　今鄭州北三十五里曹操擊袁紹于故市，即此。

開封　今祥符縣南五十里，魏邑也，魏為秦所敗，未保開封此城也。

平陰　今汜水縣東三十里，以在平津南，故曰平陰。

河東郡

秦郡也，今山西平陽府境，領安邑等縣二十四。

安邑　今安邑縣故夏都也。春秋屬晉，戰國魏都此後入秦置為縣，河東郡治。兩漢及魏晉俱因之。

平陽　今平陽府附郭臨汾縣，古平陽也，相傳即堯所都。

垣　今絳州之垣曲縣、及王屋縣俱是其地，周召康公邑，今濟源縣西八十里，元省入濟源。

襄陵　今襄陵縣，春秋晉大夫郤郤食邑，應劭曰：『縣西北有晉襄公陵。』因名。

按：《元和志》，以安邑縣爲本夏舊都，後皆因之。不知此後魏所分之南安邑也。孔安國《書傳》：鳴條在安邑縣西。今鳴條岡實在夏縣之西，安邑之北，則故安邑在夏縣可知。《水經注》：鹽水徑安邑故城南。今縣在水南。《魏書·地形志》北安邑，二漢、晉曰安邑，屬河東。南安邑，後魏太和十一年置。今縣乃在夏縣之南，則爲南安邑可知。《括地志》云：『安邑，故城在夏縣，故特改正。』

楊 今洪洞縣，春秋時楊侯國，晉滅之為陽邑，以賜晉大夫羊舌肸①。

絳 今曲沃、翼城縣，俱是其地。晉新田地。

彘 今霍州趙城縣，周穆王封造父之地，春秋時趙簡子居此。

蒲子 今平陽府西百四十里，晉蒲邑，今隰州之蒲縣是其地②。

蒲坂 今蒲州府治，舊治在府東南五里，本舜所都地。《左傳》：晉獻公滅魏，以賜畢萬。應劭曰：本曰蒲，秦始皇東巡見長阪，故加阪。

解 今解州虞鄉縣是其地，舊治在臨晉縣東南十八里。晉之解梁城也，唐叔虞食邑，國朝省人解州。

汾陰 今蒲州府之滎河、萬泉俱是其地，戰國為魏陰地，漢置縣，或云古綸國，夏少康之邑，非。

猗氏 古郇國地，春秋晉桑泉地，因猗頓所居③，故名。《寰宇記》曰：猗氏故城，在今猗氏縣南二十里。

皮氏 今絳州之河津縣是其地，古耿國地，殷祖乙都此，春秋屬晉。

聞喜 晉曲沃地，秦左邑之桐鄉也，漢武帝將幸緱氏至此，聞破南粵而喜，因置縣。

按：《魏書·地形志》以爲漢解縣改爲南解縣，與《寰宇記》異。今考《水經注》：涑水經解縣故城南。南解今虞鄉縣，涑水在其北，北解今臨晉縣，涑水在其南，故從《後漢書》注及《元和志》。《寰宇記》謂改爲北解縣。況魏書《地形志》，南解有桑泉城，在今臨晉縣，其地在北。北解有張揚城，在今虞鄉縣，其地在南，則今本《魏志》南、北二字，必傳寫舛錯而易。

①肸：音xī。 ②隰：音xí。以縣南有龍泉，地濕，因名隰。 ③猗頓：音yī dùn。山西運城臨猗縣人，戰國初年由魯國到猗地（今山西運城臨猗縣）發家致富，歿後又埋葬在猗地，故稱猗頓。

大陽　今解州之平陸縣，春秋虞國地，虞、芮讓為閒田處，在縣西六十里。唐天寶初，因開漕溪得古刃，篆文曰平陸。因改今平陸縣。

河北　今芮城縣，故城在縣西二十里，古芮伯國也。《春秋》閔二年，晉侯滅魏，封畢萬河北故城，即古魏國。

臨汾　今平陽府，太平縣是其地。

長修　絳州西北二十一里。漢《功臣表》：『長修平侯杜恬，高祖十一年封。』

北屈　今吉州是其地，晉屈邑。宋白《續通典》①：『慈州吉鄉縣，漢北屈縣』，今縣北二十一里古城即漢理。

騏　今汾州府鄉寧縣南六十里，漢《功臣表》：『騏侯駒幾，元鼎五年封。』

孤讘　今隰州永和縣是其地，舊治在縣西南三十五里。

濩澤　今陽城縣，《墨子》：舜漁於濩澤，即此。

端氏　今澤州府沁水縣，舊治在今陵川縣東九十里，晉邑。《史記》：『趙成侯十六年，與韓、魏分晉，封君于端氏，徙處屯留。』

左邑　本秦置，今聞喜縣治，晉曲沃邑，秦置左邑縣，漢因之。

①《續通典》：清嵆璜、劉墉等奉敕撰，紀昀等校訂的典制文獻，成書於乾隆四十八年（1783年），十通之一。全書150卷，體例仿通典，惟兵、刑分設2門，共9門，門下子目稍有改變。

豫州刺史部。

○注：郡三國二。

縣屬

潁川郡

秦郡也，今開封府之禹州、許州以至汝州之境，及南陽府之東北，河南府之東南，皆有其地。郡都陽翟，故韓都也，領陽翟等縣二十。

陽翟　今禹州治，本夏禹所都。春秋鄭之櫟邑，韓自宜陽徙都於此。

舞陽　今舞陽縣，以在舞水之陽，故名。

長社　今許州治，春秋鄭之長葛地，故城在長葛縣西一里，《史記》秦昭襄王三十三年，客卿胡傷攻魏長社，取之。

襄城　今襄城縣，春秋鄭之汜。○注：音泛地，《春秋》襄王避叔帶之難，出居于此，故名。

許　今許州東三十里，即許昌，漢魏為許都，晉為潁川郡治。許昌後移长社，后周曰許州。明初以州治長社，省入。

成安　今汝州南，《括地志》云：在梁縣東三十里元鼎五年，封韓延年為侯。

郟　今郟縣，春秋鄭邑，後屬楚。戰國屬韓，左昭十九年，令尹子瑕城郟。

父城　今郟縣東南四十里，故殷時應国也。《左傳》：楚大城父城，便太子太子建居之。

昆陽　今葉縣北二十五里。戰國魏邑，即後漢世祖破王尋處。

定陵

鄢陵 今鄢陵縣，舊治在今縣西北十五里。春秋鄭伯克段于鄢，晉楚戰于鄢陵，並此地。

新汲 今洧川縣南，春秋時曲洧也。漢神爵三年置，以河內有汲，故加新。

臨潁 今臨潁縣，以在潁水之上，故城在今縣西北十五里。

郾 今郾城縣，許州南百二十里，古郾子國，《史記》：楚昭陽伐魏取郾。

陽城 今登封東南四十里，周潁邑。戰國初屬鄭，謂之陽城，本唐置，唐改曰告成。

綸氏 今登封縣西七十里，鄭邑，《竹書》：楚吾得帥師及秦伐鄭，圍綸氏。後魏太和，中於縣城置潁陽縣。

嵩高 今登封縣古陽城也，武帝元封二年置，以奉大寶，後省入陽城。

潁陽 今登封縣東南八十里。

承休 本周承休城，今汝州西二十里，漢封姬嘉為周子南君於此。

潁陰 今許州治。高祖六年，封灌嬰為潁陰侯。《舊志》：唐以後許昌皆治此。

汝南郡

秦潁川郡地，漢高分置，今汝寧府。北至開封府，陳州府東境及南隸潁州皆是，領平輿等縣三十七。

平輿 今汝寧府東南，汝水南岸，春秋沈國地。宋晉謂之懸瓠城。

宜春 府西南。

安城 府東南十七里，汝水北，建成元年，封王崇為侯國。

陽城 在府界。

汝陽 周沈國地，漢置縣。東漢曰汝陽，舊治在商水縣西北，魏曰豫州，後周及隋改曰蔡州。大業初又析上蔡縣地，別置汝陽縣，即今縣也。唐亦曰蔡州，又爲淮西節度治。

滇陽 今正陽縣，漢高帝封樂說為侯，後國除為縣。闞駰①曰：永平五年，失印更刻，遂誤以水為心。

上蔡 今上蔡縣，汝寧府北七十五里，古蔡國。武王封弟叔度邑，十八世蔡平侯徙都新蔡，遂謂上蔡。

新蔡 今新蔡縣，古呂國。春秋蔡平侯徙都此，故曰新蔡。

新陽 今正陽縣西南四十二里，《史記》二世二年，呂臣為倉頭軍，起新阳。注：應劭曰在新水之陽。

鮦陽 今新蔡縣北七十里，在鮦水之陽。

西平 今西平縣，春秋時柏國，古韓國之分。蘇秦說韓王，曰：『韓有劍戟，出於棠谿。』縣西有棠谿屯。

吳房 今遂平縣，春秋時房子國，以吳槩封此，故曰吳房。在楚、靈王遷房于荊，漢高封陽武為吳房侯。

①闞駰：字玄陰，是敦煌（今屬甘肅）人，南北朝時期北魏著名地理學家、經學家。

濯陽　今遂平縣，東南有濯水，因名。章懷太子曰其地在吳房東。

南頓　今商水縣，舊治在縣北三十里，或曰古頓國，春秋頓子迫于陈，而奔楚，自頓南徙，因曰南頓。楚昭王滅頓，漢置縣。

博陽　侯國，今商水縣東北四十里。元康三年，封丙吉為侯。

西華　今陳州府西華縣，《水經注》：颍人又東，過西華縣北。後漢封鄧晨為侯。

項　今項城縣，陳州府東南九十里，古項子國。春秋齊師滅項，楚襄王徙都陈，以項為別都。

長平　今陳州府西六十里。《史記》：秦始皇使蒙驁攻魏，拔長平。汉封衛青為侯。

安陽　侯國，今正陽縣東，春秋時江国，漢文帝封淮南厲王子勃為侯。

安昌　侯國，今信陽州西北七十里。漢河平四年，封張禹為侯。

弋陽　今光州治，漢昭帝元鳳元年，封任宫為侯。

寢　今固始沈邱縣，俱是其地。孫叔敖子之封邑，春秋蓼國地，後滅于楚，謂之寢縣。後漢初改曰固始。孫叔敖嘗戒其子曰：『荊楚間有寢邱，前有妬谷，後有戾邱，其惡可長有也？』後莊王召孫叔敖之子，封之。

按《地形志》，長陵郡安寧縣有期思城，《寰宇記》在固始縣西北七十里，自梁以來廢隋志復有期思，在今商城縣界，非故縣也。

期思 今商城縣是其地，舊治在固始縣西北七十里，古蔣國，楚滅之，為期思邑，漢置縣。

新息 今息縣，光州西北九十里。春秋息國為楚所滅，漢置縣，尋徙而南，爲新息縣。新息故城在縣西南十五里。

陽安 今息縣西南，春秋時道國，漢綏和二年，封丁明為侯。

成陽 侯國，今息縣。西漢高帝十一年，封奚意為侯。舊傳楚文王破申時所築。

汝陰 今潁州府治，春秋胡子國，楚滅之。秦並天下為潁川郡地。

細陽 今潁州府西北四十里，太和縣亦是其地，以在細水之陽也。

慎 今潁上縣，舊縣在縣西北四十里，江口鎮左。哀公十六年，吳人伐慎，楚白公敗之。

召陵 今郾城東四十五里。春秋僖公四年，楚屈完盟于召陵。

濾疆 今許州西南，後漢建武元年，封堅鐔為侯。

原鹿 今太和縣西，本宋邑，春秋僖公二十一年，宋楚盟于鹿上，《注》：今汝陰原鹿縣。

朗陵 今確山縣是其地。宋大中祥府五年改為確山。

道 今確山縣東北，古道國也。

新鄭① 故址今潁州府東八里，古鄭邱，戰國屬魏，安釐王時『秦拔我鄭邱』，即此。漢置新鄭縣。

歸德 侯國，宣帝置。

定陵 高陵，汝水出東南，至新蔡入淮。

沛郡

秦泗水郡，漢高帝改。今徐州府、鳳陽府、淮安府，及泗州、宿州、邳州皆是，郡治相縣等，縣三十七。

相 今宿州西南九十里，蓋相土舊都也，秦置縣，漢為沛郡治。

虹 今虹縣，舊治在今縣西七十里，漢屬沛郡。

符離 今宿州治，舊治在州北二十五里，故楚邑，秦置。《爾雅》曰②莞符離縣多此草，故名。

蘄 今宿州南四十六里，本楚邑，本秦置沛郡，郡都尉治焉，陳涉起兵于此。

洨 今靈璧縣南五十四里，高祖圍項羽于垓下即此。垓下，洨縣之聚落名也。《圖經》云③：項羽墓在縣南六里，誤。按：羽死後，高祖以魯公禮葬于穀城，今東阿縣界。

穀陽 今靈璧縣西北七十里。

山桑 今蒙城縣。

①新鄭：音xīn qī。從西周共和時期建立新鄭這個地名，至春秋戰國時代一直没有更改。在其發展過程中國家政權變動了，但其地名没有變化。在這期間，新鄭也被稱爲鄭丘。 ②《爾雅》：全書收詞語4300多個，分爲2091個條目。本20篇，現存19篇。它大約是秦漢間的學者綴緝先秦各地的諸書舊文，遞相增益而成的。 ③圖經：是指附有圖畫、地圖的書籍或地理志。以圖爲主或圖文并重記述地方情況的專門著作也可稱作圖經。又稱圖志、圖記。是中國方志發展過程中的一種編纂形式。

義成　今霍邱縣北四十里。
下邱　今虹縣，相傳尧封禹為夏伯，此其故邑。
輒與　一云取慮，讀曰『秋間』，今虹縣北一百二十里，漢為沛郡。
向　今懷遠縣東北四十五里，春秋向國。
龍亢　今懷遠縣西北八十五里，漢元鼎五年，封樛廣德為侯邑。
平阿　今懷遠縣北三十里，戰國齊邑，後属楚。漢成帝河平二年，封王譚為侯。
豐　今豐縣，本沛縣之豐邑，漢析置。
沛　今沛縣，古偪陽國地，秦置為泗水郡，漢改泗水為沛，徙治于相，沛縣如故。
廣戚　今沛縣東北四十里。元朔元年，封魯共王子將為廣戚侯。
蕭　今蕭縣，古蕭國，春秋時宋邑，本秦置。
譙　今亳州，古豫州地，周武王封神農之後于焦，即此。後改為譙。春秋时爲陳之譙邑，戰國屬宋，後屬楚，秦屬碭郡。
城父　今亳州東南七十里，本春秋陳國之夷邑，亦曰城父。左昭九年，楚遷許于夷實城父。

酇①有二。○注：一在南陽，音贊；一在沛郡，音嵯。《茂陵書》《通典》俱謂蕭何封在南陽。班固《泗水亭高祖碑》云：『文昌四友，漢有蕭何，序功第一，受封于嵯。』又江統《徂淮賦》云：『戾䣜城而倚軒，實蕭公之故國』，謂何封沛郡之䣜，又因此論謂何封沛之䣜，何夫人封南陽之酇，且何本傳：『子禄薨，無子高后封何夫人同爲酇侯，小子延爲築陽侯。孝文元年，罷同，更封延爲酇侯。』築陽距酇三十餘里，若惟夫人封酇，則小子延獨繼其母，恐不然。

建城　今亳州東北八十里，《史記·曹參世家》：『楚懷王封曹參為執帛，號建成君。』

酇　今永城縣西南。李奇曰：『此酇音嵯。』非是蕭何食邑，與南陽之『酇』不同，舊字體作『䣜』。

鄲　今鹿邑縣，春秋時鳴鹿邑，《左傳》：『晉智武子以諸侯之師侵陳，至于鳴鹿』是。

芒　今永城縣，本秦置，漢高封耏跖為侯國，在今永城縣東北，南城鄉俗呼為大彭城。

敬邱　今永城縣西北三十里，後漢曰太邱縣。

建平　今永城縣西南，景帝六年，封程嘉，元鳳元年封杜延年俱為侯國。

扶陽　今蕭縣西南六十五里。本始二年，封韋賢為扶陽侯。

公邱　今滕縣西南十五里。滕城，周文王子叔繡所封邑，秦置縣，漢武帝分滕，置公邱。

栗　今夏邑縣境，《史記》『章邯軍至栗』，《注》徐廣曰：『縣名，在沛。』漢征和封趙肅王子為侯。

祁城　今夏邑縣東北，本秦邑，《史記》：『曹參擊秦司馬正軍碭、狐父、祁善置。』

下蔡　今壽州北三十里，古州來也。季札始邑，延陵後邑于此。按蔡国本都上蔡，後徙新蔡，後又遷此，故谓之下蔡。

①酇：音cuó。地名用字，如酇城、酇陽，鄉鎮名，在河南省永城市西部。

銍　今亳州東一百六十里。

漂陽　如淳曰：漂音票。

東鄉

臨都

高柴　侯國。

高　侯國。

梁國

秦碭郡，漢五年，改都睢陽，今歸德府及南直徐州府、碭縣是其地，有縣八。

睢陽　今歸德府商邱縣，即高辛氏之子閼伯所居。武王封微子于宋，至君偃三十三世，後為齊魏楚所滅。漢文帝封子武為梁王，梁國治焉。

蒙　今歸德府東北四十里，即莊周故里。

夏邑　今夏邑縣。按：魯為楚所滅，須公遷于下邑，即此。漢高祖攻下邑，拔之。

漢景帝時，吴楚七國反，梁孝王守睢陽，拒之。明年，孝王廣睢陽城七十里。《後漢書·郡國志注》戴氏《北征記》曰：『城周三十七里，凡二十四門。』《地道記》曰：『梁孝王築城十二里，自[1]鼓唱節，杵下而和之，稱「睢陽曲」。』

①『自』當作『小』。

《水經注》：睢水經睢陽縣故城南。《元和志》：隋開皇三年，廢梁郡以縣，屬亳州十六年于此置宋州，睢陽屬焉，十八年改爲宋城。王應麟《通監地理·通釋》州南一里，外城中本漢睢陽縣，張、許守一城捍天下，蔽遮江淮，即此地也。

按：宋城，唐爲宣武軍治，有三城。長慶二年，李岕攻宋州，陷南城。刺史高承簡保北二城，與戰却之，是也。宋爲南京城，宮城周二里三百一十六步，京城周十五里四十步，中有陽城。明宏治中，稍徙而北，其南門即故城之北門也。

魯國

秦薛郡，今兗州府是其境，高后初分爲魯國，立張敖子偃爲王。後廢爲郡，景帝復爲國。

甾 今考城縣周戴國，其邑多菑，故名。後漢章帝以其名不分，改甾為考城。

碭 今碭縣，本秦置，屬碭郡。漢改郡曰梁國，縣屬焉。

巳氏 今曹縣，古戎州，巳氏之地。

虞 今虞城縣，古虞禹封舜子商均于此。

杼秋縣 舊治今蕭縣西七十五里，漢初屬梁國，東漢明帝改屬沛郡。

魯縣 今曲阜縣，古少皞之墟，周公又封于此，漢高後為魯國治。

騶 春秋邾國，繆公改邾為鄒。

卞 今泗水縣，古卞邑。

蕃 音皮，滕縣分置。

薛 古薛國，夏居正奚仲所居，故城在兗州府滕縣南四十里。

汝陽 今曲阜縣西北四十里。

《一統志》：鄴縣①，故城在今臨漳縣西二十里，本齊桓公所築，管子築五鹿、中牟，鄴以衛諸侯。徐之才，聖賢城隊記：翟滅邢書，齊桓公築鄴城以衛諸侯，鄴由此始。《帝王世紀》：亶甲城在安陽縣五里，洹水南岸。

今內黃縣，戰國魏黃邑，《史記》：趙肅侯十七年圍魏黃，不克。應劭曰陳留有外黃，故此加內，蓋河以南爲外也。

冀州刺史。○注：部郡四，國六。

魏郡 秦邯鄲郡，高帝析置，今彰德府及大名府是其地，領鄴縣等縣十九。

按：魏郡，故城在安陽縣東北。春秋晉獻公始封畢萬于此，爲魏國。秦置邯鄲郡。漢高帝十二年，析置魏郡，治鄴縣，後分魏郡，置東西部都尉，故曰三魏。

鄴縣 今彰德府安陽縣，昔殷王河亶甲居相，即此。春秋屬晉，戰國屬魏，魏文侯使西門豹守鄴，漢治魏郡，治焉。

武安 今武安縣，七國時趙地，趙將李牧封武安君，即今縣故地，在縣西南五里。

涉 今涉縣，因涉河而名，清漳水一名，涉河。

梁期 今磁州東，《水經》：漳水至梁期城南。應劭《地理風俗記》曰：鄴北五十里，有梁期城。

元城 縣今元城，魏武侯公子元食邑於此。

魏 今大名府東四十里。春秋洹水地，郡都尉治焉。

陰安 今清豐縣西北二十五里。

內黃 今內黃縣，河以南為外，因此有內黃，陳留有外黃。

①鄴县：同鄴縣。

今安陽縣西北，本魏伯陽城，《史記》：樂毅將趙師攻魏伯陽城，漢元朔，封趙敬蕭王子仁爲邯會侯。

繁陽 今內黃縣東北二十七里，戰國魏地，《史記》：趙考成王二十一年，廉頗攻魏繁陽，拔之。

黎陽 今濬縣，古黎侯國，漢于黎陽山北置縣，黎陽山即書所謂大伾山也。黎陽鎮故城在在縣東南一里，翟遼城也，翟遼于此僭號。

武始 今邯鄲縣西南五十里，戰國韓地，《史記》：秦昭襄王十三年，向壽伐韓，取武始，即此。漢置縣。

邯溝 今肥鄉縣西北十里，漢宣帝地節三年，封趙頃王子偃為侯國。《水經注》：邯鄲溝，邯鄲縣故城，蓋因溝以名縣。

邯會 今安陽縣西北，本魏伯陽城。《史記》：樂毅將趙師攻魏伯陽。漢元朔，封趙敬肅王子仁為邯會侯。

斥邱 今北直廣平府成安縣，因土地斥鹵，故名。舊城在縣東南三十里，本春秋乾侯邑。

平恩 侯國，東昌府之邱縣是其地，舊治在曲周縣東南五十里，漢宣帝以許廣漢平恩侯。

館陶 今東昌府之館陶縣，春秋晉冠氏邑。縣西北七里，有陶邱，趙時置館于其側，因名。

清淵 今臨清州是淇，其地舊治在州東南五十里。《水經注》：水又歷縣之西北为清淵，故名。

即裴 今肥鄉縣西，漢征和元年，封趙敬蕭王子道為即裴侯國。《水經注》之列，入縣西南六十里，有即裴城是也。

按《水經注》：漳水自南宮北流，始至堂陽。《元和郡縣志》：堂陽縣東至冀州六十五里，以道里考之，疑即今新河縣治，舊志作『在南宮縣西南二十里』，誤。

《一統志》云：《元和郡縣志》以鉅鹿爲漢南欒縣地。《舊唐志》又以鉅鹿爲即漢南欒縣，故城，任縣爲南欒縣地。其説雖殊，皆不離乎鉅鹿。章懷《後漢書注》：所云在柏人東北者，盡後趙所改置耳。《舊志》又謂南欒故城在柏鄉東北，誤。

鉅鹿郡

秦郡，今順德府及真定府是其地，領鉅鹿等縣二十。

鉅鹿 今平鄉縣，鉅鹿郡治焉，本戰國趙之鉅鹿邑。

堂陽 今南宮縣西南二十里，廣宗縣亦是其地。

下曲陽 今晉州治，古鼓子國，白狄別種①，即《漢志》所云鼓聚也。

朱子 今趙州東北二十五里，戰國趙邑。

南欒 今鉅鹿縣。鉅鹿，大陸澤也，《禹貢》大陸既作澤，在縣西北五里。

廣阿 今趙州隆平縣是其地， 廣阿澤縣東二十五里。《淮南子》曰：鉅鹿，大陸廣阿，咸一澤也。

象氏 今隆平縣東北二十五里，漢元朔二年，封趙敬肅王子賀為侯國。

楊氏 今寧晉縣，春秋晉楊氏邑，漢置縣，晉省入廮陶縣。

鄡 讀若么。今東鹿縣是其地，舊治在縣東北二十里。

安定 今冀州西南，東鹿縣西七里。

貰 今東鹿縣東南。

臨平 今晉州東南，章懷太子《後漢書》注：臨平故城，在鼓城縣東南。

①白狄：亦作有易氏。我國古代漢族先民之一。其始見於《左傳》僖公三十三年，即公元前627年，春秋前期主要分佈于古雍州北部（今陝北一帶）。

常山郡

本趙國地，今真定府西南，以至趙州之境，是其地。領元氏等縣十八。

廮陶 今趙州寧晉縣，春秋時晉楊氏邑。

歷鄉 寧晉縣東二十五里，《明統志》：歷城乃小堡，城下藪澤周迴百餘里，中有魚藕菱芡之利。

敬武 今趙州東北，漢元帝封敬武公主為湯沐邑。

和城 今寧晉縣東北，漢高帝十一年，封公孫耳為侯國。

柏暢 今臨城縣西十五里，漢元朔五年，封趙敬肅王子終古為柏暢侯。

樂信 侯國。

武陶 侯國。

安鄉 侯國。

元氏縣 今元氏縣，本趙公子元之封邑，舊治在縣西北十五里，東漢陰后生明帝于元氏傳舍。

井陘① 今獲鹿縣西南十里，即太行山八陘之第五陘也。四面高，中央下，似井，故名。韓信聲趙歇下井陘，是也。

①井陘：三代時，井陘爲冀州地。春秋時屬鮮虞國。明，洪武二年（西元 1369 年），井陘爲真定府屬縣。

石邑　今獲鹿縣是其地，本戰國時中山邑，趙武靈王攻中山取石邑。

樂陽　井經東北七十里。

靈壽　今靈壽縣，戰國中山國地，按：中山武公本周同姓，其後桓公不恤國政，魏將樂羊拔中山，封之靈壽。

九門　今藁城縣西北二十五里，趙邑。《史記》：趙武靈王出九門，爲野臺以望齊中山之境。

關　今欒城縣，故城在縣北十里，《水經注》①：太白渠東南經關縣故城北。

蒲吾　今正定府之房山縣，舊治縣東二十里，戰國時曰番吾。蘇秦曰：秦甲涉河逾漳，據番吾則兵必戰于邯鄲之下。

上曲陽　今定州曲陽縣地，趙邑。以太行之陽轉曲處，故名。

南行唐　今行唐縣，本趙南行唐邑，後魏去南焉。舊志今縣北三十里有行唐故城。

平棘　今趙州治。春秋晉棘蒲邑，漢文帝三年，濟北王興居反，遣棘蒲侯柴武擊之。武帝時又有平棘侯薛澤爲相，蓋漢初爲棘蒲，後改爲平棘也。

---

①《水經注》：古代中國地理名著，共四十卷。作者是北魏晚期的酈道元。

按：柏鄉縣本春秋晉鄗邑地。漢置鄗縣，屬常山郡，又分置柏暢國侯，屬鉅鹿郡，後漢改鄗曰高邑，省柏鄉縣入之，屬常山國，爲冀州刺史治。隋開皇十六年複于故鄗界，置柏鄉縣，屬欒州。大業初屬趙郡。漢柏鄉故城在今縣南十八里。

清河郡 本趙地，今廣平府南至東昌府境是其地。領清陽等縣十四。

房子 今趙州高邑縣西南十五里，本趙房子邑也。

中邱 今内邱縣，古邢國地，隋諱忠改爲内邱。

鄗 今高邑縣，本晉鄗邑，漢置縣。東漢光武即位于鄗南千秋亭五城陌，因改曰高邑。

封斯 今趙州界，漢元朔二年，封趙敬肅王子胡傷爲侯國。《元和郡國志》：平棘縣有封斯村。

柏鄉 今柏鄉，春秋時晉鄗邑之地，漢置縣。《寰宇記》：故城在堯山縣東北，與趙郡柏鄉東西中分爲界。

平臺 侯國。

桑中 今平山縣東南。

都鄉 侯國。

清陽 今清河縣東，清河郡治此，景帝封子乘爲清河王。武帝又徙代王義爲清河王，都清陽。

棗强 今棗强縣，其棗木强盛，故名。

東武城 今武城縣。

復陽 今棗强西南十八里。

甘陵 今清河縣西北，周甘泉市地，漢《地理》曰厝，安帝以孝德皇后葬于厝，改曰甘陵。

貝邱 清陽縣，郡都尉治焉。《左傳》『齊襄公田于貝邱』是也。

信成 清河縣西北十二里。《水經注》：清河北經信成縣故城西。

靈縣 今博平縣東北四十里，齊靈邱邑。

信鄉 甘陵縣西北十七里。

束陽 今恩縣是其地，舊治在恩縣西北六十里，齊貝邱地。

鄃 今東昌府夏津縣，唐改。

陽鄉 東武城東北三十里。

繹幕 今平原縣西北二十里。

繚城 今南宮縣東南二十六里。《水經注》：降水經繚城縣故城北。闞駰《十三州志》①：經縣東五十里，有繚城故縣。

---

①《十三州志》：又名《十三州記》。書名。原書十卷。北魏地理學家闞駰撰。約傳至北宋以後散佚。清代學者張澍、王謨等人有輯本。該書是一部全國性的地理總志。內容以在漢代版圖内所設司隸、豫、冀、兖、徐、青、荊、揚、益、涼、并、幽、交十三州爲綱，系統介紹了各地的郡縣沿革、河道發源及流向、社會風俗等地理現象。本書是北朝時期寫成的一部重要地理著作。曾受到過當時以及後世一些學者的重視。

趙國

秦邯鄲郡，漢四年爲國，都邯鄲。有縣四，今廣平府及順德府西境是其地。

襄國　今邢臺縣，古邢國。邢侯爲紂三公，以忠諫被誅。周成王又封周公旦子爲邢侯，後爲狄所滅。秦并天下，于此置信都縣，項羽改爲襄國。

柏人　今唐山縣。漢高祖過趙，至柏人，趙相貫高辟人廁上邀之。上曰：『柏人者，迫于人也。』不宿去。

邯鄲　今邯鄲縣，本衛邑，七國時爲趙都。邯山名鄲盡也。

易陽　今廣平府西四十里，臨洺關是其地。東漢和帝永平七年易陽地裂，即此。

廣平國

本趙國地，今廣平府至順德府之北皆其地，有縣八，都廣平。府南至東昌府境是其地。府領清陽等縣十四。

廣平　今廣平縣，舊治在附郭永年縣北。漢初，廣平縣屬廣平國，武帝改爲平干國治。宣帝又改爲廣平郡。北齊以漢曲梁縣并入廣平縣，隋改廣平縣爲永年縣。

曲梁　今廣平府附郭永年縣是其地。本春秋曲梁地，漢置縣，屬廣平國。北齊并入廣平縣，隋改爲永年縣。

曲周　今曲周縣。高帝封功臣都商爲曲周侯，武帝始置縣。

按：《元和郡縣志》竟不及漢晉之任縣①，《舊唐志》則謂晉置任縣，舊治苑鄉城，皆與前史不甚合。

真定國 本趙國地。元鼎四年，析常山爲國，有縣四，都真定。

張縣 今任縣西南二十七里有渚湯城，即本春秋晉張趯邑。漢高帝封釋之爲張侯，改爲縣。

南曲 今曲周縣東。

南和 今南和縣。舊志有故城，在今縣城外，遺址尚存。

列人 今肥鄉縣東北二十五里。《水經注》：漳水經列人縣，故城南。《竹書》『梁惠成王八年代邯鄲，取列人』是也。

任 今任縣，漢分張縣地置。左襄公三十年，鄭羽頡出奔晉，爲任大夫，即此。

斥漳 今威縣是其地，以地斥鹵，故名。

真定 今真定府附郭縣，戰國之東垣邑，爲真定國治。

藁城 今藁城縣。縣西南七里，有昔陽亭，爲肥國都。《一統志》：漢元鼎四年置。

肥纍 今藁城縣西七里，有白狄别種肥子國。魯昭十二年，晉荀吳師師伐肥，以肥子綿皋歸。杜注：下曲陽縣西有肥纍城。

綿蔓 井陘縣西。

①《元和郡縣誌》：爲唐李吉甫撰，是現存最早的古代地理總志，全書創作完成于唐憲宗元和八年，西元 813 年，故名。是一部中國唐代的一部地理總志，對古代政區地理沿革有比較系統的敘述。常簡稱爲《元和志》。《元和郡縣圖志》在魏晉以來的總地志中，不但是保留下來的最古的一部，而且也是編寫最好的一部。

《一統志》：漢高帝八年，封功臣趙將夕爲深澤侯。後置深澤縣，屬中山國，又置南深澤縣，屬涿郡。後漢省深澤，以南深澤屬安平國。後魏去南字，隋復置今縣。《元和郡縣志》：縣西北至定州九十里，本漢南深澤縣，高齊省。隋開皇六年，

中山國

本趙地。景帝三十年，封子勝爲中山王，改爲中山國。今真定府定州以北，至保定境，是其地。都盧奴，今定州治，有縣十四。

盧奴 今定州治，中山國治焉。即鮮虞國，白狄別種，以地有黑水池，俗謂黑爲盧，不流爲奴，故名。漢初置景帝三年立子勝爲侯邑。

新市 今真定府西北四十里，新樂縣是其地，即鮮虞國。左昭十二年，杜注，鮮虞在中山新市縣。

苦陘 今無極縣東北二十八里，戰國中山屬邑。中山相李克曰：『苦陘無山林之饒。』

安險 今定州東三十里，武帝封中山靖王子應爲侯邑。東漢改爲安喜。

唐縣 今唐縣，古唐侯國，堯初封處。春秋鮮虞邑。今定州北，有故唐城。

望都縣 今望都縣。以堯山在北，堯母慶都山在南，登堯山望都山，故名。

安國 今祁州治。

南深澤 今深澤縣，漢以涿郡有深澤，縣南深澤也，故此加南以別之。

分安平縣于滹沱河北，重置深澤縣。《太平寰宇記》：縣在無極縣東北四十里。《郡國縣道記》云：縣南二十五里，有南深澤故城。舊志：南深澤，故城在今縣東南三十五里。

信都國

本趙地，今真定府冀州、深州及河間之景州，是其地。有縣十七，都信都。

无极 今無極。《縣志》：在今縣西二十五里，新城村遺趾尚存。

北新城 今安肅縣西二十五里，即燕之武隧地。

北平 今滿城縣是其地，高祖以張蒼爲北平侯，後漢世祖追銅馬五幡賊于北平，即此。

陸城 今博野縣南十六里，東漢廢，入蠡吾縣。

新處 今定州東北，武帝封中山靖王子嘉爲侯邑。

曲逆 今完縣東南二十里，本秦縣，漢封陳平爲曲逆侯。

信都 今冀州治，漢置爲信都國治，後漢世祖自下博馳至信都，太守任光開門出迎。

扶柳 今冀州西南八十里，戰國中山屬邑。《戰國策》趙攻中山取扶柳，即此。

辟陽 冀州西南三十里，审食其爲辟陽侯。

昌成 冀州西北，故趙邑侯國，《史記》趙孝威三十年，燕攻昌成，拔之，即此。

桃縣 冀州西北四十五里。漢高帝十二年，封劉襄爲桃侯。《寰宇記》：故桃城在信都縣西北四十五里。

①涿：原作『琢』，今改。

南宮　今南宮縣，吕后六年，封張敖子偃爲南宮侯。《後漢書》光武自薊南馳至南宮，即此。

廣川　今棗强縣東三十里。《十三州志》：城中有長河爲流，故名。元朔四年，封中山靖王子頗爲侯。

歷縣　今棗强縣。東漢高帝八年，封程黑爲侯國。應邵曰：『廣川縣北有歷城亭』，故縣也。

平隄　今棗强縣西北三十里。地節二年，封河間獻王子報爲侯，以縣内多古隄爲名。

高隄　棗强縣東三十六里，有高隄故城。一曰雍氏城。

武邑　今武邑縣，戰國趙邑。《寰宇記》：縣在冀州東北九十里。

觀津　武邑縣東南二十五里，趙邑。趙孝成王封樂毅于觀津，號望諸君。

下博　今徐州，舊治州南二十五里。東漢光武自滹沱至此失道處。以泰山有博縣，故加下。

蓨縣①　今景州治，即條侯國也。景帝封周亞夫爲條侯，晉改條爲脩，隋改脩爲蓨。

東昌　在武邑縣東北。本始四年，封清河剛子成爲侯。

樂鄉　今徐州東南，漢地節三年，封河間獻王子佟爲侯國。

西梁　侯國。

①蓨：音 tiáo。

河間國 本趙國地。有縣四，都樂成。

樂成 今獻縣，河間國治。文帝二年，趙幽王子辟彊，爲河間王，始别爲國，治樂成。

弓高 今阜城縣南二十七里。漢文帝十六年，封韓穨當爲侯國。

武隧 今武强縣，舊治縣東三十一里。秦破趙將扈輒于武隧，即此。武强故城在縣西南二十五里，漢將嚴不識以擊黥布功，封武隧侯。又周赧王十一年，秦取韓武隧，在宜陽，與平陽相近，非此武隧也。

候井 今東光縣西。《寰宇記》《郡國縣道理記》舊地理書，并失候井縣所在。以理考之，當在弓高縣西北三十五里，房將池側近。傳此池每日再增減，不失時候，形又似井，因于池側置縣，謂之候井。

按：陳留，晉志不載，故《寰宇記》以爲西晉末廢，而《隋志》謂爲後魏廢。又按《括地志》、《元和郡縣誌》所記，至州道里俱與今縣合，明《統志》云『在縣北三十里』誤。

兖州刺史部。○注：郡五国三。

陈留郡 本梁地，吕后七年分立。今開封府至歸德府西境，皆其地。領陳留等縣十七。

陳留 今開封府東五十里，春秋爲留地，屬鄭，後爲陳所并，故曰陳留。陳留郡治。

浚儀① 在祥府縣西北。《史記》：魏惠王三十一年，徙治大梁。秦始皇二十二年，王賁攻魏，引河灌大梁城，懷王降，盡取其地。《水經注》：大梁本春秋之陽武高陽鄉也，於戰國爲大梁，漢文帝封孝王于梁。孝王東都睢陽，自是置縣。

小黄 今陳留縣東北三十里，戰國魏邑。《史記》黄敬説秦昭王曰『王取首垣，以臨平邱、小黄』，即此。漢高祖母昭靈后葬此，曰小黄國，後爲縣。

外黄 今杞縣東北六十里，以魏郡有内黄，故此加外。《史記》『齊擊魏，魏太子申爲上將軍，過外黄。』

雍邱 今杞縣，古雍國，黄帝之後。武王克殷，封夏後東樓公于杞。春秋哀公九年，宋皇瑗帥師，取鄭師於雍邱。

尉氏 今尉氏縣，春秋鄭大夫尉氏之邑。

①浚儀：音jùn yí。古縣名。西漢置。治所在今河南開封市。北朝、隋、唐先後爲陳留郡、梁州、汴州治所；五代、宋與開封縣同爲開封府治所。大中祥符三年(1010年)改名祥符。

陽武户牖鄉，漢置爲東昏縣，王莽改曰東明。按：東明，凡有三，其一在河南蘭陽界，即故陽武之户牖鄉，漢之東昏縣也。晉省，宋復置東明縣。其二，在今東明縣界。金時，東明以河患徙河北寃句故地，今曰南東明集，在縣南三十里。明洪武初徙治雲台集尋廢。今曰西東明集，在縣西十五里。宏治四年後置縣于大軍集，即今治也。舊志概以陽武户牖、漢宋東昏、東明事混人今縣，皆誤。

長垣縣城，《明統志》云：在今縣西南三十五里，誤。參考《括地志》《太平寰宇記》，當在今縣東北十四里。

封邱 今封邱縣，古之封國，漢高祖與項羽戰，敗于延鄉，有翟母者免其難，故以延鄉爲封邱縣，以封翟母。

酸棗 今延津縣，鄭之廩延也。《左傳》『鄭太叔收貳以爲己邑，至于廩延』，又曹公北救劉延至延津，皆此處也。

東昏 今蘭陽縣東北二十里，本古户牖鄉。《索隱》：户牖鄉，秦時屬陽武，漢以户牖爲東昏縣。

濟陽 今曹州府西南東。漢光武皇考爲濟陽令，光武生于此。

寧陵 今寧陵縣古葛國，後爲宋之甯邑。魏安釐王以弟無忌爲信陵君，邑于此①。

襄邑 今睢州治，春秋時宋襄牛地也。秦始皇徙承筐縣于襄陵，改爲襄邑縣。宋襄公墓在縣城中東隅，故曰襄陵。

長垣 今長垣縣東北，春秋魏之首垣邑也。《戰國策》：韓侈謂秦王曰『進齊宋之兵至首垣。』《史記》：趙肅侯七年，公子刻攻魏首垣。《水經注》：長垣，故首垣，秦更今名。

長羅 今長垣縣北十里。宣帝本始四年，封常惠爲長羅侯國。

平邱 今長垣縣西南五十里，本衛邑。春秋昭公十三年，會于平邱，即此。

①安釐王：姬姓，魏氏，名圉，魏昭王之子，战国时期魏国第六任国君，公元前276年—公元前243年在位。昭王去世后，安釐王即位，为牵制孟尝君田文，封弟公子无忌为信陵君（今河南宁陵）。前273年，白起进攻魏国，孟尝君田文举荐芒卯为主帅，白起在华阳大败魏军，芒卯战败而逃，田文失势后，他的许多门客投奔魏无忌门下。

按：穎川郡有鄢陵縣，故屬鄭地，在今開封府鄢陵縣西北，此陳留之傿也，與鄢陵不同。應劭注《漢書·地理志》曰：鄭伯克段于傿，誤。

按：两漢時陳留，時有東昏縣，乃故陽武户牖鄉，非山陽郡之東緡也，《元和郡縣誌》誤。

山陽郡

本梁國地，景帝六年分立，今兖州府至河南歸德東北境，是其地。領昌邑等縣二十三。

成安 今考城縣。

傿 在拓城縣北，亦作『隝』，通作『鄢』，《漢書》屬陳留郡，後漢屬梁國。

昌邑 今金鄉縣西北四十里，本秦置。漢初，屬梁國。武帝封子髆爲昌邑王。景帝分梁爲山陽國治。

東緡 今金鄉縣東北二十里，古緡國。《左傳》曰：夏傑爲仍之會，有緡叛之。

方與 今魚台縣北，春秋時宋之方與邑。《戰國策》楚人説頃襄王『外擊定陶，則大宋、方輿二郡者舉矣』。

單父 今單縣，魯單父邑。春秋魯邑，宓子賤、巫馬期，皆爲邑宰。

平樂 今單縣東四十里，昭帝元年封梁敬王子遷爲平樂侯。

成武 今城武縣。春秋郜地，後屬宋，本秦置。

郜成 今城武縣東南八十里，本周時郜國，富辰所謂『郜雍曹滕，文之昭也』，後附庸于宋。

爰戚 今嘉祥縣西南，本秦置，漢初曹參攻爰戚，周勃攻爰戚，高帝封功臣趙成爲侯國。

鉅野　今鉅野縣，古大野。《爾雅·十藪》：魯有大野，即西狩獲麟處。

都關　今曹州東北，秦置。《史記》『周勃擊秦軍，追至濮陽，下鄄城，攻都關、定陶』是也。《水經注》：瓠子北有都關縣故城。

南平陽　今鄒縣西三十里。春秋邾邑，後爲魯平陽邑。

瑕邱　今滋陽縣，本魯之負瑕。《左》哀七年負瑕注，楚魯邑高平縣南、平陽縣西北有瑕邱城是也。

黄縣　侯國，今東昌府冠縣南。

湖陵　今魚台縣東南六十里，與沛縣接界。戰國時宋胡陵邑，秦置湖陵縣，《史記》項梁擊敗秦嘉，進至湖陵。

槖縣　今鉅野縣東南。

薄　薄與亳同，即南亳穀熟縣，春秋爲穀邱。

中鄉　侯國。

鄭　侯國。

平樂　侯國。

甾鄉　侯國。

栗鄉　侯國。

曲鄉　侯國。

西陽　侯國。

①瓠：音hù。

濟陰郡

梁國地。景帝六年分立。今山東曹州府至東昌府之濮州是其地，領定陶等縣九。

定陶 今定陶縣，古陶邱，尧所居也。尧先居唐，後居陶，故曰陶唐氏。《禹貢》：東出于陶邱北，又東至于荷，即此。曹叔振鐸封于曹，爲都邑。彭越爲梁王，亦都此。

句陽 今曹縣北三十里，春秋時宋穀邱。桓公十二年，公會宋公燕人于穀邱。《左傳》『盟于句瀆之邱』，注即穀邱。

葭密 今曹縣西北三十里。《府志》：今名葭密寨。

呂都 今菏澤縣西南二十里。或曰高後割濟南郡，爲呂國，封呂台爲呂王，此其都也，後因置縣。

乘氏 今曹縣東北五十里。春秋乘邱地，庄公十年，公敗宋師于乘邱。

宛句 今曹縣西南四十里。景帝封楚元王子執爲宛朐侯。《史記》：黄帝得寶鼎宛句也。亦作宛句。

成陽 今曹州東北六十里。古郕伯國，周武王封季弟戴于此[①]。或作郕者，非。

鄄城 今濮州治，舊治在州東二十里。春秋衛邑。《左傳》齊桓公會諸侯于鄄，即此。

秺 今城武縣西北二十九里，昭帝封金日磾爲秺侯[②]。

①郕：音chéng。②秺：音dù。

泰山郡

故齊國地。文帝二年分置。今濟南府、泰安府以及兗州府之東北境，是其地。領奉高等縣二十四。

奉高　今泰安州東北十五里，漢武帝封禪，分嬴、博二縣地，立奉高以奉泰山之祀。

嬴　今泰安州東南五十里。齊邑。春秋桓公三年，公會齊侯于嬴。

博　今泰安州治，齊之博邑。延陵季子適齊，子死，葬于嬴博之間，即此。

盧　今長清縣西南二十五里。漢初屬齊國，文帝分爲濟北國治。

肥城　今肥城縣，古肥子國，東漢省入盧縣。

萊蕪　今萊蕪縣，齊靈公滅萊，萊人流播，邑落荒無，故曰萊無。春秋夾谷地。

牟　春秋牟國，今萊蕪縣東二十里。春秋桓公十五年，牟人來朝。

東平陽　今新泰縣西北。春秋宣公八年，城平陽因河南右平陽，故此加東。

寧陽　侯國，今寧陽縣，魯之闡邑。武帝元朔三年，封魯恭王子恬爲侯國。

鉅平　今寧陽縣東北九十里，魯之成邑。《水經注》：汶水南經鉅平故城東。

剛　今寧陽縣東北三十五里，戰國秦伐齊取剛壽即此。壽，今壽張縣。

按：《汉志》于泰山郡乘邱下、济陰郡乘氏下，俱引『春秋』『公敗宋師于乘邱』。《水經注》『乘氏縣故城，宋乘邱邑也』，似以乘邱爲为宋地。考《左传》乘邱之役，公子偃自雩門出，則乘邱之去魯不遠，以爲宋地，恐未必然。至《漢志》注之兩引，亦自相矛盾。附辨于此。

蛇邱　今寧陽縣西北，即魯之蛇園囿。

梁又　今泰安縣南六十里。《水經注》：淄水經梁父故城南。

桃山　侯國，今滕縣東有桃山。

茌　今長清縣東北三十里。

乘邱　今滋陽縣西北三十五里。武帝封中山靖王子將夜爲侯國。

南武陽　今費縣，春秋魯附庸顓臾之國。

華　今費縣西北六十里，東漢并入費。

蓋　今沂水縣西北八十里。齊蓋邑，洙水所出。景帝五年，封侯兄王信爲侯邑。

桃鄉　今濟寧州東北六十里，春秋魯桃邑。漢鴻嘉二年，封東平思王子宣爲桃鄉侯。

蒙陰　今蒙陰縣，春秋魯顓臾國地。左哀·十七年，公命齊侯盟于蒙。注：蒙在東莞家陰縣西，故蒙陰城也。

富陽　侯國。

式

柴　今泰安縣南。元封四年，封齊孝王子代爲侯國。《水經注》：淄水又西南，經柴縣故城北。

按：昌樂，《水經注》以爲即漢東郡屬縣。《元和志郡縣》因之。《舊唐志》又以爲晉置，而《晉志》不載。各書參錯不一。今考《漢志》，本作樂昌。名既不同，且地在黄河西，亦非東郡之界。疑本魏縣地，惟《魏書地形志》『昌樂，太和二十一年分魏置』之説足據，諸書恐皆有誤。

東郡

秦郡也，今北直大名府，及山東東昌府之境是其地，領濮陽等縣二十二。

濮陽 今開州治。古昆吾國，即顓頊之墟，曰帝邱。《左傳》：狄滅衛，迁于帝邱，衛侯自楚邱徙濮陽。秦置縣，故城今開州治西南三十里。

聊攝 今聊城縣。晏子對齊景公曰：『聊摄以東，其爲人多矣。』

茌平① 今茌平縣。以在茌山之平地。故城在今縣西二十里。

陽平 今東昌府莘縣。春秋時衛邑。《傳》曰：宣公使太子伋之齊，使盜待諸莘。

昌樂 今南樂縣。

白馬 今滑縣。春秋衛曹邑。《左傳·閔二年》，衛人立戴公，以盧于曹。秦置白馬縣。

發平 今堂邑縣西南五十里。高帝五年，陳嬰爲堂邑侯。縣西二十七里，有堂邑故城，隨因改縣爲堂邑。

清 今堂邑縣東南三里。

博平 今博平縣西北三十，本齊之博陵邑。

範 今范縣。春秋晉大夫士會邑，戰國爲齊也。

廩邱 今范縣東南七十里義東堡。《春秋》：齊哀公二十年，公會齊人于廩邱。注：今東郡廩邱縣故城是。

①茌：音 chí。

按：觀成縣，以《寰宇記》《九域志》至州道理考之，蓋累徙而東，非漢唐故縣矣。

按：《水經》：濟水北過臨邑縣東，又北逕平陰縣西則臨邑在濟水之西、平陰之西南，當在東阿縣北界。王莽改臨邑爲穀城亭，蓋亦取故穀城爲名也。

畔觀 今觀成縣西，古觀國。左昭元年，趙孟曰：『夏有觀扈』。杜預注：觀國，今頓邱衛縣。

東武陽 今朝城。春秋衛之東鄙，以在武水之陽，故名。袁紹表曹操爲東郡太守，治東武陽，即此。

臨邑 今臨邑縣北三十五里。今在茌平縣界。

須昌 今東平州西北。須句國，太昊後，風姓。《春秋僖公二十二年》：邾人滅須句，須句子來奔。漢初改爲須昌。

東阿 今東阿縣，春秋時齊之柯地。《左傳》：公會齊侯于柯。注曰：柯，今濟北東阿，舊城在縣西二十里。

穀城 今東阿縣東，即張良見黃石於穀城山下也。《郡志》：東阿、穀城，本二邑。并穀城于東阿，自北齊始，移東阿于穀城自明始，二邑實一邑。

南燕 今滑縣西南九十里，即胙城縣，右燕國。漢初，卢綰、劉賈與彭越擊破楚軍于燕郭西，尋置南燕縣。

壽良 今壽張，本壽良。東漢光武以叔父名良故，改曰張。本春秋魯之良邑，戰國改爲壽。

離狐 今荷澤縣西北。舊傳初置縣在濮州南，常爲神狐所穿，而遂移城濮水北，故曰離狐。

頓邱 今清豐縣，舊治在西南二十五里，本衛邑。《詩》：『送子涉淇，至于頓邱。』

平陽 今滑縣東南五十里，廢韋城縣西二十里。古邑名。戰國時屬趙。秦滅趙，改屬東郡。漢初仍之，魏省之。

黎 今鄆城縣四十五里。春秋時黎侯國。《詩序》：黎侯寓于衛。漢文帝封召叔爲黎侯。

按：春秋時別有三莒，一爲周境内邑，《左昭二十六年》『陰忌奔莒』是也；一爲齊東境，昭公二年，齊侯田于莒，十年陳桓子请老于莒，是也。一爲魯邑，定公十四年城莒父。《論語》子夏爲莒父宰是也，惟此爲莒國之莒。

城陽國

古齊國地，文帝二年立，都莒。有縣四。今青州、莒州是其地。

莒 今莒州，古莒國。武王封少昊後裔兹輿于此。始都計，即計斤城。《春秋·隱二年》：莒人入向。向，莒縣也。文帝封朱虚章爲城陽王，都此。

慮 今莒州西南。

東安 今沂水縣南三十里。《水經注》：沂水經東安縣故城東。

陽都 今沂水縣南，古陽國也。閔公二年，齊人遷陽。

淮阳国

秦潁川郡地，漢十一年析置，都陳。有縣九。今陳州府以南是其地。

陳縣 今陳州府治，古包羲氏所都，曰太昊之墟。周武王封舜後嬀滿于此，爲陳。楚滅陳，縣之，秦滅楚，仍爲縣，屬潁川郡。漢高帝分潁川，置淮陽國，治焉。

圉縣 今杞縣南五十里。春秋鄭邑。晉韓起如楚，逆女于杞。過鄭，鄭伯勞諸圉。

陽夏 今太康縣。相傳城夏太康所築，漢高追項羽至陽夏，羽敗走固陵是也。《索隱》曰：『夏音賈』。

扶溝 今扶溝縣，以小扶亭有洧水之溝，故名。故城在縣東北五十里。

苦縣 今鹿邑縣東十里，楚之苦縣。《史記》：老子，苦縣厲鄉人。春秋時屬陳，楚滅陳而苦又屬楚。唐高宗以玄元皇帝生于此，改爲貞源縣。

柘縣 今歸德府柘城縣古朱襄氏邑。春秋陳之株林地，戰國爲楚柘邑，以邑有柘溝而名。舊城在今城北。嘉靖始築今城。

寧平 在鹿邑縣西南五十里。

固始 今固始縣，楚令尹孫叔敖所封邑①。《史記》：漢王追項羽至固陵。晉灼曰：即固始也。

新平 在淮寧縣東北，《寰宇記》：故城在縣東二十里。

按：淮阳故城，在陈州淮宁县西南，汉淮阳王所封国也。后汉改曰陈国。《汉书诸侯王表》：梁孝王武，文帝子。二年，立为代王。三年，徙为淮阳王。《晋地道记》：陈城西南角，有淮阳城，汉淮阳故治也。《水经注》：陈城南郭，有一城名淮阳城。《通典》：汉淮阳城，在今理西南。

①車：原作『東』。據《史記·蘇秦列傳》改。

東平國

本梁國地，景帝六年分置，都無鹽。有縣七，今兖州府東平、濟寧二州是其地。

無鹽　今東平州東二十里。春秋齊無鹽邑。漢置縣，爲平國治。

章　今東平州北六十里，春秋時小國。《左莊·三十年》：齊人降鄣。杜注：無鹽東北有章城。

任城　今濟寧州。春秋時任國。

亢父　今濟寧州南五十里。《戰國策》：蘇秦曰：『秦之攻齊，徑乎亢父之險。東不得方軌，騎不得比行。』

樊縣　今濟寧州北。

東平陸　今汶上縣。古厥國，春秋魯中都邑，齊平陸邑。

富成

按：《水經注》謂平昌有龍臺城，《魏書·地形志》亦謂平昌有龍臺山，是以平昌謂即平昌也。考《齊乘》，謂平昌故城在安邱縣南六十里，龍臺在安邱縣南八十里，亦謂之城陽城，分而爲二。《太平寰宇記》又謂在昌安城内，恐誤。

《齊乘》據《博物記》『姑幕城東南五里，有公治長墓。』《寰宇記》『姑幕城在莒縣東北百六十里，公治長墓在諸城西北五十里』之説，則姑幕當在諸城。

徐州刺史部。○注：郡三國三。

琅琊郡

秦郡，今兖州府東境，沂州府、青州府南境，莒州、萊州府南境一帶及膠州一帶，皆是其境，領東武等縣五十一。

東武 今諸城縣治。春秋魯諸邑，琅琊郡治。高帝封郭蒙爲東武侯。

朱虚 今臨朐縣東六十里。高后二年，封齊悼惠王子章爲朱虚侯。應劭曰：『以丹朱所遊之虚，故名。』

臨源 侯國，今臨源縣東。元朔二年，封淄川懿王子始昌爲侯國。

平昌 今安邱縣西南六十五里。文帝四年封齊悼惠王子邱爲侯國。《水經注》：荊水逕平昌故城東，城東南有臺，臺下有井，與荊水通，昔常有龍出入其中，故世爲龍臺城。

郚城 今安邱縣西南六十里。《春秋》纪之郚邑①。《春秋·莊元年》『齊人遷紀郚』。注：郚城，在朱虚縣東南，漢置郚城縣。

諸縣 今諸城縣西南三十里。《春秋》：莊公城諸及防，文公城諸及鄆。漢置諸縣。

姑幕 今諸城西四十里。古蒲姑氏國。

昆山 今諸城縣西南六十里，昆山西七里。漢初元元年，封城陽荒王子光爲侯國。

①郚：音wú，是指春秋纪邑，后属齐。

公鼒《姑幕辯》，謂《晉志》通典《十道記》，章懷太子俱以姑幕爲薄姑，實非也。薄姑城在今博興縣。

按：黔陬有東西二城，《太平寰宇記》：東陬城在諸城縣東北一百十里，故介國也。後移于膠水，西去故城三十里，時人謂之西黔。陬城在諸城東北九十五里膠水西。

析泉 今諸城縣西南七十里。初元元年，封城陽荒王子光爲侯國。

横縣 今諸城縣東南四十里。《寰宇記》：故城在盧山之北，盧水之側。

昌縣 今諸城縣東北三十五里。漢高帝八年，封旅卿爲昌侯。元鼎元年，又封城陽項王子差爲侯國。

琅琊 今諸城縣東南百四十里，齊琅琊邑。

椑縣① 今莒州南七十二里。即春秋向國。隱二年，莒人入向。《寰宇記》：椑即向城，在莒南。

靈門 今莒州北百二十里。今曰石埠城。

箕縣 今莒州西北百里。《太平寰宇記》：其山在今莒箕縣縣北八十里。縣因箕山爲名。故城在縣東北百餘里。

東莞 今沂水縣。春秋魯鄆邑。《寰宇記》：沂水縣，在沂州府西北二百里。縣治本漢東莞縣地。

海曲 今日照縣。舊治在縣西十里海曲之地，有鹽官。

黔陬 今膠州治，在高密縣西六十里，古介國。

祓費 侯國。今膠州西南七十里，俗曰肥城，竟之博也。漢置祓侯國。

①椑：音 bǎi。

贛榆縣有二，一在贛榆東北，漢縣也；一在海州東北東海縣故城北，唐縣也。

按：漢有兩安邱縣，一在縣西南。高帝八年，封張設爲侯國，後爲縣，屬北海郡。後漢建武，封張步爲侯國，後爲平昌國屬縣。《水經注》：汶水東逕安邱縣故城北，城對牟山。《太平寰宇記》：漢安

計斤 今膠州西南五里介根城①。在襄二十四年，介根○注：介根，莒邑，今城陽黔陬縣東北，計基城是也。漢作計斤。

邞 今膠州西南。漢文元年，封吕平爲侯國。又曰西黔陬，疑即邞縣。《水經注》：膠水逕邞縣故城西。

稻 今高密縣西南五十里。漢元朔四年，封齊孝王子定爲稻侯。故城在縣西南故濰水堰側，溉稻田數頃，故名。

柜 今膠州西南界。《水經注》：柜，艾水所出，東北流逕柜縣故城西，世謂之王城。

不其 今即墨縣西南七里。漢高祖七年，封吕種爲不其侯。《寰宇記》：故城在即墨縣西南二十七里，今名不其社。昔鄭康成領徒於此。

皋虞 侯國。今即墨縣東五十里。漢武帝封膠東康王子建爲侯。

長廣 今萊陽縣東五十里。

贛榆 今贛榆縣東北二十里。

高廣 今莒州南。

安邱 今安邱縣東南界，古莒國之渠邱也。成八年，渠邱公立于池上渠邱邑。漢鴻嘉元年，封高密頃王子嘗爲安邱侯，國于此。

雱段② 侯國。

---

①介根：地名。春秋莒邑，今山东省胶县西南。 ②雱：音páng。

邱城在今縣西南二十里，即莒渠邱邑也。一在縣東南界，漢鴻嘉元年封高密頃王子嘗爲安邱侯，國於此，屬瑯琊，後漢省。

鉼　侯國。在臨朐縣東南，亦作郱，又作駢。《春秋·莊元年》：齊人遷紀郱，都郚。〇注：郱在臨朐爲東南。漢元封元年，封淄川靖王子成爲侯。應劭曰：『臨朐有伯氏駢邑。』

雲　侯國。《漢書·王子侯表》：雲侯信，齊孝王元封四年封。

魏其　今沂州府蘭山縣南，漢爲侯國。

茲鄉　今諸城縣西北。《春秋昭公五年》：莒牟夷以牟婁及防茲來奔①。〇注：姑幕縣東北有茲亭。漢甘露四年，封城陽荒王子弓爲侯國。

高鄉　在莒州南。故城在州東南七十三里，《齊乘》疑即今十字路城，漢置侯國。

桑

即來

麗

武鄉

伊鄉

新山

高陽

參封

博石

①婁：原作『數』，據《春秋》改。

房山
慎鄉
騶望
高陵
臨安
石山
虛水 以上侯國。

東海郡

秦薛郡，高帝改。

今兗州府東南至南直邳州以東至海，是其地。

郯 今郯城縣[1]。古郯子國，今邳州東北一百五十里，孔子問官于剡子，即此地。

蘭陵 今嶧縣是其地。舊治嶧縣東六十里。《史記》楚春申君，以荀卿爲蘭陵令。

永 今嶧縣西北一里，以永水所經而名。古鄫國地。

鄫 今嶧縣東八十里。春秋鄫國。夏少康封其少子曲烈于鄫。傳國至春秋康公，莒滅之。鄫太子巫仕去邑爲曾。曾晳、曾參，其後也。

合鄉 今縢縣東二十三里。《元和志》：即《論語》所謂互鄉。按：《困學紀聞》謂鹿邑之外有互鄉城，邑人傳童子見孔子處，所據不一。

①剡：音 yǎn。

按：魯有二武城。東武城即今東昌府之武城縣，南武城在今沂州府之費縣。曾子居武城，子遊爲武城宰，當在今之費縣，《通志》亦系之費縣。而《兗州府志》又稱，嘉祥縣南四十五里，有南武山，南有曾子墓。山東南三里許有南武城。蓋因明成化三年，山東守臣上言，嘉祥南武山西南有漁人誤陷一穴中，得懸棺，其前有石碣，鐫『曾參之墓』。奉詔，封樹邱陵，于是始有嘉祥。縣之南，武城傳聞互異。

臨沂　今沂州治。《春秋》：城中邱。○注：在臨沂縣東北。舊志：府北五十里，有臨沂社，故縣治此。

即邱　今沂州東南五十里。《春秋》祝邱僞爲即邱。

啟陽　今沂州北十五里。春秋鄅國。《左·昭十八年》邾人入鄅。注：鄅國在瑯琊開陽縣，以景帝諱，改開陽。

襄賁　今沂州西南百二十里。今安東縣是其地。戰國時齊邑。《水經注》：沂水東逕襄賁縣東。

費　今費縣。古費國，後爲季氏邑。漢爲縣，故城在今縣西北二十里，其外城即古祊邑。

南城　侯國。今費縣西南九十里。魯武城邑。《史記》『齊威王使檀子守南城，楚人不敢爲寇』是也。

下邳　今邳州治東。古邳國。《左傳》薛之祖奚仲遷於邳是也。

良城　侯國。今邳州西北六十里。春秋時曰良。《左昭十三年》晉侯會吳子於良。漢封魯安王子文德爲良成侯。

司吾　今宿遷縣西北有司吾城。春秋鍾吾子國。《左昭二十七年》：吳公子燭庸奔鍾吾。漢置司吾縣。

祝其　今贛榆縣。舊治縣西五十里。《春秋定公十年》：公會齊侯于夾谷。《傳》曰：祝其沂即夾穀也。

利城　今沂州府蘭山縣東百里。其城因山爲基，接江南贛榆縣界。

按：《齊乘》謂昌慮即戚城，以漢戚朐縣爲證，并二縣爲一縣，誤。

朐 今海州治。秦爲朐縣。《史記》秦始皇三十五年，立石東海上朐界。

海西 今海州南百二十里。太初四年，封李廣利爲海西侯，後爲縣。晉桓温廢帝爲海西公，即故縣也。

厚邱 今沭陽北四十六里。王存《九域志》：沭陽縣有厚邱鎮，即故縣也。

建陵 今沭陽縣西北。古剡國地。漢封大謁張釋衛綰，又封魯孝王子遂，俱爲建陵侯。

陰平 侯國。今嶧縣西南三十里。漢陽朔二年，封楚孝王子回爲陰平公。

平曲 今沭陽縣東北。

郚鄉 侯國。今泗水縣東南。春秋時魯邑。《左 文七年》城郚。注：卞城南有郚城。

昌慮 今滕縣西南六十里。春秋邾之濫邑。《左昭三十一年》，邾子黑肱以濫來奔。注：濫，東海昌慮縣。

戚縣 今滕縣西南五十里，乃秦縣也。

建陽 今嶧縣西。宣帝甘露四年，封魯孝王子咸爲侯國。

蘭祺

山鄉 侯國。

建鄉 侯國。

按《宋書地理》，射陽乃山陽境内地名，非即射陽也。如《水經注》説，則山陽即射陽。疑宋書是。

臨淮郡

本楚國地。武帝元狩六年析置。今鳳陽府泗州以東，陽州府之北境，皆是。領徐縣等縣二十九。

容丘 侯國。

曲陽 今海州西南。在淮曲之陽。《太平寰宇記》：曲陽故城在朐山縣西南一百十里。

于鄉 侯國。

都陽 侯國。

武陽 侯國。

新陽 侯國。

都平 侯國。

東安 侯國。

徐縣 古徐子國。今泗州西北五十里。徐君偃好行仁義，東夷歸者四十餘國。周穆王聞其威德日遠，發楚師襲之。其子遂北徙彭城東山下，號曰徐山。

厹猶 今宿遷縣西北七十里。秦下相縣。項羽即下相人。應劭曰：『相水出沛國，其水下流至縣，故曰下相。』

鹽瀆 今鹽城縣西北。《九域志》：鹽城縣，在楚州東南二百四十里。

射陽 今山陽縣。舊治在鹽城縣西九十里。城即隋末章徹所築。

按：《後漢書·志》無海陵，而不詳省入何縣。據沈約《志》，但云三國時廢，則是後漢時其縣尚在，而志脱悞也。又三國《吕岱傳》：岱，廣陵海陵人，爲郡縣吏，避亂南渡，詣孫權。則是，漢末海陵未廢，即沈約《志》所云，晉太康二年復立者，亦未可信。至《晉志》，廣陵所統縣，有海陽而無海陵。以《前漢志》海陵有江海會祠，及《晉志》祠在海陽推之，則知海陽即海陵耳。

淮陰 今淮安府西北四十里。《清河縣志》：淮陰故城，在縣東南五里。其北一里許，爲甘羅城。或云即淮陰城。漢封韓信爲淮陰侯。後爲縣。

棠邑 今六合縣北。楚棠邑。《左襄十四年》楚子襄帥師于棠以伐吴。又，伍尚爲邑大夫。

輿 今楊州府西四十五里。漢析廣陵、江都二縣地置。

海陵 今泰州治及如皋縣，是其地。

潼 今虹縣西北七十里。

睢陵 今睢寧縣治。漢元朔元年，封江都易王定國爲睢陵侯。

淮陵 盱眙縣西北九十里。

盱眙 今盱眙縣。郡都尉治焉。春秋吴之善道地。

東陽 今盱眙縣東北七十里。本秦縣，漢末省之。

富陵 盱眙縣東北六十里。

贅其 盱眙縣西。

按：今安東縣，即唐漣水縣。《元和郡縣誌》《通典》，皆以漣水爲漢厹猶縣地，厹猶爲今宿遷縣，相去二百餘里，中隔泗陽、陵縣，其境不得到此。以《漢志》及《水經注》考之，則今縣之爲淮浦無疑矣。

淮浦　今安東縣治。或曰即淮浦故城。《水經注》：淮水東至廣陵淮浦縣，入於海。

取慮　今虹縣北一百二十里。讀若秋廬。泰置縣，二世二年，取慮人鄭布同起兵，圍東海。《魏書·地形志》：武定六年，改置睢州，治取慮地。

開陽

高山

下相　今宿遷縣西北十里。秦縣。項羽即下相人。相水出沛下，流至縣，故曰下相。

播旌

西平

高平　侯國。

開陵　侯國。

昌陽　侯國。

廣平　侯國。

蘭陽　侯國。

襄平　侯國。

樂陵　侯國。

泗水國

本東海郡地，元鼎四年析置。都陵城，有縣三，今南直宿遷縣東南是其境。

陵城　今宿遷縣東南五十里。

泗陽　今宿遷縣東南八十里。《水經注》：泗水又東南，逕魏陽城北，城枕泗水。故無魏陽，疑即泗陽故城也。蓋魏文帝幸廣陵所由，或因變之未詳也。

廣陵國

本楚國地，景帝四年，更名江都，尋復改爲廣陵，今揚州是其境。有縣四。

廣陵　今揚州。江都易王非、廣陵厲王胥，皆都此。故城在府東北。

江都　今揚州府附郭。本秦廣陵，漢析置江都。《太平寰宇記》：江都舊城，在今縣西四十六里，爲江水所浸，無復餘趾。

高郵　今高郵州治。秦高郵亭，漢置縣。

平安　今寶應縣。

楚國

漢五年置。都彭城，今徐州府及淮安府、邳州西境是其地，有縣七。

彭城　今徐州府治。古大彭氏國也，春秋爲宋、滕、薛、小邾、偪陽之地。六國時屬楚。楚漢之際，楚懷王自盱眙徙都之，項羽自立爲霸王，又都此。

吕縣　今徐州府東五十七里。春秋宋之吕邑。

偪陽　今嶧縣南五十里。春秋偪陽國。

留縣　今沛縣東南五十里，故宋邑。漢高祖封張良爲留侯邑。

武原　今邳州西北八十里。

甾邱

青州刺史部。

○注：郡六，國三。

平原郡

秦齊郡地，高帝析置。今濟南府、德州、武定、濱州之境是其地。領平原等縣十九。

平原　今德州平原縣。爲平原郡治，古平原邑，屬趙。趙惠文王封弟勝爲平原郡。

祝阿　今禹城東南八十里。武王封黄帝後于祝。《春秋》：諸侯盟于祝阿。

安德　今陵縣是其地。舊治在泰安州東。

瑗縣　今禹城縣西轅城，即齊轅邑也。《左傳·哀十四年》，趙鞅帥師伐齊，取轅。

鬲縣　今德平縣東五十里。古鬲縣。皋陶之後，鄾姓。

鬲縣　今平原縣北。

般縣　德平縣東北三十里。

樓盧　今平原县北。

平昌　今德平县，马颊河县十里，鬲津枯河县北二十里，文帝封齐悼王子邱为平昌侯，故城在县西南。

漯陰　今臨邑縣。舊治在縣西十里，齊桓公封公子廖之地，亦曰犁邱。《後漢志》曰漯陰，《地形》作隰，傳寫之誤。

阿陽　今禹城縣，亦曰陽阿。《水經注》：河水逕陽阿縣故城西。

按：舊志，厭次自古凡六徙。《明統志》載，厭次在陵縣東北三十里，即今神頭鎮，此秦及西漢之厭次也。漢明帝更富平爲厭次縣，《山東通志》云，富平在陽信東南三十里，即改封張延壽于平原郡之富平，乃今桑落墅，此東漢之厭次也。晉厭次治馬嶺城，元魏因之。《山東通志》云馬領城在陽信東十里，此晉暨元魏之厭次也。北齊廢厭次，隋開皇間復置。唐貞觀間，置棣州於厭次，而厭次爲州之附郭县，即五代之陷棣州，此隋唐之厭次也。後梁華温琪徙棣州于今之故城，厭次即爲附郭，即隨州以徙，此五代之厭次也。宋大中祥符再徙棣州，于陽信之高氏莊，而厭次又隨州徙，今州之東察院本厭次縣治也。中有史良臣《縣廳壁題名記》。明制，凡州，皆不設附郭縣。洪武元年，省厭次入州，今州東察院，乃宋元以來之厭次也。舊志本采劉氏繼先説，徵考爲祥，惟首條西漢厭次在今陵縣之説，遍考《水經注》《元和郡縣誌》《杜佑通典》《太平寰宇記》，諸書俱不載，未祥《明統志》何據。

富平　今武定府惠民縣。即秦厭次縣，相傳秦始皇東遊，厭氣至碣石，次舍于此，故置縣。

朸縣①　今商河縣。漢成帝鴻嘉四年，河水溢，河堤都尉許商鑿此河通海，故以商河爲名，《太平寰宇記》：商河在棣州西南六十里，隋于朸縣故城置。

龍頟　今景州東三十里。漢元朔五年，封韓謠爲侯國。

樂陵　今武定州樂陵縣，平原郡都尉治焉。平燕將樂毅攻齊所築，即漢大司馬史高非所封之邑。

高唐　今禹城縣。杜征南云齊高唐在祝柯西，齊威王使肦子所治。此高唐漢縣也，今人以爲齊邑，非。至今東昌府之高唐州，乃漢靈縣也。

重丘　今東昌東南，跨茌平縣界。《春秋·襄公二十五年》：諸侯盟于重丘。

合陽　侯國。

羽　侯國。

安　侯國。

①朸：音lì。古地名，约在今中国山东省商河县东北。

千乘郡

秦齊郡地。高帝置。今濟南府東境皆是其地。領千乘等縣十五。

千乘　今高苑縣北二十五里，爲郡治。以齊景公有馬千駟，畋于青邱，今縣北有青邱縣，故名。

建信　今高苑縣西北二十五里。高帝七年，封婁敬爲侯，後爲縣。

濕沃　今濱州蒲臺縣。舊治在縣東南。《地理風俗記》曰：千乘縣西北，大河河北有溼沃城，故縣也。

東鄒　今鄒平縣東北。

博昌　今博興縣。昌水其勢平博，故曰博昌。古蒲姑地。蒲姑故城在縣東北六十里，齊舊都也。

被陽　今高苑縣西北。元朔四年，封齊孝王子燕爲侯。《水經注》：臨濟有南北二城，中隔濟水，即漢被陽故城也。

琅槐　今樂安縣是其地。舊治縣東北百十里。《地理風俗記》：博昌東北八十里，有琅槐鄉，故縣也。《水經注》：濟水逕琅槐城北，淄水逕琅槐城南。

延鄉　今新城縣東。

平安　今新城東北。漢置平安侯國。應劭曰：博昌縣三十里，有平安亭，故縣也。

狄縣　今高苑西北二十里，即臨濟縣。

高苑　今新城縣，古苑牆地。漢初封丙倩爲高苑侯。《水經注》：高苑有東西二城，西城則丙倩侯國。西城分爲膠西王都。

按：《太平寰宇記》：臨濟縣東北八十里，有樂安城《齊乘》亦云：樂安城在章邱縣臨濟鎮東北八十里，蓋漢元帝時匡衡所封邑，與千乘郡樂安不一。

濟南郡

故齊地，漢初屬齊國。文帝分置濟南國。景帝三年，國除，爲濟南郡。今濟南府是其境領平陵等縣十四。

樂安 今博興縣北。元朔五年，封李蔡爲侯。

蓼城 後漢爲蓼侯國，非古齊聊城也。今人皆以東昌之聊城當之，非。

繁安 侯國。

高昌 侯國。

東平陵 今濟南府東七十五里。春秋譚國地，漢置縣。爲郡治。因右扶風有平陵，故此加東。晉初移郡治歷城縣。

歷城 今歷城縣，齊歷下邑。《史記》：晉平公伐齊，戰于歷下。酈食其説齊王廣罷歷下兵守，韓信襲破之，皆其地。

陽邱 今章邱縣是其地。漢文帝封齊悼惠王子安爲侯國于此。

臺 今濟南府東北三十里。《晏子春秋》：公爲之封邑，使田無宇致臺於無鹽。

管 今章邱縣西北三十里。漢文帝封齊悼惠王子罷軍爲管侯。

朝陽 今章邱縣西北六十里《齊乘》在章邱縣東二十五里應劭：曰以在朝水之陽，故名。

猇① 今章邱縣西。征和元年，封趙敬肅王子起爲侯國。蘇林曰：今朝陽有猇亭。

①猇：音xiāo。古县名，在今中国山东省。

顧寧人云：《漢書》濟南郡之縣十四。一曰東平陵，二曰鄒平，三曰臺，四曰梁鄒。《功臣表》則有臺定侯戴野，梁鄒孝侯武虎。是二縣并爲侯國。《後漢書》濟南郡十城，其一曰東平陵，其四曰臺，其七曰梁鄒，其八曰鄒平，章懷太子注亦曰臺屬濟南郡，故城在今齊州平陵縣北，是臺自是一縣。後人讀《漢書》，誤從鄒字絶句，因以鄒爲一縣，平臺爲一縣。《齊乘》遂謂漢濟南郡，有鄒縣，後漢改爲鄒平，又以臺、平臺爲二縣，此不得其句讀，而妄爲之説也。

按：漢以鄒名縣者，凡五。魯國有騶，亦作鄒。膠東國有鄒盧，千乘郡有東鄒，與濟南之鄒平、梁鄒，凡五。其單稱鄒者，今兖州府之鄒縣是也。亦有平臺屬常山郡。《外戚恩澤侯表》平臺康侯史立。《後漢書·邳彤傳》尹綏封平臺侯，是也。有鄒平，有臺，而亦有鄒有平臺，不可不辨也。

《史記·齊悼惠王世家》：高后立其兄子吕台爲吕王，割齊之濟南郡，爲吕王奉邑。《正義》引《括地志》云：濟南故城在淄州長山縣西北二十五里。《後漢書·章帝紀》：元和二年，進幸濟南。章懷太子注：縣名，今淄州長山縣西北。按：兩漢止有濟南郡，并治東平陵，在今歷城縣，距此百餘里，而無濟南縣。不知《括地志》《後漢書注》，何所據也。

鄒平　今鄒平縣北，在濟南府一百六十五里。《寰宇記》：俗名趙臺城。

梁鄒　今鄒平縣治，漢高帝封武虎爲梁鄒侯。

搬陽　今淄川縣。以縣在搬水之陽，故名。今濟南府東二百二十里，一名盤陽。

土鼓　今淄川縣西南五十里。又《地形志》東魏郡博平縣，有土鼓城，蓋嘗徙治也。

於陵　今長山縣是其地。舊治在縣西南二十里，陳仲子所居之地。

著縣　今臨邑縣東南五十里，今濟陽縣是其地。《曹參傳》：徙下齊，收著、漯陰。

宜城　侯國。

按：益縣，《一統志》在壽光縣。西漢置縣。晏謨曰：去齊城五十里。司馬懿伐公孫淵，徙豐縣人于此，遂名南豐城。《齊乘》謂南豐城即益城是。《水經注》：巨洋水又東，逕益縣故城東。又東北積而爲潭，枝津水出焉，謂之百尺溝水。西北逕北益都城也。是以益縣與益都分明爲二。今《方輿頰篹》等書，疑而爲一。因二縣俱在壽光縣界，故説者多混耳。

按：《春秋桓公五年》『冬，州公如曹』，《傳》『作淳于公如曹』。杜預注：淳于州國所都，後入於杞。襄公二十九年，晉人城杞之淳于杞又遷都淳于，是也。

北海郡 故齊地。景帝二年分置，今青州府以東是其地。領營陵等縣二十六。

營陵 今昌樂縣。古營邱地。漢爲營陵縣，北海郡治焉。

益縣 今壽光縣西二十里。《水經注》：巨洋水逕益縣故城東。

柳泉 侯國。今蓋都縣西。漢地節四年，封膠東戴王子强爲柳泉侯。

壽光 今壽光縣。古斟灌氏地，古城在縣東。文帝十八年置菑川國。

平望 侯國。今壽光縣東北。《水經注》：伏琛、晏謨并以平望亭。在平壽縣西北八十里，故縣也。

樂望 侯國。今壽光縣東二十里。地節三年封膠城戴王子光爲樂望侯，國於此。

劇魁 今昌樂縣西北。時又有劇縣，亦屬北海郡。後漢劇魁與劉縣俱省，而移北海之劇縣爲菑川國治。

安邱 今安邱縣西南。高帝八年，封張説爲安邱侯，屬北海郡與琅琊屬縣不一。

淳于 今安邱縣東北三十里。古淳于國。《春秋·桓公五年》：冬，州公如曹。《傳》作淳于公如曹。杜預注：淳于，州國所都，後入于杞。

平壽 今濰縣西南三十里。後漢張步爲耿弇所敗，自劇奔平壽，即此。

斟 侯國。今濰縣西南五十里。《地理》：斟縣故國，禹後。京相璠曰：『斟亭去灌亭九十里』。

按：昌邑縣南五里有大營城，北五里有小營城。《齊乘》：南城即古都昌，其曰營城者，或因孔融與黄巾相屯名遺址而名。《後漢書》注：故城在臨朐縣東北，乃宋徙治之都昌，非漢舊縣，章懷注誤也。

都昌 今昌邑縣西二里。本齊邑。《晏子春秋》：景公封晏子以都昌，辭不受。漢高祖封朱軫爲都昌侯。

密鄉 今昌邑縣東南十五里。《左·隱二年》：紀子伯、莒子盟子密。漢建始封膠東頃王子林爲密鄉侯。

平城 侯國。今昌邑西南十里。漢元朔元年，封河間獻王子禮爲平城侯。

饒 侯國。

桑犢 在濰縣東三十里。《水經注》：桑犢亭，故高密郡治。世謂之故郡城。

羊石 侯國。

樂都 侯國。

石鄉 侯國。

上鄉 侯國。

新成

成鄉 在安邱縣北。地節四年，封膠東戴王子饒爲成鄉侯。又建始二年，封高密頃王子安爲侯國。

膠陽 侯國。

平的 侯國。

瓡 侯國。

劇 侯國。

東萊郡

故齊地。漢高帝置。今登、萊二府是其地。領掖縣等縣十七。

掖縣　今掖縣。爲東萊郡治。古過國。寒浞封子奡之地。戰國田單封掖邑，有掖水出縣東南寒同山，故名。

曲成　今萊州府東北六十里。高帝封蟲達爲曲成侯。

當利　今掖縣西南三十里。元狩中以衛長公主妻欒大，更名其邑曰當利。

陽樂　今掖縣西南。《王子侯表》：樂陽侯獲，膠東頃王子建始二年封蓋，即陽樂之訛也。

陽石　今掖縣南。《武帝紀》：征和二年，陽石公主坐巫蠱死，成帝封膠東共王子慶爲陽石侯。

平度　今平度州。舊治州西北六十七里，漢孝武封淄川懿王子爲平度侯。

盧鄉　今萊陽縣西南四十里。元始五年，封陳鳳爲盧鄉侯。

黄縣　今黄縣。故城在縣東南二十五里，古萊子國。《春秋傳》曰：齊侯滅萊。杜注：黄縣是也。唐因漢武于此望海中蓬萊山，改爲蓬萊，移登州治焉。尋析蓬萊地，另置黄縣于今治，而故黄縣遂廢。

徐鄉　今黄縣西南五十里。《齊乘》以徐福求仙爲名也，成帝封膠東王子炔爲侯國。

惤　今黄縣西百二十五里。

昌陽 今萊陽縣東南二十五里昌山南。成帝封泗水戾王子霸爲昌陽侯。

昌陽 今文登縣西北。漢高后六年，封齊悼惠王子興居，爲東牟侯。

牟平 今黄縣東南十五里，古祝融後牟子國。以在牟山之陽，其地夷坦，故曰牟平。《府志》：漢縣，在府城東南九十里。北齊移縣治于黄縣東南馬巔山，此城遂廢。

不夜 今文登縣。舊治縣東北八十里。春秋時萊子所置。初築此城，有日夜出，故名。

育犂 今寧海州西北八十里。《太平寰宇記》：在登州育犂東南一百二十里，灟港水側近，其地良沃，故以育犂爲名。

腄縣① 今文登縣西七十里。秦欲伐匈奴，使天下飛芻挽粟，起于黄腄。腄即文登，黄即黄縣。

臨朐② 齊郡已有朐，而東萊又有此縣，各以所近爲名也。

《後漢書·瑯琊王京傳》：永平二年，以東萊之東牟縣益瑯琊。注：東牟故城在文登縣西北，晉省入牟平。《魏書》《地形志》：東牟郡治牟平縣，有東牟城是也。《元和郡縣志》：文登縣東牟故城，在縣西北一百十里。是東牟與牟平，在漢皆縣也。

按：牟平城在府城東南者，爲魏以前之故城。在黄縣馬嶺山者，爲北齊以後之故城。而唐以後之《牟平縣志》，則今之寧海州治也。

①腄：音 chuí。　②朐：音 qú。

《漢書·王子功臣表》《齊乘》及《宋書州郡志》及《一統志》，俱載齊郡有益都縣，而班《志》不載。按：《晉志》利縣作利益，疑益即益都，傳寫者悞并二縣爲一也。二城與北海郡益城三城俱在壽光縣界，故説者多混，今依《一統志》補正。

齊郡 秦郡也。今青州府、登州府、萊州府及濟南府之境，皆是。郡治臨淄，領臨淄縣十二。

臨淄　今臨淄縣，古營邱地，呂望所封，齊獻公徙都于此。太公二十九代孫康公，爲田和所滅。和立爲齊侯，後稱王。五代王建爲秦所滅，立爲縣，臨淄水，故名。

利縣　今博興縣東南四十里，《齊乘》：在樂安西北二十里。

昌國　昌國淄川縣東北三十五里。

益都　在壽光縣北二十里。《漢書·王子侯表》：益都敬侯胡，菑川懿王子，元朔二年封。《齊乘》王胡城，即益都侯國。

廣縣　青州府西南四十里。今益都縣瀑水澗側。高帝六年，封召歐爲廣侯，竟寧元年，封菑川孝王子便爲侯。

廣饒　今樂安縣。元鼎元年，封菑川靖王子爲侯。

鉅定　今壽光縣西北八十里。《水經注》作鉅定縣，東南有鉅淀湖，故名。

西定　今臨淄縣西三十里。北距時水。元始元年，封東平王思之孫漢爲侯邑。

臨朐　今臨朐縣。以縣有朐山，故名。古伯氏駢邑縣北七里，有伯氏冢。

昭南

按：漢有二劇縣。一在壽光東南。《太平寰宇記》謂之劇南城。又昌樂縣有廢劇縣，在縣西五十五里，城内有紀臺，疑此爲菑川國所治之劇。而在壽光縣東南者，則漢北海郡屬縣也。

菑川國 在齊地。文帝十六年分置。都劇，有縣三。今濟南府東北至青州府西北是其境。

北鄉 侯國。

平廣 侯國。

臺鄉 侯國。

劇 初屬齊國，文帝以悼惠王子賢爲菑川國王，都此。景帝三年，并入北海郡，尋復爲菑川國治。

東安平 今臨菑縣東十九里，本齊邑。

樓鄉

膠東國

本齊地。文十六年，别爲膠東國，都即墨。有縣八。今萊州府之平度州一帶是其地。

即墨　今即墨縣。以其城臨墨水，故曰即墨。蘇秦曰：齊東有瑯琊，即墨之饒。

下密　今昌邑縣東界。

壯武　今即墨縣西六十里。晉封張華爲壯武侯，即此。

觀陽　今萊陽縣東七十里，觀山之陽。

挺縣　今萊陽縣南七里。

郁秩①

昌武

鄒盧

高密國

高密　今高密縣。取境内密水爲名，爲高密國治，晏平仲封邑。

昌安　今安邱縣西南十里。

夷安　今高密縣外城。古夷維邑。《史記》：晏平仲，萊之夷維人。

石泉　在諸城縣東北。《地理風俗記》：平昌縣東南四十里，有石泉亭，故縣也。

成鄉

①鬱：音yù。同「郁」。

按：南陽有二。南陽郡，今鄧州也。修武縣古亦曰南陽。《史記》『魏入南陽以和』是也。

荊州刺史部。

○注：郡六，國一。

南陽郡 秦郡也。今南陽府至湖廣均州境是其地。領宛縣等三十六。

宛 今南陽，爲南陽郡治。古申國，春秋楚邑，秦昭襄王十五年，白起攻楚取宛。二十七年，使司馬錯攻楚，赦罪，遷之南陽。宛于是始兼南陽之名。秦置南陽郡，治宛，漢因之。

淯陽 府東淯水之陽，今南召縣是其地。《元統志》：今南陽縣西南有故城，俗呼爲緑楊村，古淯陽城也。

博望 南陽府東北六十里。張騫封邑。

西鄂 南陽府北五十里。春秋時向邑。江夏有鄂，故此加西。張衡故里。

安衆 今鎮平縣東南。武帝元朔四年，封長沙王子丹爲侯國。

杜衍 今南陽縣是其地。舊治府西南二十三里。高帝七年，封王翳爲侯國。

雉 南陽府北八十里。秦文公時童子化爲雉止此。

比陽 今唐縣。比水所出。縣南二百里，後漢世祖破甄阜梁邱，賜于比水西，即此。

湖陽 今唐縣南九十里。故蓼國地，後屬楚，謂之湖陽。

舞陰　今泌陽縣。後漢曹公與張繡戰，引還舞陰，即此。在唐縣西北六十五里。

穰　今鄧州是其地。舊治在州東二里，本楚之別邑，取豐穰之義。後屬韓。秦武王攻取之，封魏冉爲穰侯。國朝省入鄧州。

平氏　今桐柏縣西北四十里。《水經注》：濃水西北流，逕平氏縣故城東。

隨　今隨州治。春秋隨侯國，與周同姓。《左傳》：漢東之國，隨爲大。

冠軍　今鄧州南四十里。漢武帝以霍去病征匈奴，功冠諸軍，故封此縣以褒異之。

湟陽　今鎮平縣南，在湟水之陽。高帝七年，封呂勝爲侯國。

酈　今内鄉縣東九十里，本楚酈邑縣，有菊水。王暢袁隗爲太守，命酈县日送水三十斛，即此。武帝元年封黄同爲侯國。

新野　今新野縣治南。《寰宇記》：鄧州新野舊廢入穰縣。《九域志》：穰縣城有新野鎮，即故縣也。元始改置今治。

棘陽　今新野縣東北七十里。古謝國地。以在棘水之陽，古曰黄棘。《史記》『楚懷王與秦昭王盟于黄棘』是也。高帝封杜得臣爲侯國，後爲縣。

新都　今新野縣東。封王莽爲新都侯國，本新野之都鄉。

按：《魏志》襄阳郡领赭阳县，建成郡亦领赭阳县，盖建城之赭阳县後并入方城，故方城有赭阳城，襄城郡治此。

朝陽 今鄧州南八十里，亦曰朝城。應劭曰：在朝水之陽，故名。

復陽 今桐柏縣。以在大復山之陽，故名。本故湖陽之樂鄉。元康二年，封長沙頃王子延年爲復陽侯。

博山 今淅川縣東北三十里。本漢析縣之順陽鄉，哀帝置博山縣。

堵陽 今裕州治。舊治在州東六里，一名赭陽，以在赭水之陽。後漢朱祐爲赭陽侯，即此。

樂成 今鄧州西南三十里。《漢書地理志》：南陽樂成，侯國。按：唐襄陽郡有樂成鄉，即此。

紅陽 今舞陽縣西，紅山之南。成帝河平元年封王立爲侯國。

葉 今葉縣。本楚之葉縣。春秋楚人遷許于葉，其後使沈諸梁尹之，僭號稱公①。秦置縣，舊治縣南三十里，名舊縣店。

魯陽 今魯山縣。古魯縣也，魯陽公與韓戰酣，揮戈，曰爲退三舍，即此。

犨② 今魯山縣東南五十里。春秋楚邑。《左·昭元年》：楚公子圍使公子墨肱、伯州犁城犨。

鄧 今鄧州。古鄧侯國，漢爲穰縣，唐以後爲鄧州。《晉太康地記》：周宣王舅所封邑。

---

①沈諸梁尹之，僭號稱公：沈諸梁：芈姓，沈尹氏，名諸梁，字子高。春秋末期楚國軍事家、政治家。大夫沈尹戌之子，封地在葉邑（今河南葉縣南舊城），自稱葉公。　②犨：音 chōu。

山都 今襄陽府西北八十里。本南陽之赤鄉，秦置縣。

蔡陽 今東陽縣西南六十里。

春陵 今東陽縣東南三十五里。長沙定王發子春陵節侯之邑。《一統志》：在湖南永州府，寧遠縣西北。

築陽 今襄陽府穀城縣。舊治在縣東四里，春秋穀國地。

陰縣 今光化縣西。春秋下陰地。《左·昭十九年》：楚工尹赤遷陰于下陰。

酇縣③ 今光化縣東北四十里。蕭河封宜呼贊。

武當 今均州治。明初以州治武當，縣省入。

按：春陵，本零陵郡泠道縣之春陵鄉。而《地理志》載在南陽郡者，考《漢記》元朔五年，以零陵泠道之春陵鄉，封長沙王子買爲春陵侯。至戴侯仁，以春陵地形下濕，上書徙南陽，元帝許之，以蔡陽白水鄉徙仁，仍爲春陵侯。是春陵侯國在南陽，而春陵之地在零陵。故兩處古蹟俱載。

江夏郡

秦南郡地。漢初置江夏郡。今德安、承天、漢陽、武昌、黄州諸府皆是其境。領西陵等縣十四。

西陵 今黄州府西北百里。楚之西陵邑。《史記》：秦昭王遣白起伐楚，取西陵。與《水經注》江水所逕之西陵，非一。

邾縣 今黄州府黄岡縣，黄安縣是其地。古邾國。《一統志》云：項羽立吴芮爲衡山王，都此。按：邾本兖州府鄒縣，楚人滅邾，遷其君此城，故以名縣，非以江夏之邾，即改鄒縣之邾也。

---

①鄼：音zǎn。古地名，在今湖北省老河口一帶。

按：沙羨城①，或以爲即夏口城，非也。沙羨，漢縣。夏口城，吴孫權所築，至晉武帝太康以後，則沙羨城始即夏口城耳。

鄳② 今羅山縣是其地。舊治在羅山縣黄峴關外。鄳或作冥，《楚世家》作鄳塞。《淮南子》曰：天下九塞，冥阨其一也。

西陽 今光山縣是其地，黄州府東南百三十里。春秋時弦國地，魯僖公五年，楚子滅弦，弦子奔黄。在光州西十二里。

沙羨 今武昌府附郭江夏縣西南。《晉志》：沙羨有夏口。今夏口在城西黄鵠山之東北，對岸則入沔津，即沙羨舊地矣。羨音夷。

鄂 今武昌縣。楚熊渠封中子紅爲鄂王于此。漢《地理志》曰鄂。

下雉 今興國州東南百四十里。漢伍被謂淮南王安曰『守下知之城，絶豫章之口』是也。

安陸 今德安府附郭縣，今漢陽漢川皆是其地。故城在縣西北，晉大尉陶侃代杜曾所築。

蘄春 今蘄春州蘄水縣皆是其地。因蘄水以爲名。

軑③ 今光山縣西北四十里，古弦子國也。漢高后二年封朱蒼爲軑侯。元封二年，除爲縣。

雲杜 今京山、鍾祥皆是其地。

竟陵 今天門縣西北。本楚竟陵邑。秦置縣。《戰國策》：秦白起拔鄢郢，東至竟陵城。本古風城，古之風國，即伏義風姓也。

①羡：音 yǒu。古地名，在今中国河南省汤阴县北。 ②鄳：音 méng。县名。西汉置，治所约在今大陆地区河南省罗山县西南。 ③軑：音 dài。

按：陽山縣，據《宋書·郡州志》，本漢舊縣，後漢改曰陰山縣，屬桂陽郡。《水經注》：陽山故含洭縣之桃鄉，孫皓分立爲縣，而吴始興郡無此縣。《元和志》：在州東南一百四十七里，南越置關之邑。漢破南越，以爲縣，後漢省，晉重置，在洭水南。神龍元年，移治洭水北，即今治。按《水經注》：陰山東北有陽山故城，即長沙王子宗之邑。言其勢王，故塹山堙穀，改曰陰山，其爲漢縣無疑。其在洭水南者，當是孫吴所立，晉因之不改。若《元和志》所云洭水北者，定爲今理，但陰山果系陽山所改，班志不應與陽山并載。

桂陽郡

秦長沙郡地。漢初屬長沙國。文帝七年，爲桂陽郡。今湖廣、郴州及桂陽州、并廣州連州，皆是其地。領郴縣等縣十一。

鐘武 今信陽州東南。漢宣帝元康初，封長沙頃王子度爲侯國。

襄

郴 今郴州楚地，爲貴陽郡治。項羽徙義帝之所都也，高帝分長沙置。

便 今永興縣。今永興縣城，即漢便縣址也。

陰山 今衡山縣。舊治今攸縣六十里，以縣東百一十里陰山爲名。

耒陽 今耒陽縣。以在耒水之陽也。舊城在今縣東北四十五里。縣西一里有後漢蔡倫宅。

臨武 今臨武縣。以南臨武溪水爲名。

桂陽 今連州治。《武帝本紀》：元鼎四年，封南越伏波將軍路德博屯桂陽，待使者。五年，遂出桂陽，下湟水，即此。非今郴州之桂陽縣也。郴之桂陽系宋置。

南平 今藍山縣，九疑山在縣西南五十里。

按：曲江縣，據《水經注》：東傍瀧溪，是曲江本治水。西晉徐道覆移治于水東。唐武德初，鄧文進爲本州刺史，又移移治于水西，是又復還故治也。《興地紀勝》：古州城，在今州西一百里，即鄧文進所移。《府志》：五代梁乾化初，録事李光册又移治中洲，在武水之東，溱水之西，即今治也。溱水，即始興大江。武水，一名瀧水。

武陵郡

秦黔中地。漢高置，今常德府及辰州府是其地。領索縣等縣十三。

按：黔中，本秦郡名，在辰州西二十五里。漢改爲武陵郡，移理義陵，今漵浦縣。自隋以涪陵蠻地爲黔州，而黔中之名始混。

曲江 今廣東曲江縣。《元和志》因江流迴曲以爲名。

湞陽 今廣東英德縣。舊治即今縣治。

含洭 今英德縣西七十五里。今洸口司即其治。

陽山 今連州陽山縣。秦于此置陽山關，漢破南越，以爲縣。元帝初元元年，封長沙孝王子宗爲侯邑。

索 今龍陽漢壽縣是其地，武陵郡治焉。《水經注》：漢壽縣治索城，即索縣之故城也。

臨沅 今桃源縣。舊治在武陵縣西。《水經注》：縣南臨沅水，因以爲名。

孱陵 今公安縣是其地。舊治縣西二十五里。

佷山 今宜昌府長楊縣是其地。舊治長楊縣西八十五里。

沅陵 今辰州府附郭縣，故城在縣西南。《漢功臣表》沅陵頃侯吴陽，高后元年封。

按：《舊志》載，酉陽故城，在永州府永順縣南，遂以永順爲漢之酉陽也。然考《沅陵縣志》，沅陵在沅酉二水間。古之酉陽，亦有酉陽故城，在縣之西。《水經注》：所謂酉陵，似即沅陵也。至《漢書·地理志》，酉陽，應劭注云：酉水所出，東入湘。而《明志》酉陽宣慰司東南有酉水流，合平茶水至辰州府，入江。與《漢書》合。則漢縣酉陽，實今四川酉陽州也。永順于梁爲大鄉。唐之舊溪州，爲漢之沅陵、零陽二縣地。今以永順龍山爲舊酉陽地，史無明文。《通志》載：永順有酉陽故城。相沿已久，今仍之，而識其畧于此。

酉陽 今辰州府西百二十里，以在酉水之陽。《水經注》：酉水東逕酉陽故城南。

辰陽 今辰溪縣。舊治在縣西。《水經注》：辰水逕辰陽縣北，舊治在辰水之陽。

按：《晉志》無辰陽，而《宋志》不云晉省，是晉志多漏畧也。又《水經注》有辰陽舊治，是六朝時已嘗徙治矣。

無陽 今芷江縣東南。以在無水之陽。

義陵 今漵浦縣。舊治在縣南三里龍堆隴。常林《義陵記》：項羽殺義帝，武陵人縞素，哭于招屈亭，高祖聞而義之，故曰義陵。

鐔城 鐔音尋，今靖州屬俱是其地。

零陽 今澧州石門慈利縣是其地。以在零水之北，故名。

充 今安福、永定俱是其地。

遷陵 今辰州府界保靖縣是其地。《水經注》：酉水又東，逕遷陵縣故城北。

按：廣西臨桂府，本漢始安縣地。唐貞觀八年改名臨桂。《舊唐書》以臨桂爲秦桂林郡，誤。桂林郡，在今鬱林。

零陵郡

秦長沙郡地。漢初屬長沙郡，元鼎六年析置。今永州府至廣西全州是其境。領泉陵等縣十。

零陵 今零陵縣。全州、灌陽縣俱是其地。漢爲零陵郡治，後漢移郡治泉陵。

營道 今寧遠縣西。以營水爲名。《水經注》：營水又西北，屈逕營道縣西。

泠道 今道州寧遠縣是其地。漢景帝時零陵文學于泠道舜祠下得玉琯是也。《水經注》：九疑山東北爲泠道縣界。

營浦 今道州。舊治在州北。《水經注》：營水逕營浦縣南。

梁都 今武岡州治。《漢書·地理志》：都梁，侯國。

始安 今廣西桂林府治。臨桂、興安、陽朔、靈川、永福等縣，俱是其地。

夬夷① 今新寧縣。舊治在武岡州東北百四十里。

鐘武 今衡州府西八十里。

洮陽 今全州北三十五里。地名改州灘。漢元朔五年，封長沙定王子爲侯國。

泉陵 侯國。在零陵縣北。元朔五年，封長沙定王子賢爲眾陵侯。顏師古曰：即泉陵也。《隋地理志》：零陵舊曰泉陵，置零陵郡，後改零陵，移治于此。

①夬：音 guài。

南郡

秦郡也，楚漢間爲臨江國。今荊州北至襄陽府之境，是其地。領江陵等縣十八。

江陵　今荊州府附郭縣。故楚郢都。楚文王自丹陽徙此。後九世，平王城之。後十世，秦拔郢。

華容　今石首縣是其地。舊治在監利縣西北五里。本春秋許容城地。應劭曰：『春秋許遷於容城是。』

高成　今松滋縣是其地。舊治在縣南。

枝江　今枝江縣。以蜀水至此分爲諸洲而名。

彝陵　今彝陵州治。戰國楚地。漢縣在東湖縣東。《史記·六國年表》：楚頃襄王二十一年，秦拔郢，燒夷陵。《漢地理》：南郡夷陵，都尉治。今州治乃唐時徙治也。

彝道　今宜都縣。舊治在縣西北。《水經注》：漢武帝伐西夷，路由此出，故曰夷道。

臨沮　今當陽縣西北。《水經注》：沮水南，逕臨沮縣西，又屈逕其縣南。

秭歸　今歸州治。《地理志》曰：歸子國也。袁崧曰：『屈原有姊，聞原放逐，亦來歸，喻令自寬。全鄉人冀其見從，因名爲秭歸。』

巫　今巫山縣東，巴東縣是其地。秦置。《史記·秦本紀》：昭襄王取楚巫郡。《寰宇記》：巫山縣在夔州東南七十二里。縣本夔子熊摯所治，今多姓熊者。

郢　今荊州府治東北三里。楚平王所都也。

襄陽　今襄陽府附郭襄陽縣。

按：《舊志》湘南故城在今湘潭縣西六十里，俗名爲化石城。或以此爲建寧城，而以縣南湘潭故城爲湘南城者，誤。

長沙國 吴芮所封。都臨湘。有縣十三，今長沙府是其境。

按：東方朔記，南郡有萬里沙祠，自湘川至東萊，地可萬里，故曰長沙。

宜城 今宜城縣。本楚鄢地。秦置鄢縣，漢改。故城在今縣南十五里。

邔① 今宜城縣東北。城東臨漢江，故古諺曰邔無東。

都 今宜城西北五十里，春秋鄀國②。

编 今荆門州。西晉隆安五年，于編縣城立武寧郡。

中盧 今南漳縣東五十里。春秋盧戎，楚盧邑。《左文十四年》盧注：今襄陽中盧縣。《元和志》：秦時謂之伊盧，項羽亡將鍾離昧，家在伊盧是也。

當陽 今當陽縣。《水經注》：當陽城因岡爲阻，北抗沮川。其故城在東一百四十里，謂之東城，在绿林長阪南。

臨湘 今長沙府治長沙縣，古青陽也。秦荆王獻青陽以西，即此。

羅 今湘陰縣。舊治在縣東六十里。應劭曰：『楚文王徙羅子自枝江縣居此。』

湘南 今湘潭縣西六十里。秦置。後漢爲湘南侯國。

①邔：音qǐ。古县名，在今中国湖北省宜城县。②鄀：音ruò。

益陽　今益陽縣。本秦置，以在益水之陽也。孫權與蜀爭荊州，遣魯肅將兵拒關忠義于益陽①。是城，肅所築也。

攸　今攸縣以北。帶攸溪爲名。

茶陵　今茶陵州。故城在州東五十里，即古茶王城。漢元朔二年，節侯欣所築。

下雋　今崇陽通城是其地。舊治今沅陵東。《馬援傳》下雋縣注：屬長沙郡。

丞陽　今衡州府西百七十里。《漢書王子侯表》：承陽景。注：師古曰：『丞或作承。』

酃②　今衡州府治。舊治府東十二里，非今酃縣也。縣東二十里有靈湖，可釀爲酒③。

昭陵　今寶應府附郭邵陽。舊治在府東二十里。武帝封長沙王子重爲昭陽侯，即昭陵也。

連道　今湘鄉縣西百六十里。《水經注》：漣水逕連道縣。

容陵

安成　今安福縣西。《寰宇記》：今安福縣西六十里，有安成故城存。《安成記》：縣本有兩鄉，漢縣理西鄉，吳又移于東鄉。

按：《漢書·地理志》，武陵郡充縣，澧水所出，東至下雋，入沅，計其地，當在澧州安鄉縣。然歷代地志俱以武昌府通城縣及岳州府巴陵、臨湘二縣當之。馬援軍治下雋，進壺頭、武昌。岳州與壺頭相隔千里，必非其地。然即以沅陵爲下雋，亦屬可疑。沅陵在武陵之西，下雋屬長沙郡，不應反在武陵西也。今以《後漢書》注及《通典》可據，遂系于此。

①關忠義：即關羽。　②酃：音 líng。古县名，酃县。西周炊具，如善夫吉父酃。　③釀：音 lí ng。地名，在中国湖南省。

揚州刺史部。

○注：郡五國一。

廬江郡

本淮南地，文帝析置廬江國。元狩初，改爲郡。領舒縣等縣十二。今廬州府南至安慶府境是其地。○注：胡氏曰：廬江國在江以南，今池州、九江、饒、信之境，後移于江北。

舒 今廬江縣，古舒國。文帝十六年，封淮南厲王子賜爲廬江王，都舒。

皖 今懷寧縣古皖國。

樅陽 今桐城縣是其地。春秋楚附庸桐國也。漢元封五年置樅陽縣。

松滋 今霍邱東十五里。漢初爲松滋侯國。今安慶府宿松縣界。

雩婁 今霍邱縣西南一百八十里。春秋時吴地。《左·襄二十六年》：楚子侵吴及雩婁。

龍舒 今廬江縣，舊治在縣西百二十里。

襄安 今無爲州治。舊治在州南四十里，西封臨湖，東下繁昌。《九域志》無爲有襄安鎮，漢故縣也。

臨湖 今無爲州西南八十里。今爲臨湖圩。

居巢 今巢縣。舊治縣治東北五里，古巢伯國，湯放桀處。

尋陽 今九江府是其地。舊治在縣北，府西舊城是六朝之尋陽也。

按：舊説及府縣志，皆以舒城爲古舒縣，而以廬江爲古龍舒。考之《蕭齊志》廬江舒縣注：建元二年爲郡治。《隋書》廬江縣注：齊置廬江郡，梁置湘州。據《隋志》所云置郡之地，與齊志合，是舒與廬江皆爲郡治。而今之廬江即古之舒縣，明矣。又按《漢志》，廬江郡所領有舒、龍舒二縣。《左傳·文公十二年》杜預注，今廬江南有舒城，舒城西南有龍舒。明是舒縣在東，龍舒在西。今廬江南有舒城，

今廬江南有舒城，舒城西南有龍舒。明是舒縣在東，龍舒在西。今舒城在廬江之西，則舒城之爲龍舒，尤爲明證。且其縣唐時所置，上取右舒城爲名，後人泥其名，以爲即古舒縣，遂反以廬江爲龍舒，誤矣。

盛唐六安州治，漢爲盛唐縣，屬廬江郡。《漢書·武帝紀》：元封五年，武帝南巡，登灊天柱，薄樅陽，作盛唐之歌。

灊 今六安州及霍山縣皆是其地。舊治在霍山縣東北三十里，楚灊邑。《左·昭二十七年》，吴使公子掩餘、公子燭庸，帥師圍灊。

湖陵邑

九江郡

秦郡。高帝改爲淮南國。元狩四年，復曰九江郡。今鳳陽府壽州及滁州、和州、廬州府境，皆是其地。領壽春等縣十五。

壽春 今壽州治。春秋六蓼國也。《史記》：楚考烈王，自陳徙都壽春，命曰郢①。

鍾離 今臨淮關。舊治在舊縣東四里，古鍾離子國。《左·成十五年》，叔孫僑如諸侯大夫，會吴于鍾離。

當塗 今懷遠縣。舊治在縣東七里，非太平府僑置之當塗也。本塗山氏國。禹娶于塗山，即此。塗山故城在臨淮西南一百二十七里。

曲陽 今定遠縣西北九十五里。漢河平二年，封王根爲曲陽侯。

東城 今定遠縣。舊治在縣東南五十里。高帝五年，項羽兵敗，自陰陵引而東至東城，即此。文帝封淮南厲王子良爲侯邑。

①郢：音yǐng。古地名。

陰陵 今定遠縣西北六十里。項羽敗于垓下，潰圍南走，灌嬰追至陰陵，羽迷失道，即此。

博鄉 今壽州西南。竟寧元年，封六安繆王子交爲侯。

成德 今霍邱縣東南。《水經注》：肥水逕成德縣故城西。

合肥 今合肥縣北。《漢書·地理志》：九江郡合肥。注：應劭曰：夏水出城父東南，至此與淮合，故曰合肥。

浚遒 今寧國府宣城縣北六十里。其地在今廬州府界，魏武伐吴，嘗修此城以屯守，亦曰曹城。

今其地名清水橋。

橐皋① 今巢縣西北五十六里。今名柘皐鎮，春秋吴邑，哀公十二年，公會吴于橐皐。

建陽 今滁州東四十里。《輿地紀勝》：建陽故城在清流縣東四十里。

全椒 今全椒縣。本秦置。

歷陽 今和州治。本秦縣，漢爲九江郡都尉治。項羽王西楚，封范增于歷陽，故州城爲亞父城。

阜陵 今全椒縣東南十五里。文帝八年，封淮南王子安爲侯國。

①村舍：原作「利」。據《吴郡志》改。②橐：音tuó。

會稽郡

秦郡，今蘇、松、常、鎮諸府及浙江境内州郡皆是。郡治吳，領吳縣等縣二十六。

吳　今蘇州府治西。故吳都也。今府城闔閭使伍子胥相土，嘗水，造築大城，周四十七里，陸門、水門各八。

婁　今華亭、昆山俱是其地。舊治在昆山縣治東。《吳郡志》：今昆山縣東北三里，有村舍曰婁縣①，蓋故縣所治。

曲阿　今丹陽縣。古雲陽地。秦始皇以其地有天子氣，鑿北岡以敗其勢，截直道，使阿曲，後亦名曲阿。

毗陵①　今武進縣。即春秋延陵季子之采邑也。季札墓在縣北七十里中浦之西。

陽羨　今宜興縣南五里。秦置陽羨縣。高帝五年，封功臣靈常爲侯邑。

山陰　今紹興府治。勾踐所都。秦始皇二十五年，置山陰縣。

無錫　今無錫縣。西至常州九十六里，漢故縣，元封元年，封東越降將多軍爲侯。

鄮　在鄞縣東三十里。在鄮山之陰。

丹徒　今鎮江府。丹徒縣故城，在今縣東南十八里。本春秋之朱方邑，秦以其地有天子氣，使赭衣徒三千人，鑿京峴南坑以敗其勢，故名。

餘暨　今蕭山縣西。應劭曰：吳王闔閭弟夫槩之所居。

餘姚　今餘姚縣治。舜支庶封此，舜姓姚，故名。

按：《晉書·地理志》，太康二年，析曲阿之延陵鄉，置延陵縣，即今丹徒之延陵廢縣是也。若丹徒之爲延陵，則改于隋。大業三年，廢潤州而置者，《舊唐志》所謂隋移治丹徒也。至唐武德三年，丹徒復舊名。

①毗陵：音pí líng。古地名。本春秋时吴季札封地延陵邑

而延陵之號仍施于丹陽分縣。隋廢南徐州及東海郡，而改曰延陵鎮，在開皇九年。《隋志》所云，省丹徒入延陵者，蓋先入延陵鎮。至大業之後，則爲延陵縣地也。

諸暨 今諸暨縣。越王允常所都。内有暨浦諸山，故名。

上虞 今上虞縣西北，地名虞賓。《晉太康記》曰：舜避于此，故以名縣。百官從之，故縣北有百官橋。

剡① 今嵊縣。舊治在縣西南十五里。

鄞 今寧波府附郭縣。夏有堇子國，以赤堇山，故名。越之東境，處州府所屬。

回浦 今台州府俱是其地。舊治在台州府臨海縣。

烏傷 今金華義烏縣。以秦時烏銜土助顔孝子成墳，其吻皆傷，故名。

句章 在慈谿縣界。《國語》：句踐之地，南至句無。闞駰《十三州志》：句踐并吴，以章伯功。

大末 今衢州府之西安、龍遊等縣是其地。本句踐之姑蔑地。

由拳 今嘉興府附郭嘉興縣。春秋時地名檇李，故城在縣南。闞駰曰：今謂之柴辟，即古檇李也。

海鹽 今海鹽縣。古名武原鄉。漢順帝淪陷爲湖，移治于平湖縣东南故邑山下，後復徙于馬皞城。馬皞城今縣治。

烏程 今烏程縣。因烏氏、程氏善釀而名。本楚春申君所立菰城縣，秦改爲烏程。

富春 今富陽縣治西北隅，哀帝封河間孝王子元爲侯邑。

①剡：音shàn。

《水經注》云：靈隱山下有錢塘故縣，浙江逕其南。《元和志·錢塘記》云：昔一境逼近江流，縣理靈隱山下，今餘址猶存。按：靈隱山下并無錢塘之迹，亦萬無可作縣治之理。《漢書·地理志》于錢塘西部都尉治下，系以武林水所出，蓋言都尉治在錢塘，非謂錢塘治在武林也。劉真道作《錢塘記》，誤以《漢志》『武林山』三字連『上都尉治』作句，因有縣治在靈隱山下之説。酈道元注《水經》，復沿其誤，至今俱莫能定。《通志》所云，錢塘舊縣有四，實則止有三也。

錢塘 今錢塘縣。西漢爲會稽郡西部都尉治焉。本秦置，始皇三十七年，東遊過丹陽至錢塘。

餘杭 今餘杭縣。本秦縣。《水經注》：浙水逕餘杭故縣南、新縣北。秦始皇南遊會稽，途出是地，舍舟杭于此，因以爲名。

冶① 今福建閩縣東北冶山之麓。漢高五年，立越王無諸爲閩越王，都東冶。《宋志》：蓋勾踐鑄冶之所。

丹陽郡

秦鄣郡地。元封二年更名丹陽。

按：漢有丹陽郡，治宛陵。又有丹陽縣，在當塗縣東，因有小丹陽之名。吴移丹陽郡治建康西，晉爲建業，今江寧府相沿至陳無遷改也。若楚始封之丹陽，一在枝江，一在姊歸，相距皆數千里，《班志》于丹陽，注下爲熊繹所封。而陳宣帝詔亦曰爾熊繹之遺封，誤矣。

宛陵 今寧國府之宣城縣。治即丹陽郡治。

丹陽 今江寧府西南五十里。本秦縣，漢武封江都易王子敢爲侯邑。

湖熟 今上元縣東四十五里淮水北。漢武封江都易王子胥行爲侯邑。

句容 今句容縣。縣有茅山，本名句曲，以山形似己字，句曲有所容，故號。漢武封長沙子定王子黨爲句容侯。

①治：原作『治』，改。

江乘　今句容縣北六十里。劉宋武帝初，起自京口至江乘，破桓，立將吴甫之于竹里，即此處。

溧陽　今溧陽縣。本秦置，以在溧水之陽也。舊縣在今縣西北四十五里，今猶謂舊縣村。

於暨　今于潛縣北。《春秋傳》云，秦徙大越鳥語人置之暨。漢武置於潛縣，後漢加水。

歙①　今歙縣，縣南有歙浦。郡都尉治焉。

蕪湖　今蕪湖縣。春秋吴鳩兹邑，以地卑濕②，蓄水而生蕪藻，故名。《府志》有故城，在今縣東三十里，遺址畧存。或又謂之于湖城。

春穀　今繁昌縣西北。《元和志》：故城在南陵縣西一百五十里。

石城　今池州府貴池縣。舊治在縣西七十里，名鉄店。

陵陽　今石棣縣東北，舊治在縣北二里。

宣城　今南陵縣東四十里，青弋江上。

涇　今涇縣，因涇水爲名。

黟　今黟縣。以黔山名，本秦置，舊城今縣東五里。成帝鴻嘉二年，爲廣德王國。《諸侯王表》：『廣德王雲客，中山憲王孫。』

①歙：音shè。　②卑濕：地势低下潮湿。

按：《建康志》：秣陵更名凡六。秦改金陵爲秣陵，在舊江寧縣東南六十里秣陵橋東北。晉太康初，復以建業爲秣陵，即今上元縣。三年分淮水南爲秣陵。義熙中移於鬥場柏社，在江寧縣東南廢長樂橋，古丹陽郡是也。元熙初，又移治揚州參軍廨，在宮城南八里一百步小長于巷内。梁末，齊兵軍於秣陵，故治跨淮立柵，當是其地。景德二年，置秣陵鎮，在今江寧縣東南五十里。

豫章郡

秦九江郡地，漢高分置，領南昌等縣十八，今江西境内是其地。

故漳 今廣德州治。湖州府之安吉、孝豐各縣，皆是其地。

秣陵 今江寧縣東南。秦置。漢武帝元朔元年，封江都易王子纏爲侯邑，②元鼎四年爲縣。

南昌 今南昌府附郭縣。高祖六年，始命灌嬰①，以爲豫章郡治，此即灌嬰所築城也。

彭澤 今南康府。星子、都昌、江南、池州府東流縣俱是其地。舊治在都昌故城北四十里。《湖口縣志》：今爲彭澤鄉。故城在縣東三十里。

海昏 今建昌縣治。即昌邑王賀所封，故城在盧潭東北二里許。

艾 今寧州治。舊治州西百里，名龍岡坪，故址猶存。本春秋吴邑。《左·哀二十年》：吴公子出居于艾。

①灌嬰：（？～公元前176年），秦末至西汉初睢阳（今河南省商丘市）人，汉朝开国功臣，官至太尉、丞相。 ②纏：音chán。

按：晉、宋二志無廬陵縣，諸書所載紛然不同。《元和志》謂今縣本漢之石陽縣，而漢之廬陵，略而不言。《舊唐書》：後漢改廬陵縣爲西昌，隋復爲廬陵，與《郡國志》及《宋志》，皆不合。惟《寰宇記》言孫策改廬陵爲高昌，以今志縣境古蹟考之，差爲近是。蓋當時廢廬陵，别置高昌也。《舊唐志》所云後漢當亦指孫策之時，西昌疑即高昌之訛。再《晉志》，廬陵郡自西昌縣，亦高之訛也。

建城 今瑞州府附郭高安縣。武帝封長沙定王子拾爲侯邑。按：今《漢志表》作建城。《後漢志》以下皆作建城。據《寰宇記》，作城爲是。

歷陵 今德安縣，楚之東鄙。

鄱陽 今饒州府附郭縣。故城在今鄱陽縣東六十里，今名故縣鎮。

餘干 今餘干縣東北。本春秋時越西界干越地淮南。秦始皇使尉屠睢五軍南征，一軍結餘干之水。

南城 今南城縣東南。以在豫章郡城南也。《寰宇記》：漢高帝六年，將軍灌嬰，分豫章南境，立南城縣，以在郡城之南也。淳熙《郡志》：故縣城，在今縣東，可封鄉。

廬陵 今廬陵縣南一里。

安平 今安福縣是其地。漢初元元年，封長沙頃王子習爲安平侯。

新淦 清江縣東北。漢爲豫章郡都尉治，故城在清江鎮，即今樟樹鎮。

宜春 今袁州府附郭縣。

贛 今贛州。以介章、貢二水間，故名。故城在縣西南。《寰宇記》：漢高六年，使灌嬰畧定江南，始爲贛縣，以防趙佗。今州西南，益漿溪，故城是也。

雩都 雩都有二。今雩都縣東北者，漢縣也，即高帝六年，使灌嬰防趙佗所立縣也。一在縣東南者，唐初所遷也。

南楚 今南康康縣西南章江南岸。秦置。《淮南子》云，秦使尉屠睢，將五軍，一年守南楚之嶠。

柴桑 今瑞昌縣是其地。《一統志》：故城在九江府城南九十里。

鄡陽 在鄱陽縣西北。

六安國

初屬淮安國，都六，有縣五。今廬州府西境至壽州南境，是其地。

六縣 今六安州。古六國，周封皋陶之後于此，《春秋·文公五年》：楚人滅六。

蓼 今霍邱縣西北。古蓼國。

安豐 今霍邱縣西南六十里。春秋六國地，在今固始縣界。

安風 今霍邱西南二十里。

陽泉 今霍邱縣西九十里。泉從縣西南，北流入決口。城在泉水之陽，故名。

益州刺史部。

○注：郡九。

漢中郡

秦郡，今陝西漢中府，及湖廣鄖陽府是其境。領西城等縣十二。

西城　今興安州。昔舜嘗居此，謂之姚墟，亦曰嬀汭。于周爲庸國，東漢末分置，爲西城郡。

南鄭　今南鄭縣。本周褒國之附庸，周衰，鄭桓公死于犬戎之難，其民南奔，居此。因曰南鄭。漢高初封漢中王，都此。

城固　今城固縣。前後《書》俱作『成固』。城爲韓信所築，有南北二城。舊縣治在北城。

房陵　今房縣。古麇國地。《左傳》：楚子伐麇，成大心敗麇師於防渚。闞駰以爲防陵即春秋防渚，後漢改防爲房。

褒中　今褒城縣。以地在褒谷中也。

沔陽①　今沔縣。戰國時白馬氏之東境也。

長利　今鄖西縣西。《水經注》：漢水又東，逕長利谷南入谷，有長利故城舊縣也。

旬陽　今旬陽縣。

安陽　今漢陰縣。

錫　○注：音羊。　今鄖縣。古麇國地。《左傳》楚潘崇伐麇，至于錫穴，是也。

上庸　今竹山縣。古庸國也。《尚書》庸、蜀、羌、髳等國。注：庸濮，在江漢之間。《左傳》：庸率羣蠻以叛楚，滅之。

武陵　今竹溪縣東。《寰宇記》：古上庸城，在上庸廢縣東，武陵縣故城是也。

按：《宋書州郡志》以爲晉之錫縣，漢長利所改。今考《華陽國志》，鄖鄉本名長利。《水經》漢水先逕錫縣故城，後逕長利故城，恐不足據。

①沔陽：音 miǎn yáng。古县名。

廣漢郡

本蜀郡地。高帝分置。今潼川府及成都府之綿州、漢州，保寧府之劍州，皆是其地。領梓潼縣等縣十三。

梓潼 今梓潼縣，廣漢郡治焉，《寰宇記》《華陽國志》云：漢武元鼎元年置，以縣東倚梓林、西枕潼水爲名。

新都 今新都縣。

涪 今綿州、德陽縣俱是其地。故城在綿州城東，比舊州城東五里。東據天池，西臨涪江，爲蜀東北之要衝。

雒 今漢州治。

什邡 今什邡縣南。《漢書·功臣表》：汁邡侯雍齒，高帝五年封，故城在今縣南四百步。

綿竹 今德陽縣北三十五里。

甸氐道 今階州文縣西。李奇曰：甸音媵。顔師古曰：食證反。

剛氐道 今平武縣東北。

葭萌 今廣元、昭化縣俱是其地。舊治在廣元縣西北。古苴國。

白水 今昭化縣西北。《水經注》：白水逕白水縣故城東。

按：《史記》作汁邡，《漢書·地理志》作汁方，《功臣表》作汁防，《後漢書·志》始作什邡，《晉齊志》又作什方，諸本不一。應劭曰：汁音十。

按：綿竹自古爲由涪入成都必經之要道，又爲涪江所經，當在綿州、德陽之間，隨改雒縣爲綿竹①，又改晉熙爲綿竹，俱非綿竹故地也。

按：剛氏爲涪水所出。今涪水實出府西，則府境爲故剛氏道無疑。《元和志》《通典》，惑于《鄧艾傳》之説，遂以龍州爲漢魏無人之境，後人又以府爲漢陰平縣地，皆誤。

①雒：音luò。古地名。

郪 及潼川府及三臺、射洪等縣，俱有其地。舊城在三臺縣南九里，臨郪江。郪王城基址猶存。

廣漢 今遂寧縣東北。《輿地紀勝》：廣漢故城在監亭縣東北十五里。

陰平 今梓潼縣西北一百六十里，去龍安府一百五十里。武帝開西南夷置，今階州文縣，亦是其地。

按：《晉志》無郪縣，而《王長文傳》曰廣漢郪人。又《華陽國志》、沈約《宋志》，皆有郪縣，其未嘗廢可知。

按：陰平在梓潼縣東北。晉永嘉後，没于氐。仍于梁、益二州僑置南、北二阴平郡。共有四陰平，此則梁之北陰平也，仍置陰平縣，爲郡治。宋因之。後魏置龍州，西魏改郡，曰陰平，又名縣焉。後周徙州治江油，改郡曰静龍，縣曰陰平。隋開皇初，郡廢，縣屬普安郡，唐屬劍州，宋末廢。

犍爲郡

本夜郎國地，武帝五年，開南夷置今溆州府，瀘州及嘉定州、眉州俱是其地。領僰道等縣十二。

僰道① 今溆州府附郭宜賓縣。應劭曰：故『僰侯國也』。

武陽 今彭山縣、井研縣俱是其地。秦置。揚雄《蜀記》：秦惠文王遣張儀等伐蜀，蜀王退走武陽，獲之。相傳縣城系張儀所築。

資中 今資州資陽縣、內江縣俱是其地。《元和志》：縣東南至資州一百二十里，本漢縣也。

牛鞞 今簡州治。

按《資中圖經》云，漢資中城在今縣北，臨中江水，今壞，無餘址。

①僰道：音bódào。

郁鄢　敘州府西南。今宜賓縣西北一百六十里有郁鄢灘，蓋即舊治。
朱提　今敘州府西南。
堂琅　今雲南東川府會澤縣境。《華陽國志》：『堂琅縣因山爲名』。《水經注》：朱提西南二百里，得所綰堂琅縣。
南廣　今珙、筠、連、高縣俱是其地。故城在珙縣西南。武帝元光五年爲犍爲郡治，後移于僰道。
漢陽　今慶符縣西南。漢爲郡都尉治，今縣東有漢陽山、漢陽灞，皆以故縣得名。
江陽　初屬巴郡，武帝改屬犍爲郡，今瀘州治。景帝六年，封趙相蘇嘉爲江陽侯，後爲縣。
南安　今峨眉、丹陵、青神及嘉定州俱是其地。舊治在今夾江縣西北八十里，高帝封功臣宣虎爲侯邑。
符　今合江縣。舊治在縣西。《華陽國志》：符縣在江陽郡東二百里，元鼎二年置。

武都郡 本廣漢西白馬氐地，武帝開西南夷置，今鞏昌府之階州、徽州，及漢中府之寧羌州皆是其地。領武都等縣九。

武都 舊治在成縣西北，武都郡治焉，古白馬氐地。《漢書·地理志》：元鼎六年治武都郡，治武都縣，天地大澤在縣西。

故道 今漢中府鳳縣，及秦州之兩當縣是其地。

沮 今寧羌州治。

上祿 今成縣西北百二十里。《水經注》：上祿在仇池東南。隋改倉泉爲上祿，在仇池北，非漢故縣也。

下辨 今成縣是其地。秦置。漢初，曹參從定三秦，攻下辨故道。

河池 今徽州治。古城在今縣西十五里，後漢公孫述使王元據河池拒漢，來歙攻破之。

平樂道 今階州東北平樂道。《九域志》：將利縣有平洛鎮，明置平洛驛，皆即故平樂也。

嘉陵道

循成道

越嶲郡

本西夷邛都地，元鼎六年置，今寧遠府是其地。領邛都等縣十五。

邛都　今寧遠府附郭西昌縣。本西南夷邛都國。《史記·西南夷傳》，自滇以北，君長以什數，邛都最大。

臺登　今寧遠府冕寧縣郡北三百餘里。

遂久　在鹽源縣西。《後漢書》注：遂久故縣，在今麼州界。《名勝志》：漢遂久縣，在金沙江之北，古稱爲白門，言入白杲國之門也。

闌　越嶲廳北。《華陽國志》：故邛人邑，治邛部城，地接寒闕。

卑水　越嶲衛東南，今會理州東北。《華陽國志》：縣去郡三百里。

定筰　今寧遠府鹽源縣。舊治在鹽井衛治東。今雲南麗江府麗江縣亦是其地。

大莋　在冕寧縣西，乃繩、若二水合處也。筰者，夷人于大江水上，置藤橋，謂之筰。其定筰、大筰皆是。

會無　今會理州治。《華陽國志》：會無縣路通寧州，渡瀘，得住狼縣，故濮人邑也。

三絳　今會理州東南。本蠻地名，昔陀亦曰絳部後改蒙歪。《華陽志》：道通寧州，渡瀘即蜻蛉縣。

《明統志》謂元瀘沽縣，即漢臺登，誤。瀘沽，乃臺登地耳。

按：三絳地，蓋在今會理州，金沙江東岸。

按：《班志》作穀昌。常璩之言①，恐誤。又據《明統志》有苴蘭城，謂即穀昌城。按《漢志》故苴蘭與穀昌并載，亦未必一地也。

益州郡 本西夷滇國及斯榆地。武帝元封二年置。今雲南大理等府是其地。領滇池等縣二十四。

姑復 會川衛南。

蘇示 今西昌縣北。《西南夷傳》：永平末有蘇祁叟二百餘人，送太守張翕喪。《蜀志》：蘇祁邑君冬逢叛，張嶷討誅之。皆即此。

青蛉 今雲南大姚縣。舊治在縣北。《後漢書·郡國志》：青蛉有禺同山，俗謂有金馬碧雞。

莋秦

灊街③

滇池 今昆明縣及晉寧州俱是其地。前漢《地理志》：益州郡滇池。

穀昌 雲南府北十餘里。漢武帝遣將軍郭昌平滇中，因名縣爲郭昌，以威蠻人。孝章時始改曰穀昌。

秦臧 雲南府西，在富民縣。《水經注》：臧作藏。

建伶 雲南府西北。

昆澤 今昆陽州。

味縣 今曲靖府附郭南寧縣是其地。

律高 馬龍州東。

---

①常璩：（约291年—约361年），字道將，蜀郡江原（今四川成都崇州）人，东晋史学家。 ②莋：音zuó。古县名，在今中国四川省汉源县。 ③灊街：音qián xián。古县名。

俞元　今澂江府附郭阿陽縣①。《華陽國志》：俞元縣在河中洲上。《水經注》：俞元縣治龍池州，周四十七里，漢元封年置。

連然　今安寧州，古滇國螳螂川也。

楪榆　今大理府附郭太和縣，及鄧川浪穹等縣，皆是其地。舊治太和縣東北。《西南夷傳》：孝昭始元間，姑繒葉、榆反，遣軍正王平，與大鴻臚田廣明等破之。

雲南　今雲南縣。以彩雲見于白厓，縣在其南，故名。

巂唐　今雲南龍州南。本西南夷。《史記》曰：古爲巂昆明。《古今注》曰：永平十年，置蓋州西部都尉，治巂唐，鎮尉哀牢人、葉榆蠻夷。

比蘇　今雲龍州西。《宋志》：芘蘇，今前漢屬益州，後漢屬永昌。芘作比。

賁古　今臨安府東南。

勝休　今臨安府南。

弄棟　今雲南姚州。舊址在縣北。唐麟德元年，移姚州治於梇棟川。

邪龍　今保山縣。

①澂：音chéng。

不韋　今保山縣。武帝通傳南山，徙吕嘉宗族以實之，彰其先人惡行也。

雙柏

固勞

銅瀨

收靡

母棳②

來唯

牂牁郡①　本南夷夜郎地及且蘭地。元鼎六年置，今貴州遵義府以北，及思南石阡等府皆是。領且蘭等縣十七。

故且蘭　今遵義府遵義縣。本南夷且蘭侯邑。武帝置牂牁郡治焉。

鐔封　今遵義府東南。

夜郎　今桐梓縣。

談指　桐梓縣南。

①牂牁：音 zāngkē。　②棳：音 zhuō。

宛温　今霑益州是其地。

同竝①　今霑益州北。

平夷　今陛涼縣，《三國蜀志·李恢傳》：章武元年，以李恢爲庲降都督，持節，領交州刺史住平夷縣。裴松之注：庲降，地名。

鼈〇注：音鷩。②　今畢節縣境。據《華國陽志》，武帝置犍爲郡，初治鼈，後割屬牂牁。

漏臥　羅平州東。

句町　今臨安府治。本西南夷古句町國。

思王　今貴州省思南府安化縣。

毋斂

母單

漏江

西隨

談藁

進桑

①同竝：音 tóngbìng。古县名。　②鼈：音 bì。

按：酈道元《水經注》：閬水經閬中縣東。漢城本在漢水之東，蓋自宋末移治。之後元雖移還故縣，不復故治。故改治于江北，實非漢城故址。《城邑考》謂劉璋所築，非也。

按：充國縣見《漢志》，而《後漢志》作永元二年，分閬中置，蓋後漢初，省入閬中，和帝復置也。

按《明統志》，安漢城在府城北三十五里。又宕渠城府北四十里，即石苟壩。又有充國城，在府南三十里，其説舛錯，恐皆誤。

巴郡

秦郡也，今四川保寧府、順慶府、夔州府及瀘州府、重慶府境，皆是。郡治巴州，古巴國。領江州等縣十一。

江州 今巴縣西。古巴子國，秦置。常璩《華陽國志》：秦惠文王，遣張儀滅巴城江州。

閬中① 今閬中縣，以閬水紆曲繞縣三面而名。

充國 今南部縣是其地。

宕渠 今巴州之通江、南江、順慶府之蓬州、大竹縣、營山縣、鄰水縣，皆是其地。

安漢 今順慶府附郭南充縣。舊治在府北三十五里。

魚復 今夔州府附郭奉節縣東北。春秋時庸國魚邑。《左·文十六年》：楚人伐庸，七遇皆北，惟裨、鯈魚人實逐之。杜注：魚，庸邑，即魚復，唐《地理志》：今奉節縣北三里，赤甲城是也。

朐䏰② 今雲陽縣西萬户故城是其地。舊治雲陽縣西四十里。朐䏰，蚯蚓也，地濕多蚯蚓，故名。

臨江 今忠州治，今墊江，亦是其地。舊治在枳東四百里，東接朐䏰，以臨江山爲名。

①閬中：音 lǎng zhōng。 ②朐䏰：音 qú niǎn。古县名。

按：《隋志》《元和志》俱謂雙流，即漢廣都。據章懷太子注，參考岑彭、吴漢傳，漢縣當在成都府東南，江北岸，但不知徙置何時耳。《寰宇記》、宋白《續通典》謂唐縣在漢縣南十餘里，則漢縣又當在今雙流縣界，《明統志》謂漢城在唐縣北十五里，晉城在縣北十三里，未知何據。

蜀郡

今成都府，龍安府及邛、雅二州是其地。領成都等縣十五。

涪陵　今涪州治。本秦枳縣地，今州城即枳縣城也。胡三省曰：漢之涪陵，今彭水縣。是今之涪陵，漢之枳縣也。

枳①　今在涪州西。古巴邑。《戰國策》：蘇代約燕惠文王曰：『楚得枳而國亡。』

墊江　今合州治。非今墊江也，今墊江係改魏恭帝徙置。

成都　今成都府。春秋時蜀侯所理。秦惠文二十七年，張儀與張若城成都。

廣都　今成都府西三十里。元朔二年置。故城有二：一在華陽縣東南，漢置，屬蜀郡；一在雙流縣東南，唐置，屬成都府。

郫　今郫縣。古卑邑，蜀王杜宇都此。秦張若城郫，城在蜀郡西北六十里。

繁　今新繁縣東北。以繁江爲名。《寰宇記》：故城在九隴縣東四十里。九隴，今彭縣治。

①枳：音 zhǐ。

○注：《漢紀》：『武帝元鼎六年，以西南夷筰都地爲沉黎郡，以冉、駹地爲汶山郡。天漢四年，并沉黎郡於蜀郡。地節三年，又并汶山郡于蜀郡。今成都府之茂州，即汶山郡，黎州安撫司，即沉黎郡地。』

江原 今崇慶州治。舊治在州東南三十里。

湔氐道 今松潘廳西北。《水經注》：江水東逕氐道縣北，縣本秦始皇置，後爲昇遷縣。

綿虒② 今汶山縣故城，在今保縣南。《水經注》：湔水出綿道，亦曰綿虒縣，即汶山郡治，劉先主之所置也。

臨邛 今邛州治。秦置。

嚴道 今雅州治。秦滅楚，徙嚴王之族，以實其地，因名。

徙縣 即斯榆。蠻地，在天全州東。《史記西南夷傳》：自巂以東北，徙筰都最大。《漢書·司馬相如傳》：西夷邛、筰、冉、駹，斯榆之君，皆請爲臣妾，曰徙曰斯榆。

青衣 今樂山縣是其地。主漢民都尉治焉。

旄牛 今雅州清溪縣南，主外羌都尉治焉。周初有有髳人從武王伐紂，後爲羌。《後漢書·西南夷傳》：羌無弋爰劍，子孫各自爲種，或爲氂牛種。越巂羌是也。

蠶陵 疊溪營西。《舊唐書·地理志》：故城在衛山縣西。《明統志》：在疊溪所城北三里，周改爲翼針縣。

汶江 今茂州汶山縣。故城在縣北三里，郡北部都尉治。

廣柔 今茂州汶川縣西七十二里。

①湔氐道：音 jiānshì dào。秦置。治所在今四川松潘北。《汉志》『蜀郡湔氐道』。蜀汉改名湔县。 ②虒：音 sī。

按：《寰宇記》安故城在五泉縣西南，《明統志》在蘭州西八十里，《舊志》在今狄道縣西南一百六十里，皆與《水經注》不合。

涼州刺史部。

○注：郡九。

隴西郡

秦郡也，今臨洮府至鞏昌府西境，是其地。領狄等縣十一。

狄道 今蘭州府狄道縣。《史記·匈奴傳》：隴西有翟獂之戎。《百官表》：縣有蠻夷，曰道。漢因置狄道縣，爲隴西郡治。

襄武 今鞏昌府東南五里。

上邽 今秦州西六十里。本邽戎邑。《史記》：秦武公十年，伐邽冀戎，初縣之。漢曰邽邽縣。

西 今秦州西南百二十里。周宣王使秦仲爲大夫，誅西戎，爲戎所殺，宣王使其長子莊公伐西戎，破之，使爲西垂大夫，居故西犬邱地，後置西縣。

羌道 今階州境西固所西北。《明統志》：西固城，千户所在岷州衛南。元置漢番軍民千户所。

臨洮 今岷州治。《史記》：秦始皇八年，長安君成蟜反，死屯留，遷其民于臨洮。漢置縣，南部都尉治焉。

安故 今洮州西南百六十里。《水經注》：洮水逕安故縣故城西。《十三州志》：縣在隴西郡南四十七里。蓋延轉擊狄道，安故五谿羌，大破之，即此也。

按：《水經注》：首陽縣高成巔上有城曰渭源。《隋志》无首阳而有渭源。《舊唐書·地理志》：渭源，即漢首陽縣地。後魏分置渭陽郡，又改首陽爲渭源縣。是首陽縣即今渭源縣也。

按：漢允吾，在黄河之北。《明統志》謂在蘭州西南五十里，《州志》土人謂之西古城，宏治十年，爲堡，皆誤。

按：《水經注》破羌城在樂都東，而章懷云在湟水西，二説不同，蓋二城相去不遠也。樂都城今(碾)伯縣治。

金城郡

本隴西天水、張掖郡地，昭帝始元六年，增置金城郡，今臨洮府之蘭州、河州及西寧衛，又北至靖鹵衛之西南境，皆是其地。領允吾等縣十三。○注：漢宣帝神爵二年，增置金城屬國，治令居①。平帝元始五年，又增置西海郡，中興廢。

首陽　今渭源縣東北。《漢書》：永光二年，隴西羌多姐旁種反，詔馮奉世討之，此首陽西極上。西極，山名。

大夏　今河州東幸八十里。《十六國春秋》：永和二年，石趙將麻秋，克金城，進取大夏，執大守朱晏。太和二年，張天錫擊孛儼，克大夏郡，皆即故城也。

允吾　讀曰鉛牙。今蘭州府西北，金城郡治焉。酈道元《水經注》：允吾縣，在大河之北，湟水之南。《元和郡縣志》：故城在廣武縣一百六十里。

破羌　今西寧府治。《水經注》：湟水東逕破羌縣故城南。章懷太子曰：『破羌故城，在湟水縣西。』

令居　平番縣西北。漢武帝西逐諸羌，乃渡河湟，築令居塞。按：其地當在今西大通堡北。

浩亹　讀曰合門。西寧衛東，今碾伯縣。以浩亹水名之也。亹者水流峽山，岸深若門。《詩·大雅》『鳧鷖在亹。』，亦其義也。今俗呼此水爲閤門河。

①平：此處疑有文字脱漏。

臨羌　西寧縣西。神爵初，趙充國討叛羌，欲屯田金城，奏言計度臨羌東至浩亹，羌人故田及公田，民未墾可二千頃以上。

安夷　西寧縣東七十里。後漢卑湳種羌，殺安夷長宗延。以吴棠领获羌校尉，居安夷。

河關　河州西。《地理志》：宣帝神爵二年置。蓋取河之關塞也。

榆中　蘭州東五十里。昔蒙恬爲秦逐戎人，開榆中之地，即此。《水經注》：河水東過榆中縣北。

枹罕　今河州治，應劭曰：『故罕羌侯邑也。』

白石　今河州西南。《十三州志》：白石縣，在狄道縣西北二百八十五里。

金城　今蘭州治。

枝陽　今平番縣南，接蘭州府皋縣界。

允街　今平番縣南。《後漢書》注：允街故城在今昌松縣東南，城臨麗水，一名麗水城。其城地勢極險，沮渠蒙遜增築，以爲防戎之所，至元明時始圮。

天水郡

本隴西地。元鼎三年分置。今鞏昌府以東秦州之境皆是其地。領平襄等縣十六。○注：武帝元狩初，置天水屬國，治勇士城。

平襄 今通渭縣西南三十里，天水郡治焉。闞駰曰：襄，故戎邑也。後漢隗囂季父崔聚衆數千人①，攻平襄，殺鎮戎大尹，推囂爲上將軍。

豲道② 今鞏昌府東南二十七里。古戎邑也。《史記》：秦孝公元年，西斬戎之子豲王。《匈奴列傳》：自隴以西，有翟豲之戎，漢置豲道縣。

勇士 今靖遠衛西南二百里。《地理志》：縣有屬國都尉，治滿福。顔師古《漢書注》③：勇士縣，即土俗呼爲健士者也，隋避改太子諱，改之。

冀 古冀戎地，今伏羌縣南五十步。《秦本紀》：武公十年，伐邽、冀戎，初縣之。

綿諸道 今秦州東。《史記》：秦自隴以西，有綿諸之戎，置綿諸道。

成紀 今秦州治。伏羲所生處。秦始封于此。王應麟《地理通釋》：故城在今縣北三十里，宋時移成紀之名于上邽，而故縣遂廢。

望垣 今秦州西北。

罕開 今秦州南。

隴 今秦安縣東九十里。顔師古曰：『漢隴縣郡，今隴城縣。』《舊唐書·地理志》：隴城縣，漢隴縣。隋加城字，皆誤。

畧陽道 今秦安縣東北九十里。

①隗囂：（？—33年），字季孟，天水成紀（今甘肃秦安县）人。新朝末年地方割据军阀。 ②豲：音huán。 ③顔師古：原作『顔古』，改。

戎邑道　秦安縣東百二十里。

阿陽　今静寧州南。高后六年，匈奴攻阿陽。

街泉　秦安縣東北。《郡國志》：界陽縣有街泉亭，即故縣也。三國諸葛武侯出祁山，使馬稷與張郃戰于街亭，敗績。

清水　今清水縣西五十里牛頭山下。

奉捷

蘭干

武威郡

故匈奴休屠王地。武帝元狩二年開置。領今涼州、永昌及莊浪、鎮番等衛，是其地。領姑臧等縣十。

按：《三國志》，魏文帝初置涼州時，盧水胡反，帝以張既爲刺史，由楈次至武威，遂進軍顯美，擊胡，大破之。上疏請治左城，築障塞，置烽堠邸閣，以備胡。晉永寧初，張軌爲

姑臧　今武威縣治。

休屠　武威縣北部都尉治焉。《漢書》：元狩二年，霍去病出隴西，收休屠王祭天金人。太初三年，置居延、休屠，以衛酒泉。

鸞鳥①　武威縣南。後漢永康元年，當煎、羌攻武威，段熲追擊，于鸞鳥大破之。又後漢書注：鸞鳥，故城在昌松縣北。

按《元和志》，唐神鳥本漢鸞鳥縣，張天錫改置武興縣。《舊唐志》：鸞鳥縣，後魏廢。神龍二年，於故城置嘉麟縣。今考武興、嘉麟，皆在縣西北，恐皆誤。《寰宇記》謂張軌置鸞鳥，後魏改神鳥，亦非。按《水經注》：松陝水北至楈次入海①。今此水北流，至古浪縣邊城外，又百餘里，始瀦爲大澤，故城當在其傍。《通志》謂在古浪縣，非也。

①鸞：音 sī。

涼州刺史，是爲前涼。苻堅建元十二年，遣苟萇等①伐涼。張天錫出降，堅以梁熙爲涼州刺史，鎮姑臧。二十一年，吕光平龜茲②，還至安彌，武威太守鼓濟執熙降光。光入據姑臧，是爲後涼。姚興弘始五年，吕隆以禿髮、沮渠二寇交逼③，表請内徙興。乃遣齊難迎隆，以王尚爲涼州刺史。傉檀弘昌五年④，姚興使傉檀代王尚爲涼州刺史。傉檀遂自樂都遷都姑臧，是爲南涼。嘉平二年，南還樂都。魏安人焦諶保據南城，推焦朗爲涼州刺史。沮渠蒙遜永安十二年，攻拔姑臧。元始五年，遷都姑臧，起城門諸觀，是爲北涼。

《水經注》：姑臧，武威郡及涼州治也，本匈奴所築，張氏增築。四城相去各千步，并舊城爲五，街衢相通，二十二門。隋大業十三年，爲李軌所據。

蒼松 今古浪衛西。

揟次⑤ 今古浪縣北。三國魏涼州刺史張既討盧水胡，揚聲軍從鸇陰，乃潛由且次出。揟次即且次也，《晉志》謂之楫次。

撲劚

媼圍 今皋蘭縣東北。《水經注》：河水逕媼圍⑥縣東北流。

張掖 在武威縣南。《唐書·地理志》：涼州南二百里，有張掖守捉，蓋因舊縣而名也。

武威 在鎮蕃縣北。太初四年，匈奴昆邪王殺休屠王，以其衆降，置武威縣，即此。《水經注》：縣在姑臧城北三百里。

宣威 今鎮蕃縣南。《水經注》：馬城河東北逕宣威縣故城南。

①苟苌：前秦将领，武都(今甘肃武都)人。②龜兹：音qiū cí。又称丘慈、邱兹、丘兹，是中国古代西域大国之一，汉朝时为西域北道诸国之一，唐代安西四镇之一。③沮渠：音jū qú。复姓。原为匈奴官名，后遂以为姓氏。④傉檀：音nù tán。东晋时南凉国君。⑤揟次：音xū cì。古县名。⑥媪围：音ǎo yǔ。

按：《隋志》開皇中，併力乾縣入蕃和，蓋即驪軒之訛也。

張掖郡

故匈奴渾邪王地。武帝開河西，元鼎六年，分武威、酒泉地置，取『張國臂掖』之義。今甘州、山丹等衛，是其地，領鱳①得等縣十。

鱳得　今甘州府西北，爲張掖郡治。《漢書》：霍去病至祁連山，捕首虜甚多。上曰：『驃騎將軍，涉鈞耆，濟居延，遂臻小月氏，攻祁連山，揚武乎鱳得。』

屋蘭　甘州衛東北。

昭武　甘州府西北。後漢永初二年，梁慬至張掖日勒，會叛羌諸種攻亭堠②，慬擊破之，乘勝進至昭武。

氐池　甘州衛東。

居延　甘州衛西北一千二百里。

删丹　今山丹縣治。按：焉支山，一名删丹山，故以名縣。後至元行山丹城事，删訛作山。

日勒　山丹縣東南。《漢書·地理志》：日勒都尉治澤孛谷。《趙充國傳》：武威郡張掖、日勒皆當北塞，有通谷水草。

番禾　今永昌縣西。《舊志》：明洪武三年，改置永昌衛，治金山之陽。即古番禾也。

顯美　今永昌縣東。

驪軒　軒音虔。在永昌縣南。晉永和十年，張祚遣和昊伐驪軒戎于南山，大敗而還，即此。

①鱳：音lù。鱳得，中国汉代县名，在今甘肃省张掖市西北。　②堠：音hòu。古代瞭望敌方情况的土堡。

酒泉郡

漢以前爲月氏國，後爲匈奴所據。武帝太初元年，開置。今肅州是其地，領福禄等縣十。

福禄　今肅州治。舊治州東南五十里，酒泉郡治焉。

樂涫　今高臺縣西北鎮夷城西南。《十六國春秋》：吕光龍飛二年，沮渠男成自福禄敗奔樂涫。

玉門　今肅州西一百四十里，安西府西六百九十里。

延壽　今安西州，玉門縣東南。

會水　在高臺縣鎮夷城西北。

乾齊　今玉門縣西南郡。西部都尉治西部障。

池頭　玉門縣西南，後漢改曰沙頭。

表是　今肅州高臺縣，在肅州南一百七十里。

天阣○注：音衣。因其地，有天阣阪，故名。

綏彌　今肅州東。後漢改曰安彌。《十六國春秋》：苻堅二十六年，吕光自西域還，其將彭晃與梁熙子戰安彌。

燉煌郡

故月氏國，今廢沙州是其地。元鼎六年，分置燉煌郡，領燉煌等縣六。○注：武帝初開河西，置武威等四郡。昭帝增置金城，爲河西五郡。

燉煌　沙州衛治。古名瓜州，以出美瓜而名。

淵泉　今淵泉縣東。舊柳溝衛東。地多泉水，故名。

龍勒　沙州衛西一百五里。唐改置，爲壽昌縣。本漢龍勒縣。

冥安　今安西州治。古瓜州。

廣至 今安西州。古瓜州宜禾都尉，治崑侖障。

效穀 今安西府治西。顔師古曰①：《漢書注》：地本魚澤障也。

安定郡

本北地郡，元鼎三年，分置今平涼府是其境。領高平等縣二十一。○注：《通典》元狩元年，置安定屬國都尉，治三水縣。

高平 今固原州治。漢爲安定郡治。楊惲報孫會宗曰②：『安定山谷，昆戎舊壤是也。』

朝那 今平涼府附郭平涼縣。舊治在府東南。《匈奴傳》：冒頓悉復收故河南塞，至朝那、膚施③。

涇陽 平涼府西南四十里。《詩·小雅》：至于涇陽。秦昭王母弟曰涇陽君。漢置縣。

鶉陰 平涼府西南九十里。《十六國春秋》：苻秦建元廿一年，尉佑據亢吾叛，從弟隨據鶉陰起兵應之，即此。《魏書·地形志》：平涼郡治鶉陰縣，在今平涼府界，非故縣也。章懷太子注：『故城在姑臧東南，因水爲名。』

陰盤 平涼府東四十里。

安武 平涼府東。

按：今固原州即漢高平縣。自魏至唐，原州皆治此。而宋以後之原州，則今之鎮原縣，漢臨涇縣地也。《元和志》：平涼縣西北，至原州一百六十里，正與今固原州至府之里數相符。歷考宋元諸志，皆無異辭。乃《明統志》《方輿紀要》等書，不考唐末原州高平之没于吐蕃，行原州之僑治臨涇，漫以漢之高平爲今之鎮原。遂以鎮原縣南之水爲高平川。及考《水經注》：高平川北流入黄河。而今之所謂高平川者，乃東入于其涇，其謬顯然，此一證也。且鎮原縣在今平涼府之東北，如以爲古高平，則將置臨涇諸縣于何地？

①顔師古曰：疑衍一字『曰』。②杨恽：（?~前54年），字子幼，弘农华阴（今陕西省华阴市）人。西汉时期大臣，丞相杨敞之子，史学家司马迁外孙。

③至：原作『王』。據《漢書匈奴傳》改。

且今鎮原以西，會寧以東，寧夏以南之地，漢唐以來，豈皆甌脱乎？此又一證也。高平川水出隴山，《元和志》所云頹沙山，今所謂盤山者，大抵皆隴山也。則固原有隴山鎮，原無隴山，此又一證也。《水經注》：長城在高平縣北十里。而今固原州西北十里，有長城，此又一證也。《明統志》既謬於前，而州縣志等書，復踵于後，且既以鎮原爲高平，逐并以高平之山川古蹟皆混入鎮原，以訛傳訛，盡失其實，今特細考諸志，一一改正。

按：《括地志》《通典》皆謂三水故城在安定縣南，《元和志》又以良原縣爲三水縣地。今以《水經注》及《元和志》魏改平川西，肥水東，蓋三水縣。後漢末已廢西川縣之説，考之其地，當在今州北，高入高平，魏時置西川都尉，後遂置西川縣，晉初因之耳。其在安定縣南，或後人徙置，又後魏改置三水縣，在今邠州界者皆非故治也。

按：《史記》，縣在涇北，《漢志》縣在都盧山東，俱在平涼縣界。胡三省《通鑑注》云：在彈箏峽口，是也。《括地志》在安定縣東四十里。《府志》云：涇州東十餘里，有湫池，又北二十餘里，有烏氏城，疑此乃後魏時徙治，非故治也。

臨涇 鎮原縣西二里。方望立前孺子劉嬰爲天子，居臨涇。更始遣李松等滅之。

彭陽 鎮原縣東八十三里，西去臨涇三十里。後漢段熲討叛羌，自彭陽直指高平，即此。

三水 今固原州北，《水經注》：肥水東北出峽，注于高平川。水東有山，山東有三水縣故城，西南去安定三百四十里。

安定 今涇州治。

烏氏 涇州東三十三里，今平涼縣西北。《史記》匈奴傳涇北，有烏氏之戎。《貨殖傳》：烏氏倮畜牧。秦始皇合比封君。漢初酈商，破章邯别將于烏氏。

爰得 涇州東南。

撫夷 涇州東北，《魏書·地形志》：烏支縣有撫夷城，非故治也。

北地郡

陰密　今靈臺縣西五十里，古密國，《詩·大雅》：『密人不恭敢拒大邦。』

參緣　今慶陽府西北地，理安定郡，參緣縣主騎都尉治。

眴卷　在中衛縣東，城在靈州守禦所西南二百里。《水經注》：河水逕眴卷县故城西。

祖厲　今靖遠衛靖遠縣，舊治在衛西南百三十里。《魏書地形志》：隴東郡有祖厲縣，在平涼府界，非故縣也。李斐曰：音嗟賴。

安俾

月氏道

鹵

復累

馬嶺　今慶陽府，環縣南百三十里，北地郡治。

鶉觚　靈臺縣，古密須國。秦蒙恬築長城時，以觚爵奠祭，有鶉集爵上，故名。

廉　今固原州東北，《水經注》：高平川，北逕廉城東。《地理志》：北地有廉城縣。按：此縣又見于寧夏也。

郁郅　今慶陽府附郭，安化縣是其地，舊治在府東當白馬嶺，两川之交，古不窋城。

田獲

歸德　慶陽府百里，今安化縣。

泥陽　今寧州治東南十五里，古公劉邑，春秋義渠戎國。漢初，酈商破章邯別蘇將駰軍于泥陽。

除道

富平　今環縣是其地，舊治在靈州守禦所東南，《寰宇記》：故城在樂蟠縣西八十里，彭原縣界。

方渠　環縣南七十里。

大要　寧州城東南，《漢書·地理志》：北地郡，領大要。後漢鄧禹自栒邑，徵兵至大要。

弋居　寧州城南。

畧半道　今合水縣西南三十八里。

靈武　今寧夏府寧朔縣西北。

靈洲　靈州守禦所，舊治在所北，漢元初三年，鄧尊大破叛羌、零昌于靈洲，即此。

眴衍①　今靈洲東南花馬池境。《史記》：岐梁山北，有眴衍之戎。

義渠　今慶陽府寧州西北，本春秋義渠，戎之國名。秦滅置縣，漢因之。

直路　今中部縣西北二百里。

五街

①眴衍：音 xuàn yǎn。

按：漢祁縣，在今祁縣東南五里，故祁城是也。後漢訖，後魏不改。高齊天保七年省，隋開皇十年重置。《明統志》云：治祁城村，後魏徙今治。

并州刺史部。

○注：郡九。

太原郡 今太原府至汾州府是其地，本秦郡。漢初爲韓國，又爲代郡。元鼎二年，爲太原郡。領晉陽等縣二十九。

○注：《通典》初為朔方，後爲并州。按《元史·地理志》及《文獻通考》，俱謂太平興國四年并州改治榆次，惟《寰宇記》謂四年即治陽曲縣。《寰宇記》當時所纂，自必有據。

晉陽 今太原縣治，古唐國。相傳帝堯始都此，周初滅唐，成王封其弟盧虔子燮，改國曰晉。《左傳》：定公十三年，趙軮入于晉陽以叛。

陽曲 今忻州東五十里定襄縣乃漢陽曲縣故址。後魏末移于太原界，爲今陽曲縣。

盂 今盂縣。春秋晉分祁氏之邑，爲七盂其一也，故城在今盂縣西南，陽曲縣東北八千里。

榆次 今榆次縣，春秋晉魏榆邑，服虔曰：『魏晉榆州里名也。』

陽邑 今太谷縣，晉大夫陽處父邑。今太谷縣東十五里，陽邑故城。

祁縣 今祁縣，祁奚邑。春秋晉滅祁，分爲七祁，其一也。故城在縣東南五里。

大陵 今文水縣，春秋晉平陵邑。縣東北十三里，大陵故城是也。

平陶 今平遥縣，故城在文水縣西南二十五里。

中都 今榆次縣東十五里。漢中都城，在今汾州府平遥縣界，後魏移置于此。

上艾 今平定州治，盂縣亦是其地。

按：《北魏太武紀》，神麚元年詔王佶斤鎮慮虒，尚有慮虒之號稱，太和中始改驪夷。《魏收志》曰縣有驪夷城，即故慮虒，蓋其時已徙治矣。今縣北里許，有故城村，疑即慮虒故址。

于離

廣武 今代州雁門縣，故城在代州西十五里。

狼盂 在陽曲縣三十六里，《史記》曰：始皇十五年，大興兵至大原，取狼盂是也。漢以爲縣，《通典》：狼盂故城，今名黄頭寨，《县志》在縣東北六十里。

原平 今在淳州南三十五里，《魏書地形志》：秀容縣有原平城，蓋其時已非故治矣。

慮虒① 讀曰盧夷。今五台縣以慮虒水爲名，魏太和改曰驢夷，屬永安郡。

茲氏 今汾陽縣、孝義縣，俱是其地。漢初爲縣，更封夏侯嬰爲茲氏侯。

介休 今介休縣，晉大夫士彌牟邑，以介山爲名。

京陵 今平遥縣東七里，今九原地也。《禮記注》：九原，晉卿大夫之墓地也。

汾陽 在陽曲縣屬西北九十里，漢高祖十一年，分靳彊爲侯國，後爲縣一。

葰人 今繁峙縣南，一名藿人。《左襄十年》：晉滅偪陽，使周内史選其族嗣，納諸霍人。漢高帝七年，周勃從上擊韓王信于代，降下霍人，尋置葰人縣。

鄔 今介休縣東北，春秋晉鄔邑。《左傳》昭二十八年，晉分祁氏之田，司馬彌牟爲鄔大夫。

①慮虒：音lǜ sī。地名。漢代置。隸屬太原郡。晉初，爲新興郡屬縣。

上黨郡

秦郡，今潞州府，及遼澤沁等州，是其地。領長子等縣十四。

長子　今長子縣城西。《周史》：辛甲事紂，七十五諫不從，去，適周，周文王封于長子，春秋時晉地。《左傳》晉人執衛石買于長子是。

壺關　今潞安府長治縣及壺關縣。漢高后封孝惠王子武爲壺關侯。

屯留　今屯留縣，春秋晉邑。《春秋》曰：晉人執衛行人孫蒯于純留，本春秋赤狄邑，謂之留吁②。宣公十六年，晉人滅赤狄甲氏及留吁，遂謂晉邑，謂之純留。戰國謂之屯留。

潞　今黎城縣，殷時黎國，春秋屬晉，又兼有潞子之國。春秋晉林父滅潞，立黎侯而還。今縣東十八里，有黎侯城。

銅鞮③　晉别宮也。本晉大夫羊舌赤邑，時號赤白銅鞮伯華。漢以爲縣，銅鞮宮在縣東十五里。子産曰：『今桐鞮之宮數里。』

涅氏　今沁州武鄉縣、遼州榆祁縣，俱是其地，故城在縣西五十五里，俗呼故城村。

襄垣　今襄垣縣北，趙襄子所築城，因以爲名。

泫氏　今高平縣，以在泫水之上，故名。戰國趙邑。《竹書記年》：晉烈公元年，趙獻子城泫氏。

按：壺關，有二。一在長治縣東南十六里，壺口山下。高后封孝惠王子武爲壺關侯，晉末廢。《元和志》所謂『潞州城，漢壺關縣』是也。一在壺關縣東南五十里，後魏太和十三復置。蕭德言《括地志》：後魏移置壺關縣，當羊腸阪①，羊頭山之阨是也。

按：《魏書地形志》，屯留縣有屯留城。《水經注》：絳水逕屯留縣故城南，故留子國也。則後魏之前已嘗移治矣。舊志故純留城，在今縣西十里之平村，疑即此。

①羊腸阪：見『羊腸阪』。引證解釋古阪道名。　②留吁：根據清華簡記載赤狄王爲留吁氏，是春秋時北方部族赤狄的一支。魯宣公十六年（西元前593年），并于晉國。地在今山西省屯留縣南。　③銅鞮：音tóng dī。沁縣古縣名，也是中國歷史上最早的建制縣之一。

按：《水經注》有高都故城，是後魏高都，非即漢縣治，唐于高都城置晉城縣，亦後魏高都，非漢高都。

按《前漢·地理志》曰：陭氏縣，後漢改曰猗氏。

按：《漢書》，西河郡治富昌。《後漢書》汪謂初都平定，當是後漢初所徙治也。隋復置富昌，屬榆林。唐初省其地，直今榆林府東北。

按：《通典》，隰城縣有美稷鄉，在今山西平定州界，乃後漢中平中所徙置，非前漢故縣也。

西河郡

秦太原雲中等郡地。元朔四年，析置今汾州府之永寧州，至延安府之葭州，及榆林鎮之東北境，皆是其地。

高都 今澤州府是其地，舊治在鳳臺縣東北三十里，戰國魏邑。《秦本紀》：莊襄王三年，蒙驁攻魏高都，拔之。

陽阿 今高平縣南六十里。高帝七年，封陽阿齊侯，其名爲侯國。

穀遠 今平陽府岳陽縣、沁州屬俱其地，故城在沁源縣南門外。《元和志》：今沁源縣南百五十步，孫遠故城是也。穀爲孫音之訛也。

沾 今樂平、和順縣，俱是其地，故城在樂平縣西南三十里。

余吾 在屯留縣西，縣志在縣西十八里，故址猶存。今爲鎮，後漢徙封景丹子尚爲余吾侯。

陭氏 在岳陽縣東南一百里，《漢書地理志》上黨郡領陭氏縣。按：陭氏，《後漢志》作陭，與河東之陭氏無異，恐傳寫之訛。

富昌 在今鄂爾多斯左翼前旗界。《漢書地理志》：西河郡，武帝元朔四年，置治富昌縣。

隰城 永寧州西。武帝元朔三年，封代共王子忠爲隰城侯。

領富昌等縣三十六。○注：五鳳三年，增置西河屬國，治美稷。

出西河郡美稷縣。

美稷　在今鄂爾多斯左翼前旗東南。《水經注》：湳水

土軍　今石樓縣是其地。漢高十一年，封宣義爲土軍侯。

離石　今臨縣及永寧州是其地。《戰國策》：秦攻趙離石，拔之。《史記·趙世家》『秦取我離，漢置縣。』武帝元朔三年，封代共王子綰爲離石侯。

藺　今永寧州西，戰國時趙邑。《史記·趙世家》『秦拔我藺』。

臯狼　今永寧州西北，戰國時趙邑。《史記·趙世家》孟增幸于周成王，是爲宅臯狼。徐廣注：臯狼，地名。漢武帝封代共王子遷爲侯。

穀羅　永寧州西北，其地在今套内之南，與榆林邊界内接景。

大成　榆林鎮東北，今鄂爾多斯左翼前旗界。《後漢書·匈奴傳》：逢侯將萬餘騎向滿夷谷，鄧鴻等追擊逢侯于大成塞，破之。

增山　榆林鎮東北，今鄂爾多斯左翼前旗界。《漢書地理志》：置西河郡，領增山縣，北部都尉治，有道西出眩雷塞。

鴻門　榆林鎮東，神木縣東南。《水經注》：固水東逕鴻門縣鴻門亭。《地理風俗記》：圁陰縣西五十里，有鴻門亭。

平定　榆林鎮東南境。

虎猛　榆林衛東北，今鄂爾多斯左翼前旗界內。

圁陰①　今米脂縣是其地，舊治銀州治也，以在圁水之陰，故名。《水經》『圁水東逕圁陰縣北。』

圜陽　今米脂縣是其地，以在圁水之陽。《水經注》：圁水入逕圜陽縣東。圜字，本圁字。

騶虞②

鵲澤

中陽　在寧鄉縣西，戰國趙中陽邑。《史記·趙世家》秦取我中陽。

按《水經注》云，河水過中陽縣西。酈道元注曰『中陽縣故城在東，東翼汾水，不濱于河也，』而不知西河郡，前漢治富昌，後漢治離石，所領諸縣皆夾黄河两岸。從無東附汾水者。漢末寇亂，故郡荒蕪，曹魏時始移郡東出，縣亦隨之，《元和志》『曹魏移中陽縣于兹氏界』是已。酈注所云，是反以魏所移之城爲兩漢故縣，誤。

樂街

徒經

廣田

益蘭

平周　今介休縣西，戰國時魏邑。《魏世家》襄王十三年，秦取我平周。闞駰《十三州志》，古平周在介休縣南五十里。

宣武

千章

廣衍

武車

臨水

①圁：音yín。是一個古漢字，指古水名或古地名。　②騶：音zōu。

西都

平陸

陰山

觬是　觬音倪。

博陵

鹽官

方利

饒

朔方郡

初爲匈奴河南地，元朔二年，收置郡，今榆林鎮之西北故夏州。是領三封等縣十。

○注：元狩初，置朔方屬國，處匈奴降者。《禹貢》雍州，春秋戰國屬魏，秦并天下，屬上郡。北境秦末没。于胡。漢武帝元朔二年，使衛青逐匈奴，開置朔方郡，理三封。晉末，赫連勃勃自稱大夏，名曰統萬城。後魏滅夏，

三封　在套外黃河西岸，爲朔方郡治。《水經注》曰：河水東北，逕三封故城東。《十三州志》云：在臨戎縣西一百四十里，是也。

朔方　在鄂爾多斯右冀後旗界內。《詩·小雅》：城彼朔方。

廣牧　今太原府壽陽縣北，爲東部都尉治，在故朔方城西。

窳渾　故朔方城西北。

臨戎　在故朔方城西，河向北流之東岸。

按：朔方郡，前漢治三封，後漢治臨戎。以朔方縣爲屬縣，郡地南連北地，東界五原、雲中，西北接西河、上郡，河之北岸爲高闕塞。至赫連勃勃，于朔方之南、奢延水之北，築統萬城。元魏于此置夏州，隋唐因之，號朔方郡，在今榆林府西南二百里，非漢朔方故地。《明統志》又以寧夏衛爲朔方，不知寧夏乃漢北地郡。富平故城之靈州地，與漢朔方無涉。

置統萬鎮，改置夏州。按：前漢朔方郡，治三封，三封故城在套外黄河西岸。《元和志》曰：漢武帝置朔方郡，理三封，在豐州西一百里，其地在今鄂爾多斯右翼後旗，正西河外又窳渾故城、沃壄故城，皆在套外。《水經》河水北過朔方臨戎縣西，又北有枝渠東出，謂之銅口。東逕沃壄故城南，又北屈而爲南河出焉。又北迤西溢于窳渾縣故城東。又屈而東流，爲北河。○按此，則沃野故城當在今套外，河水北流，一曲之西，而窳渾故城，則在今阿爾坦山之南，騰格里湖之側。朔方一郡，惟此三縣在套外耳。

沃壄 故朔方城西。

渠搜 故朔方城東，即禹貢渠搜戎地。

臨河 今延安府延川縣故城在故朔方城西北。

修都

遒

五原郡

秦九原郡，漢初亦爲匈奴河南地。元朔二年，收復置郡。領九原等縣十六。○注：五原屬國，都尉治蒲澤。《禹貢》雍州城，春秋時爲戎狄所居地。《史記》梁山、經、漆之北，有義渠、朐衍，謂此也。及始皇并天下，屬北地郡。漢元朔二年，置五原郡地，有原五所，故號五原，本漢馬領縣地。五原謂龍遊原、乞地千原、青嶺原、可嵐貞原、橫槽原。

九原　古爲戎地，戰國屬趙，秦爲九原郡，《秦本紀》三十五年，除道，道九原，抵雲陽塹山湮谷直通之。

蒲澤　故豐州東，屬國都尉治焉。

宜梁　故九原城西。《水經注》：河水東逕宜梁縣故城南。闞駰曰①：五原西南六里，今世謂之石崖城。

安陽　豐州東北。

成宜　故九原城西。中部都尉治原亭，西部都尉治田辟。《水經注》：河水自西安陽東，逕田辟城南，又東逕成宜縣故城南，又東逕原亭故城。

河陰　九原故城西，陰山南，河水逕縣南。

河目　在故九原城西。《水經注》：河水自陽山南，南屈逕河目縣左，王泰《括地志》：河目縣在北假中。

曼柏　故勝州西。

稒陽　故九原城東北，東部都尉治焉。《史記》：魏世宗惠王十九年，築長城，塞固陽。

五原　在九原故城西。《水經注》：九原縣西北，接對一城，蓋五原縣之故城也。

固陵

文國

按：九原，故城在漢朔方之東北，雲中之西，今套北黃河東流處也。唐勝州，在套内東北，九原直其西北，《通典》以爲在西，疑脱北字。其北即陰山，又北，爲光禄塞，西即北假，秦漢時號爲絶塞。隋唐豐州，雖亦名九原、五原，乃漢朔方郡地也，《括地志》謂『勝州連谷縣，本秦九原郡，』《明統志》謂『在陝西神木縣，』皆誤。

按：河目，故城當在陽山南，高闕東南，北河之間。又如曼栢縣，亦在黃河北岸。惟河陰一縣，在河南耳。

按揭陽在五原郡東北，近雲中郡。

①闞駰，字玄陰，生卒年不詳，敦煌（今屬甘肅）人，南北朝時期北魏著名地理學家、經學家。

南興

武都

莫䵣

雲中郡

秦郡，領雲中等縣十一。○注：元狩初置屬國。都尉于此。

雲中 郡縣皆治此。古雲中城，趙武侯自陰山河曲築長城，東至陰山，又于河西造一大城，其一箱崩不就，乃改卜陰山河曲而禱焉。晝見群鵠遊①，于雲中，乃即其處築城，因名。秦漢雲中皆置于此。

沙陵 今朔州西北，在定襄郡武進城西。《水經》河水東過沙南縣故城西，從縣東屈南，過沙陵西。

原陽 歸化城西，故趙邑。《水經注》：芒于水，南逕原陽縣故城西。後漢末省。

陶陵 歸化城界内，東部都尉治焉，後漢省。

武泉 歸化城西界，《史記》：周勃從高祖，擊韓王信于代以前至武泉。後漢末省。

北輿 歸化府西界，武泉縣南，中部都尉治焉。《水經注》：武泉水又西，屈逕北輿縣故城北。後漢末省。

按：古雲中，在陰山之南，黄河自西來折南流之處，即今歸化城以西托克托城地。漢時雲中郡治雲中縣，定襄郡治成樂縣，兩地東西相距止八十里，初不相混也。後漢始以成樂、定襄等縣屬雲中，及後魏初都盛樂，號雲中，于是定襄有雲中之名。至隋，以雲中置定襄郡大利縣，而雲中始有定襄之名。然相去不去，猶近故地。自唐以馬邑郡雲内之恒安鎮，置雲州、雲中郡及雲中縣，于忻州置定襄郡定襄縣，于是雲中定襄之名，移于古雁門、太原二郡，去故地始遠，今謂大同爲雲中，又太原府有定襄縣，皆唐以後所名，非舊郡也。

①鵠：音hú。又名天鵝，是中國古代人們對天鵝的稱呼。

楨陵 今朔州西北，在托克托城地，西部都尉治焉。《水經注》河水南入楨陵縣西北，注緣孤山，歷沙南縣東北兩山，二縣之間而出。縣在山南北去雲中城一百二十里。

咸陽 今朔州西北，與沙陸相近。《水經注》：大河東經咸陽縣故城南。後漢末省。

沙南 故勝州治，榆林縣、河濱縣，俱是其地。漢末北虜侵擾，自魏晉及周，皆無縣邑，隋因漢之榆溪塞，置榆林縣。

陽壽

定襄郡

秦雲中郡地。高帝析置，領成樂等縣十二。

按：胡三省注①盛樂。《前漢書》作成樂，屬定襄。《後漢書》作盛樂，屬雲中，疑定襄之成樂即雲中之盛樂也。然《魏書》什翼犍三年，移都於雲中之盛樂，明年築盛樂於故城南八里，則已非後漢之故城也。蓋建武之初匈奴侵擾，民悉内徙，其後歸地，更爲必有非其故處者。

成樂 今大同府西北三百餘里歸化城南，爲定襄郡治。後漢移定襄郡治善無，以成樂屬雲中郡，後魏都盛樂，即此。

武進 大同府西北塞外郡，西部都尉治焉。《水經注》白渠水出塞外，西逕武進縣故城北。

武皋 大同府西北境郡，中部都尉治焉。《水經注》：芒于水南逕陰山西，南逕武皋縣。今以《水經注》推之，其故城當在城東北界，後漢末廢。

武要 大同府北，東部都尉治焉，後漢末廢。

①胡三省（1230年5月15日-1302年2月21日），字身之，又字景參，號梅澗，台州寧海（今浙江寧海）人，宋元之際史學家。

蕭德言《括地志》：定襄故城，在朔州善陽縣北三百八十里。今按《明統志》，定襄故城在大同府西北二十八里，乃唐時定襄，非漢時之定襄也。

武城 大同府西北。《水經注》：太羅水逕武城縣故城南。《十三州志》：武城縣在善無西五十里北，俗謂之太羅城。

桐過 今朔州西，桐過，水名。《水經注》：劉琨之爲并州也，劉元海引兵邀擊之，合戰于桐過，即此水也。

駱縣 今朔州東南。當在歸化城界内。

都武

襄陰

定陶

定襄 在歸化城東，定襄郡治焉。

復陸

雁門郡

秦郡。今太原府代州以北，大同府之應州、渾源州、朔州，皆是其地。領善無等縣十四。

善無 今代州西北七十里，雁門郡治焉，後漢爲定襄郡治。

繁峙 在渾源州西。《水經注》：崞川水流逕繁峙故城東。其城三面沈澗，東接峻坂，極爲險固。

崞 今渾源州西，其縣南面元岳，右肩崞山，故名。後魏改名曰崞山。

平城 今大同府附郭大同縣是其地，舊治在府東五里，即雲中。韓王信亡匈奴，高祖自將逐之，至平城，爲匈奴所圍，即此。

按：杜佑《通典》、《元和志》、《舊唐書》、《地理志》、《寰宇記》，皆以崞爲漢舊縣，惟馬端臨《文縣通考》以爲隋縣。《隋書·地理志》：雁門郡崞縣①，後魏置曰石城縣。開元十年，改曰平寇，大業初，改爲崞縣。《魏書·地形志》：石城縣屬秀容郡。永興二年，置隋之崞縣，既爲石城，則漢崞縣，即魏崞山。會疑自孝宗以後，

①崞：音guō。意思是山名，在中國山西省。

陘北之地盡陷，崞山徙于今代州西南，而北城廢，《水經注》所言故城是也，《地形志》屬繁峙郡，已非舊治矣。

按：今代州，又有武州城，蓋後魏所置之，武州非漢武州縣也。

馬邑　今朔州馬邑縣，昔秦人築城于武周塞，將成而崩者數矣，有馬旋覆，依而築之，城乃成，故名馬邑。《史記》曰：匈奴圍韓王信于馬邑，信降匈奴。

洼陶　今山陰縣，亦是其地。《水經注》：南池北對洼，陶縣故城。

武州縣　今左雲縣南，趙武州塞，後譌爲武周。

中陵　在平魯縣北。《水經注》：中陵故城，俗謂之北右吴城。

陰館　在代州西北四十里。《漢書·地理》，本樓煩鄉，景帝後三年置。

埒

劇陽　在應州北。《水經注》：崞川水又北，逕劇陽縣故城西。闞駰曰在陰館縣東北一百三十里。

疆陰

樓煩　在崞縣東十五里，古樓煩國，及漢所置縣，俱在雁門。開關在代州西北三十里。

沃沮①　在旗界，爲西部都尉治。《水經注》：沃水逕沃陽縣故城南北，俗謂之可不泥城。

①沃沮：音 wò jǔ。

按：奢延水，即今榆林之無定河，及石窯川河，旗西南，哈柳图河，額图渾河，即古奢延縣也。

按：秦漢陽周，本屬上郡。自後魏重置，始屬趙興郡，即今貞寧。唐宋諸志，皆以貞寧爲即古陽周，橋山、黄帝冢，俱在縣境。以地界考之，貞寧在子午山西，其東北爲中部縣，乃漢翟道縣，屬左馮翊。又北，爲漢直路縣，屬北地郡。又東北至鄜州，始爲漢上郡境。陽周既屬上郡，不應跨兩郡、越重山，而在貞寧界也。據《水經注》，古陽周在走馬水北，應在今延安府安定縣北界，貞寧之陽周，乃後魏僑置，

上郡

秦郡。今延安府，榆林鎮是其地。領膚施等縣二十三。○注：上郡屬國，治龜茲①，漢紀元狩初，取匈奴河西地，分徙降者，邊五郡，故塞外而皆在河南，因其故俗爲五屬國。

膚施 今延安府，附郭縣

高奴 今延安府，鄜州城東五里，是其故城。《括地志》：今延州城，即漢高奴縣。

奢延 在今鄂爾多斯右翼前旗西南。《水經注》：奢延水出奢延縣西南，赤水阜東北，流逕其縣故城南。

雕陰 今綏德州故城，在鄜州樂交縣三十四里，因雕山而名。

淺水 即宜禄縣。

定陽 今洛川縣北，以在定水之陽也。

龜茲 寧夏衛東北郡屬國，都尉治焉。音邱慈師。古龜茲人來降附者，處之于此，故名。

陽周 今寧州正寧縣，春秋時爲義渠所居地。唐天寶于此得玉真人像，改名真寧。故城縣北三十五里，黄帝冢在橋山南。

襄洛 今襄樂縣本爲洛，魏孝文改爲樂。

宜川 今宜川縣。

獨樂

木禾

平都

①龜茲：音qiū cí。古地名。在今新疆庫車一帶。

非故縣也。橋山、黄帝陵，皆當據《水經注》改入延安府。

京室
洛都
白土　在鄂尔多斯左翼中旗南。《括地志》：白土故城，在鹽池東北三百九十里。按其地，近今神木縣北。《水經注》：圁水出白土縣圁谷，東逕其縣南。
原都
漆垣
推邪
桢林
高望　○注：北部都尉治，在今鄂爾多斯右翼前旗，直榆林北爲上郡，北部都尉治。
望松
宜都

幽州刺史部

勃海郡

秦上谷、鉅鹿二郡地，高帝分置，今河間以東之滄州，北至順天府，通州、霸州之南，南至山東，武定州、濱州之北，皆是。領浮陽等縣二十六。

浮陽 今滄州治，春秋燕齊二國地，以在浮水之陽，故名。

安次 今東安縣西北。

文安 今文安縣。

東平 今大城縣。

章武 今大城縣南四十七里。

束城 今河間府東北。《寰宇記》：縣在瀛州東北六十五里，今縣東北十四里，有束城故城。

星城 今景州治，故城在交河縣東北六十里。漢地節四年，封河間獻王子雍爲侯。

成平 今交河縣東。元朔三年，封河間獻王子禮爲侯國。《水經注》：城在建城北，二城相直。

建城 今交河縣東，漢高帝封吕釋之，即此。

阜城 今阜城縣，故城在今縣東二十里。

蓨市① 蓨讀作條。在景州西北。漢本始四年，封清河剛王子寅爲侯國。《地理·風俗記》曰：蓨縣西北二十里，有蓨市城，故縣也。

重合 今樂陵縣西，征和二年，嘗封莽通爲侯邑，《章懷太子注》及《元和志》俱云在樂陵縣東。

按：《太平寰宇記》以滄州北，唐之乾符縣，爲後魏所置之西章武，而以漢章武爲在其縣東南，鹽山縣西北。近志又以漢章武，在大城縣。參考道里，今滄州北一百里，乾符縣爲漢章武，在大城者乃西章武也。

按：《前漢志》，阜城縣屬渤海郡，別有昌成縣屬信都國。《續漢志》謂阜城，即故昌城。《宋書·州郡志》疑二城非一，而無定説。《水經》：漳水，自下博又東北，過阜城縣北，又東北至昌亭。酈注：昌亭，即信都東昌縣，勃海之阜城，又在其東，

①蓨：音tiáo。出自《晋书·地理志》。

經敘阜城，于下博之下、昌亭之上，故知非故縣也。參考諸説，蓋後漢省勃海阜城，而移其名于信都之昌城，且改屬安平，至晉時，又移還舊治耳。魏屬勃海，後漢屬安平，晉還屬渤海，竟混爲一城。誤又名勝志，劉豫嘗兼取阜城昌城之名，改縣曰：阜昌郡，并改元曰：阜昌，其説近是，而志傳俱不載。

東光 今東光縣舊城，在今東光縣東二十里，後漢封耿純爲侯國。

參户 滄州城西北三里。漢元朔三年，封河間獻王子免爲侯，應劭曰：平舒縣西南有參亭，故縣也。

高成 今鹽山縣郡，都尉治焉，本春秋無棣邑，故城今縣南四十里。

柳 今鹽山縣東五十里，元朔四年，封齊孝王子陽已爲侯國。

千童 海豐縣西南境。秦始皇遣徐福，將童男千人入海，求蓬萊不死之藥，築此城以居之。漢元朔四年，封河間獻王子檐爲侯，後爲縣。

南皮 今南皮縣東北，秦置。漢元年，項羽聞，陳餘在南皮，環封之以三縣，號成安君。

高樂 南皮縣東南四十里。

臨樂 鹽山縣南。

定 在舊千童縣東南二十里。漢元朔四年，封齊孝王子越爲侯。

重平 今吴橋縣南。《水經注》應劭曰：重合縣西南八十里，有重平鄉，故縣也。

陽信 今海豐縣界。《寰宇記》：故城在無棣縣東南三十里。高祖初，封呂青爲陽信侯，文帝復以封劉揭，今陽信縣，隋時移置。

上谷郡

秦郡，漢初爲代，後復爲郡。領沮陽等縣十五。○注：今保定府河間府，及順天府南境，西境又延慶、保安二州，至宣府境内皆是。

東州

章鄉　在滄州東南。元始二年，封謝殷爲侯國。

蒲領　在阜城縣東北。元朔三年，封廣州惠王子嘉爲侯，尋免。始元又封清河剛王子禄爲侯。

沮陽　今懷縣南，爲郡治。闞駰曰：『涿鹿東北至上。』

昌平　今昌平州治，《水經注》及《括地志》皆云在軍都東南，今順天府昌平州界是也。

軍都　今昌平州，東漢立縣于軍都山，或以爲秦。後移治昌平縣東南。

雊瞀①　音句無，今蔚州東北百里。《水經注》：連水出雊瞀縣東，西北流逕雊瞀縣故城南。

居庸　在今延慶州東，有關。後漢建安中，劉虞自薊北奔居庸，即此。

涿鹿　今保安州東南四十里。《史記》黄帝邑于涿鹿之河。

廣寗　今宣北縣西北，亦曰大寗，《水經注》：延河東逕大寗縣故城南。《地理志》：即廣寗也。《魏氏地土記》：十落城西北一百三十里，有大寗城。

①雊瞀：音gòu mào。據考證這種雉雞其實就是褐馬雞。

按：《舊唐書·地理志》，嬀州，隋涿郡之懷戎縣。武德七年，討平高，開道置北燕州，復北齊。舊名，貞觀八年，改名嬀州。長安二年，移置舊清，夷軍城懷戎縣，本漢潘縣，北齊改爲懷戎。嬀水經，其中州所治也。《舊志》以懷來縣爲潘縣，誤。

按：《遼志》以文德縣及中京北安州，爲女祁縣地，皆非是。

寧 今宣化縣西北，西部都尉治焉，亦曰小甯。《水經注》：寧川水逕小甯縣故城南。《地理志》：即甯①縣也。《魏氏土地記》曰：大甯城西二十里，有小甯城。

潘 今保安州西南七十里。《魏氏土地記》：下落城西南四十里，有潘城，今涿郡懷戎縣，是其故地。

茹 今保安州西。

下落 今保安州西。《魏氏土地記》：去平城五十里，城南二百步，有堯廟②。

夷輿 今延慶州東北。《水經注》：谷水與浮圖溝水逕夷輿縣故城東南。

女祁 今萬全龍門縣東二百里，東部都尉治焉。《水經注》：陽樂水逕女祁縣故城東南。

且居 今宣化縣東。《水經注》：于延水逕且居縣故城南。《舊志》：且居故城，在衛東西四十里，周一里。

泉上

---

①甯：音 níng。 ②堯廟：堯廟位於臨汾市秦蜀路南端，爲山西省重點文物保護單位；臨汾史稱平陽，《尚書》載『堯都平陽』。司馬遷《史記》雲：『學者多稱五帝尚矣，然《尚書》獨載堯以來』。

漁陽郡

秦郡，漢初屬燕，後復爲郡。領漁陽等縣十五，今順天府東，至薊州一帶是。

漁陽　今薊州治，戰國燕地。

潞　今通州治，相傳州城秦蒙恬築。

雍奴　今武清縣。

泉州　今武清縣東南四十里，今寶坻縣是其地。

狐奴　今順義縣東北。

白檀①　今密雲縣，南有白檀山，故名。

要陽　今密雲縣東南郡，都尉治。

厗題奚　今密雲縣東南。

獷䅬平②　今薊州西。

平谷　今平谷縣。

滑鹽　今平谷縣西北。

安樂

右北平郡

秦郡，漢初屬燕，後復爲郡。領平剛等縣十六，今永平府，西至薊州，又北至廢大寧之西南境。

平岡　大寧衛地，故營州西南五百里，北平郡治。

無終　今玉田縣治，春秋時爲山戎無終子國，秦置縣。

土垠　今豐潤縣西北六十里出，《方輿紀要·縣志》：南關城在縣東十里，即土垠故城也。

①厗：音tí。②獷䅬平：音guǎng gǒng píng。

俊靡　今遵化州西，《後漢書》注：俊靡故城，在漁陽縣北。

驪城　今撫寧縣是其地，舊治撫寧縣南。

白狼　今永德府建昌縣南。《方輿紀要》：在故營州西南。《十六國春秋》慕容垂時，北平吳柱聚眾入白狼城，又高雲口弁州刺史鎮白狼。

石城　大寧衛地，故營州西南百餘里，今灤州。

昌城　渝州西南，大寧衛地。

徐無　今遵化州西，玉田縣東。《水經》庚水逕徐無縣故城東。《魏氏土地記》：右北平城東一百十里，有徐無城。

贅①

延陵

字

夕陽

廣成

聚陽

平明

①贅：音zī。

遼西郡

秦郡，漢初屬燕後復爲郡，今永平府以北，至廢大寧衛，又東至遼東，至廣寧等衛境。領且慮等縣十四。

且慮　今永平府東境。

肥如　今永平府盧龍縣。

海陽　永平府南三十里。

令支　永平府遷安縣，春秋山戎屬國。應劭曰：故伯夷國，今有孤竹城。

交黎　今昌黎縣，郡東部尉治焉。

絫　今昌黎縣北。

狐蘇　今灤州南八十里。

陽樂　今灤州東。

新安平　今大寧衛治，春秋山戎地，秦爲遼西郡，漢爲新安平。漢末步奚居之，幅員千里，多大山深谷，險阻足以自固。

賓從　今大寧衛地。

柳城　即營州治，今大寧治郡西部，都尉治焉。崔鴻《十六國春秋》慕容皝以柳城之北，龍山之南，福德之地也，使陽裕築龍城，改柳城爲龍城。

徒河　今大寧東百九十里，今錦縣西北，相傳舜時已有此城。劉恕《外紀》，周惠王三十三年，齊桓公救燕，破屠河，即徒河。

文成　大寧地。

臨渝

按：柳城，遼重熙十年，升興中府治興中縣。興中故城，在今土默特右翼西一百里，錦州西北，境外大陵河之北城。周七里有奇，四門久圮，遼全時所建三塔猶存。蒙古稱三爲古爾板，塔爲蘇巴爾漢，故名古爾板蘇巴爾漢城。

遼東郡

秦郡，漢初屬燕，後復爲郡，今遼東、定遼等處。領襄平等縣十八。

襄平 故城在今遼陽州北。高帝八年，封紀通爲侯國。

新昌 故城在今奉天府，海城縣東。後漢永寧二年，鮮卑與高句驪寇①遼陽，太守蔡諷追擊之于新昌。

遼陽 今遼陽州治。

武次

居就 在遼陽州西南，後漢省。晉慕容皝擊其弟仁于遼陽②，克襄平，居就及新昌，皆降于皝。

平郭 在蓋平縣南，漢置，後漢因之。晉慕容廆③，以其子翰鎮遼東仁鎮平郭。

望平 今廣寧縣東北，近遼河之上流，《明統志》：望平廢縣，在廣寧衛東北一百五十里。

遼隊 今海城縣西。

安市 今奉天府，蓋平縣東北，唐薛仁貴征高麗，白衣登城，即此。

西安平 在遼陽州城東，《吴志》：孫權遣謝宏、陸悯拜句驪王宫爲單于，悯到安平口，即安平縣海口也。

文縣

按：《遼志》以析木本漢望平縣地，而諸志從之。今考《水經注》，大遼水自塞外東流，直遼之望平縣西，屈而西，南流逕襄平縣故城西。是漢之望平居，襄平之北，其地當在今遼陽以北，近遼河之上流。析木在海城東南，相去轉遠。《遼志》之言，非是，且《遼志》既以縣州之山東縣爲漢望平縣，而又以此爲望平，亦自相矛盾矣。

①鮮卑：鮮卑族是繼匈奴之後在蒙古高原崛起的古代遊牧民族，屬阿勒泰語系蒙古語族，興起於大興安嶺。②慕容皝：音 mù róng huàng。燕文明帝慕容皝(297年–348年)，字元真，小字萬年，昌黎棘城(今遼寧義縣)人，鮮卑族，西晉遼東公慕容廆第三子，前燕初代國君。③慕容廆：音 mù róng guī。燕武宣帝慕容廆(269年–333年6月4日)，字若洛廆，昌黎棘城(今遼寧義縣)人。鮮卑慕容部首領慕容涉歸之子，十六國時期前燕政權建立者慕容皝之父，吐谷渾開國首領慕容吐谷渾之弟。

按：《遼史》以集州爲漢險瀆縣，非是。以《後漢書》考之，當在今廣寧東南，濱海之處。按：《水經注》，大遼水自襄平縣又東南，過房縣西。今考，後漢分置遼東屬國，别領六城，其昌黎、賓從、徒河三縣皆舊屬遼西。無慮雖屬遼東，亦在遼水之西，不應房縣独在遼水之東。如果在遼水之東，則去遼東郡甚近，且與安市平郭接壤。河以独析隸屬國，即蓋房與險瀆，皆遼水西濱河海之地。《水經》西字乃東字之譌，《通志》以房縣入海城古蹟恐誤。

沓氏 今遼陽州界。按《吴志》，孫權欲征公孫淵，陸瑁諫曰：沓渚去淵爲遠，沓渚，即沓氏也。

無慮 今廣寧縣，爲西部都尉治，後漢屬國，元初二年，遼東鮮卑國無盧。

險瀆 今廣寧縣東南，後漢屬國，遼東屬國，應劭曰[1]：縣依水險，故曰險瀆。

房 今廣寧縣東南，後漢屬遼東屬國，《水經注》：大遼水自襄平，又東南過房縣西。

候城

番汗 汗水出塞外，西南入海。

高顯

①劭：音 shào。

元菟郡

漢初屬燕，後爲朝鮮所據。元封三年，平朝鮮置。領高句驪等縣三，今朝鮮北境。

高句驪 今朝鮮咸興府東北縣，本高句驪國地，漢滅朝鮮，以高句驪爲縣，仍封其種人爲高句驪侯。

上殷台

西蓋馬 今奉天府益平縣，古辰韓，即唐之益牟縣。太宗會李世勣攻破益牟，即此。

按：古朝鮮與高句驪爲二，朝鮮乃箕子所封。《漢志》：『樂浪郡，朝鮮是也，高句驪，亦曰高麗。』《漢志》：『元菟郡，高句驪是也。』《後漢書》：『高駒驪在遼東之東千里，南與朝鮮濊貊，東與①沃沮，北與扶餘接，地方二千里，多大山深谷，人隨而爲居，相傳以爲夫餘別種，後始并爲一。』

樂浪郡

亦朝鮮地，漢元封三年，置郡。今朝鮮西境，領朝鮮等縣二十五。○注：《漢紀》，武帝初置元菟、樂浪、臨屯、眞蕃四郡，始元五年，省臨屯、眞蕃入樂浪。

朝鮮 古箕子都，今永平府北四十里，樂浪郡治焉。應劭曰：『武王封箕子于朝鮮』。按：天文，箕子都朝鮮于分野为箕星，在析津之次，故以氏國云。

訷男邯

駟望

渾彌

蠶臺

華麗

①貊：音mò。古代漢族稱對東北方少數民族的一種稱呼，古書上說的一種野獸。

邪頭昧

前莫

夫租

提奚

列口城　在王京西南。胡三省曰：『列水入海之口也。』元封二年，楊僕擊朝鮮，先至列口。

遂成　平壤南境。

浿水①

鏤方　今遼陽州東遼之紫蒙縣是其地。《遼志》云：紫蒙縣，本漢鏤方縣地。

長岑　今朝鮮界内遼之崇州，即其地也。《遼史·地理》：崇州隆安軍本漢長岑縣地。

海濱

屯有

吞列　朝鮮京畿道②，王京東南，《漢志注》：列水出，分黎山西至黏蟬，入海。

不耐城　郡東部都尉治焉。陳壽曰：『漢武置樂浪郡，自單大嶺以西爲樂浪，嶺以東都尉主之，皆以濊爲氏，即所謂不耐濊也。』

黏蟬　在朝鮮平安道，平壤府南境，隋大業八年，伐高麗，分軍出黏蟬道。

①浿水：音pèi shuǐ。又名王城江。即今朝鮮大同江。　②京畿道：音jīng jī dào。這個地名是隨著高麗王朝行政管轄體制的整頓起用的一個名稱。

帶方城 平壤府南境帶方，即分臨屯，昭明二縣地。

昭明 郡南境。《漢志注》：樂浪郡，南部都尉治，昭明是也。

增地 平安道，平壤南境。

含資 在朝鮮王京南境，《漢志注》：『縣有水，西至帶方，入海。』

東暆③ 舊臨屯郡治，至長安六千一百三十八里，昭帝廢。

涿①郡

秦上谷郡地，高帝置，今順天府之涿州，至保定府之境，又眞定府之東，河間府之西，皆是。領涿縣等縣二十九。

涿縣 今涿州，古涿鹿之野，春秋時燕之涿邑，曹魏改范陽郡。

良鄉 今良鄉縣，燕中都地。

陽鄉 今良鄉縣西北。

臨鄉 今固安縣南。

益昌 今永清縣。

西鄉 今涿州西七十二里。

①涿：音zhuō。古水名，相傳源出河北省古涿鹿山。 ②東暆：音dōng chī。

樊輿 今清苑縣是其地。

廣望 今保定府西南。

北新城 今新城縣古督亢地。

昌 今雄縣是其地，舊治在縣北三七五里，本燕故邑。

容城 今容城縣。

蠡吾 今蠡縣。

深澤 今深澤縣，漢以此有深澤縣，故于中山國深澤加南以別之，以在滹沱河南也。後漢廢深澤，而南深澤如故。

高陽 今高陽縣，古顓頊地①。

故安 今易州治，戰國燕武陽邑，《史記》：趙孝成王十九年，與燕昌土，燕以武陽與趙，即此故城，即燕之南鄙，周迴約三十里，武陽故城在縣東南七里。

遒② 今淶水縣是其地，景帝三年，封匈奴降王陸彊爲侯國，《舊志》：『故城在拒馬河西北二里。』

板城 今淶水縣北，漢高帝征匈奴，經此所築。

州鄉 今河間縣東北四十里，漢元朔三年，封河間獻王子禁爲侯國。

武垣 今河間府西南三十八里，本趙邑，《史記》：趙孝成王七年，武垣令傅豹王容蘇射卒燕衆，反燕地，即此。

---

①顓頊：音 zhuān xū。（約西元前 2342– 西元前 2245 年）是中國上古部落聯盟首領，『五帝』之一，姬姓，名乾荒，號高陽氏，生於帝丘（今河南濮陽），據《史記》記載是黃帝之孫，昌意之子，中華人文始祖之一。 ②遒：音 qiú。

中水　今獻縣，漢高帝封呂馬童爲中水，侯國。

河武　今獻縣西北三十九里。

葛城　今安州治，一名依城，一名西河，在高陽縣西北。

鄚　今在邱縣是其地，舊治在縣北三十里。

高郭　今任邱縣西十七里，地節三年，封河間獻王子䲝爲侯國，後漢省。

阿陵　今任邱縣東北三十六里，建武二年，封任光爲阿陵侯。

縠邱　今安平縣，《寰宇記》：縠邱故城在安平縣西南十五里。

饒陽　今饒陽縣東，以在饒水之陽也，《史記》趙悼襄王六封長安君以饒，《後漢書·郡國志》饒陽故名饒是也。

安平　今安平縣郡，都尉治焉，漢高帝六年，封鄂千秋爲侯邑。

范陽　今易州東南六十二里，秦縣以在范水之陽，故名。蒯通説武信君賜范陽令侯，邱趙地，聞之不戰而下者四十餘城。

①岋：音è。《集韻》鄂合切，音砐。動貌。

正義曰：《地道記》云：恒山在上曲陽縣西北一百四十里，北行四百五十里，得恒山，岋①，號飛狐口，北則代郡也。《水經注》引梅福上事曰：代谷者，恒山在其南，北塞在其北，谷中之地。上谷在東，代郡在西，此則今之蔚州，乃古代國。項羽徙趙王歇爲代王，歇，更立陳餘爲代王，漢高帝立兄劉仲爲代王，皆此地也。《漢高紀》立子恒爲代王，都晉陽，則今之太原縣矣。《孝文紀》則云都中都，又立子武爲代王，都中都。則今之平遥縣矣。又按：衛綰，代大陵人。大陵，今在文水縣北，而屬代。代，都中都故也。代凡三遷，而皆非今代州，今代州之名，自隋始。

代在蔚州東，本古代國。《史記》：趙襄子元年，殺代王，遂平代地，即此。《明一統志》謂：文帝初，封代王時居此，蓋文帝初，封代王都。晉陽，徙中都，未嘗居代也。

代郡

秦郡也，今大同府北及蔚州之境。漢初爲代郡，元鼎二年，改爲郡。領桑乾等縣十八。

桑乾 今蔚州東北，爲代郡治，後漢曹操遣子彰擊代郡，烏桓遂北至桑乾，即此。裴松之《三國注》：桑乾縣，今北虜居之，號爲索千之都。

陽原 今西寧縣南，俗謂之北邯城，《舊志》：舊城在西城南十里。

鹵城 今繁峙縣東五里。

東安陽 今蔚州西北，或曰趙主父封其長子章于代，號安陽君，即此。五原有西安陽，故此加東。

高柳 今大同府東南九十里，郡西部都尉治焉，後漢移郡治此。

當城 今蔚州東，高祖十二年，周勃定代斬陳豨于當城①，即此。

且如 今大同府東，中部都尉治焉。

代 今蔚州治，古代國，趙襄子定代地，趙武靈置代郡。

延陵 今廣靈縣是其地。

廣昌 今廣昌縣，古飛狐口，故城在飛孤縣北七里。高帝末，樊噲擊陳豨得綦毋卬于廣昌。

靈邱 今靈邱縣，以趙武靈葬此而名，高祖十一年，樊噲斬陳豨于靈邱。

馬城 今大同府東北部，東部都尉治焉。

①陳豨[xī]（？—前195年），秦末漢初宛朐（今山東菏澤）人，漢高祖劉邦部將，任趙國相國。後在代地起兵反叛，自立代王，兵敗被殺。

按：漢參合縣屬代郡，在平城之東，今察哈爾旗界西去沃陽故城二十里有參合縣，乃後魏分沃陽縣置，非漢故縣也，《地形志》謂即漢縣。《水經注》謂即慕容寶軍潰處，俱誤。

廣陽國 秦上谷及漁陽郡地，漢初爲郡，後爲國，有縣四。

參合 今大同府陽高縣東北，漢高祖十一年，柴武斬韓王信于參合。

班氏 今大同縣，《水經注》：如渾水，逕班氏縣故城東，闞駰①《十三州志》曰：班氏縣在郡西南百里。

狋氏② 讀曰權精。今廣寧縣西北。《水經注》：温水東逕狋氏縣故城北。《十三州志》曰：縣在高柳縣南一百三十里。

平舒 今廣靈縣西，本趙邑，趙孝成王十九年，以龍兑汾門，臨樂與燕，燕以葛武陽平舒與趙。

平邑 今靈邱縣西北，本趙邑，《史記》：趙獻侯十二年，城平邑。

道人 在陽高縣東南，《水經注》：㶟水東逕道人縣故城南，應劭《地理風俗記》曰：初築此城，有仙人遊其地，故名。

薊 今大興宛平是其地。

陰鄉 今順天府西南二十五里。

廣陽 今良鄉縣東八里。

方城 今固安縣。

《漢紀》：北地、朔方、五原、雲中、定襄、雁門、代郡、西河謂之緣邊八郡，又益以上谷、漁陽、右北平、遼西，謂之緣邊十二郡，或曰緣邊九郡，則不言遼西、北地、西河也，十郡則不言西河、北地也。

①闞駰：字玄陰，生卒年不詳，敦煌（今屬甘肅）人，南北朝時期北魏著名地理學家、經學家。 ②狋氏：音 quán shì。中國漢代縣名，在今山西省渾源縣東。

交州，刺史部。〇注：郡七。

南海郡 秦郡，漢初爲南越國，元鼎初，平南越，置郡六。廣、惠、潮三府是其地。領番禺等縣六。

番禺 今廣州府附郭縣，以番禺二山爲名。

中宿 今清遠縣，舊治在縣東六十里。

四會 今四會縣，今廣西梧州府，懷遠縣亦是其地。

博羅 今博羅縣，東南至惠州府三十里，二漢皆作《傅》晉，《太康地志》始作博。

龍川 今龍川縣，秦置。南海尉任囂疾召龍川令趙佗授之以政，即此處。裴氏《廣州記》有『龍穿地而出即穴流泉』，故名。

揭陽 今揭陽縣，海陽、潮陽俱是其地，故城在今縣西。

鬱林郡 秦桂林郡，後屬南越。元鼎六年置郡。領布山等縣十二。〇注：今廣西潯州、柳州、南寧等府，及梧州府之鬱林州是其境。

布山 今潯州府桂平縣是其地，舊治府西五十里。

阿林 今潯州府桂平縣東，《寰宇記》：故城在廢繡州東北五十里。

廣鬱 今貴縣古西甌駱地[①]。

潭中 今柳州附郭馬平縣、今雒容柳城[②]皆是其地，舊治在府西。

①甌駱：音 ōu luò。釋義爲百越的一支。指百越部落中西甌部落與駱越部落的合稱，於西元前 2879 年在今越南北部至廣西南部一帶建立文郎國。
②雒：音 luò。

中溜　今象州治及潯州府武宣縣，是其地。

桂林　今象州治東南。

領方　今武緣縣、賓州、上林縣俱是，漢置，唐于縣置賓州，宋移州及。領方縣皆治于瑯琊，而故縣遂廢。

安廣　今横州境。

臨塵

定周

增倉

雍雞　有關。

蒼梧郡

秦桂林郡地，後屬南越，元鼎六年置。領廣信等縣十，今梧州、平樂二府，及廣東肇慶府之境是其地。

廣信　今梧州府附郭蒼梧縣。

猛陵　今梧州府西北百里，《寰宇記》：蕭銑僭號于此。

荔浦　今荔浦縣治，舊縣治在今縣西荔江之濱。後遷今縣之南濱江，景泰又遷于後山，即今治也。

富川　今富川縣西南，《舊志》：故城在鐘山下，自漢至元，因之。明洪武二十八年，遷縣于藹石山南，即今治也。

馮乘　今富川縣東七十里，在賀州北一百八十里，界内有馮溪，故名。

交址郡　秦屬象郡，後屬南越，元鼎六年置。領羸、陵等縣十，今安南國是其境。

臨賀　今賀縣治，《水經注》：縣封臨賀二水之交會，故取名焉。

封陽　賀縣治南，《元和志》云：北至賀州一百四十五里，《縣志》：今有信都鎮，在賀縣南百里，即封陽墟也。

高要　肇慶府附郭縣。

端溪　今德慶州治東八十步故縣也，信、宜縣俱是其地。

謝沐　今湖南永州府永明縣西南，《舊志》：永明縣西南四十里，崇福鄉下社墟有城隍廟土人，以爲謝沐故址也。

羸陵　讀曰連受交址郡治。

龍編　交州府南。

朱鳶　交州府東南。

苟漏　交州府西南。

麗冷　太原府西北。

安定

曲陽

北帶

稽徐

西于

九眞郡

秦象郡地，後屬南越，元鼎六年置。領胥浦等縣七，今安南國西境是其地。

胥浦　清化府治，九眞郡治，舊治在府西。

居風　清化府西北。

無編　清化府北。

都龐　清化府北。

無切　都尉治。

咸驩　新平府東南。

咸驩

合浦郡

秦象郡地，後屬南越，元鼎六年置。領徐、聞等縣五，今雷高廉三府，及肇慶府南境是其地。

徐聞　今雷州府徐聞縣。

合浦　今廉州府附郭縣。

臨允　今新興縣、開平俱是其地，舊治在新興縣南七十里。

高涼　今高州府治，陽春、陽江、電白等縣俱是其地。舊治在陽江縣西三十里。

按：高涼，舊治在陽江，西漢置，屬合浦，後漢建安末，孫權立高涼郡，晉時郡治安寧縣，以高涼縣屬之，劉宋移郡治恩平，領安寧，而無高涼，蓋省入之。《南史》：[1]吳平侯勵，以南江危險，表請治高涼縣，蓋梁時，復改安寧爲高涼也。唐武德，改高涼爲西平也。《通志》：唐西平縣在今陽江縣西十三里，是陽江西之高涼，乃即晉、宋之安寧，唐之西平也。非漢故縣，漢縣在陽江縣北，無考。

①《南史》：《南史》是中國歷代官修正史『二十四史』之一。紀傳體，共八十卷，含本紀十卷，列傳七十卷，上起宋武帝劉裕永初元年（420年），下迄陳後主陳叔寶禎明三年（589年）。記載南朝宋、齊、梁、陳四國一百七十年史事。

日南郡

秦象郡地，後屬南越，元鼎六年置。領朱吾等縣五，今占城國是其地。

朱盧　改珠崖，故郡所置，郡都尉治所。

秦分天下爲三十六郡，其中西河上郡，則因魏之故，雲中鴈門代郡，則趙武靈王所置，上谷、漁陽、右北平、遼西、遼东郡，則燕所置。《史記》不志地理而見之于匈奴之傳，《孟堅志》皆謂之秦置者，以漢之所承者，秦不言魏、趙、燕耳。

朱吾　在占城北境，古越裳地，秦象郡，漢曰：《南郡》，俱治此。

西棬　在朱吾縣東北。

比景　占城北境。

象林　占城西北。

盧容　朱吾城西。

珠崖郡

古崖州，在瓊州東南三十里，即漢珠崖郡治瞫都。〇注：《一統志》治珠崖縣。

按：漢武南越平，元封二年，遣使自徐聞入海，得大洲，方一千里，以爲珠崖①、儋耳二郡②，合十六縣。昭帝始元二年，罷儋耳，入珠崖郡。元帝初，元中井罷珠崖郡。

瑇瑁③ 今瓊山縣，瓊山舊城在縣南六十里，宋熙寧四年，始移今治。

瞫都④ 珠崖，故郡治臣瓚注，引《茂陵書》：珠崖郡治，瞫都去，長安七千三百二十四年里，瞫都縣在今瓊山南三十里，隋移治義倫，故郡廢。

荀中 今澄邁縣。《寰宇記》：故城在舊崖州西九十里。漢《荀中地縣志》：荀中廢縣，在縣南四十里，那全都。

紫貝 今文昌縣，舊治在縣北一里，今萬州、文昌俱是其地，舊治在文昌縣南，紫貝山陽，今名新衛。

山南 漢元帝，《本紀》初元三年，珠崖山南縣反省珠崖郡。

臨振 按《元和志》：唐振州本漢臨振縣地，隋大業置，臨川縣、延德縣俱是其地。

---

①珠崖：『珠』亦作『朱』，『崖』亦作『厓』。漢武帝于海南島東北部置珠崖郡，治今瓊山縣東南。 ②儋耳：古代地名，在今海南境內。 ③瑇瑁：音 dài mào。 ④瞫都：音 shěn dū。

儋耳郡

今儋州治宜倫縣，《山海經》：離耳國，在鬱水南，即儋耳也。

宜倫　明省入儋州。

至來　今昌化縣，《寰宇記》：在儋州西南一百八十里。

九龍　今感恩縣，舊治在縣東九龍山之下，《寰宇記》：東至儋州二百二十五里。

漢縣名相同者每加東西南北上下以別之

曲陽三見 一屬九江，一屬東海，一屬交趾。
定陶兩見 一屬濟陰，一屬定襄。
平昌兩見 一屬平源○注：侯国。一屬琅邪。
新陽兩見 一屬汝南，一屬東海○注：侯国。
新市兩見 一屬鉅鹿○注：侯国。一屬中山。
平城兩見 一屬北海○注：侯国。一屬雁門。
新都兩見 一屬南陽○注：侯国。一屬廣漢。
高平兩見 一屬臨淮○注：侯国。一屬安定。
武城兩見 一屬左馮翊，一屬定襄。
樂成兩見 一屬南陽○注：侯国。一屬河閑。
復陽兩見 一屬南陽○注：侯国。一屬清河。
鄭兩見 一屬京兆，一屬山陽○注：侯国。

建城三見 一屬勃海，一屬沛○注：侯国。一屬豫章。
西平兩見 一屬汝南，一屬臨淮。
成陽兩見 一屬濟陰，一屬汝南○注：侯国。
鍾武兩見 一屬江夏○注：侯国。屬零陵。
建陽兩見 一屬九江，一屬東海○注：侯国。
阿陽兩見 一屬平原，一屬天水。
昌陽兩見 一屬東萊，一屬臨淮○注：侯国。
饒兩見 一屬北海○注：侯国。一屬西河。
廣平兩見 一屬臨淮○注：侯国。一屬廣平。
富平兩見 一屬平源，一屬北地。
安定三見 一屬鉅鹿，一屬安定，一屬交趾。
成鄉兩見 一屬北海，一屬高密。

劉兩見 一屬北海，一屬甾川。
陽城兩見 一屬穎川，一屬汝南○注：侯国。
東安兩見 一屬東海○注：侯国。一屬城陽。
陵成兩見 一屬涿○注：侯国。一屬泰山。
平安兩見 一屬千乘○注：侯国。一屬廣陵。
臨朐兩見 一屬東萊，一屬齊郡。
定陵兩見 一屬穎川，一屬汝南。
高陽兩見 一屬涿郡，一屬琅邪○注：侯国。
陰山兩見 一屬西河，一屬桂陽。
成安兩見 一屬陳雷，一屬穎川○注：侯国。
武陽兩見 一屬東海○注：侯国。一屬犍為。
安陽兩見 一屬汝南○注：侯国。一屬漢中。

然考之《地理志》重出者正復不少横列于下

陽樂兩見　一屬東萊○注：侯国。一屬遼西。
東陽兩見　一屬臨淮，一屬清河。
開陽兩見　一屬東海，一屬臨淮。
西陽兩見　一屬江夏，一屬山陽○注：侯国。
新昌兩見　一屬涿○注：侯国。一屬遼東。
宜春兩見　一屬汝南○注：侯国。一屬豫章。

武都兩見　一屬武都，一屬五原。
黃兩見　一屬山陽○注：侯国。一屬東萊。
樂陵兩見　一屬平原，一屬臨淮侯國。
安平兩見　一屬涿，一屬豫章○注：侯国。
朝陽兩見　一屬南陽，一屬濟南。
石城兩見　一屬丹陽，一屬右北平。

歸德兩見　一屬汝南○注：侯国。一屬北地。
安邱兩見　一屬琅邪，一屬北海。
安成兩見　一屬汝南○注：侯国。一屬長沙。
高陵兩見　一屬琅邪○注：侯国。一屬左馮翊。
新成兩見　一屬河南，一屬北海○注：侯国。

續《漢郡國志》縣名相同者

平都兩見　一屬豫章郡○注：侯国。一屬巴郡。

武都兩見　一屬武都郡，一屬五原郡。

候城兩見　一屬遼東郡，一屬元菟郡。

穀城兩見　一屬河南尹，一屬東郡。

安城兩見　一屬汝南，一屬長沙。

潞兩見　一屬上黨郡，一屬漁陽郡。

曲陽兩見　一屬下邳國○注：侯国。一屬交阯郡。

陰平兩見　一屬東海郡，一屬廣漢屬國。

高平兩見　一屬山陽○注：侯国。一屬安定郡。

無慮兩見　一屬遼東郡，一屬遼東屬國。

漢昌兩見　一屬中山國，一屬屬巴郡。

歷代疆域表中卷

偃師段長基編輯
弟肇基 孫鼎鑰
望基恭注 孫鼎鈞校梓

目録

晋	隋		

東漢。○注：削平竊亂，光復舊物。

都邑

都洛陽。時謂長安爲西京，洛陽爲東京，而南陽亦謂之南都。後董卓刼遷獻帝于長安，尋還洛。曹操復遷帝于許。

疆域

仍分天下爲十三部。○注：《通釋》：光武都洛陽，于關中置雍州，後罷。獻帝興平元年，以河西四郡隔遠，别置雍州，是爲十四州。建安十八年，并十四州爲九州。于是省幽、并爲冀，司隸、涼爲雍。省交州入荊、益。時曹操爲魏公，領冀州牧，欲廣冀州以自益，非復古也。

司隸治河南○注：即洛陽。建武十五年，改河南太守爲尹，兼置司隸治焉。仍領郡七。○注：潘氏曰：東漢都洛陽，不改三輔之號。其三輔之舊治長安城中，各在其縣治民。東都以後，扶風出治槐里①，馮翊出治高陵。又中平六年，嘗改右扶風曰漢安郡。

豫治譙② 舊領郡國凡五，今領。郡二國四。

①槐里：即犬丘。今陝西興平東南。周懿王曾遷都槐里。②譙(qiáo)：在今安徽省亳州市。

洛都考

《禹貢》：豫州之域，周舊都也。秦置三川①郡，漢置河南郡。○注：俱治洛阳。東漢都于此，改爲河南尹，兼置司隸。魏晉相繼都之，并置司州。○注：改司隸爲司州，河南尹如故。

劉宋初亦置司州。○注：亦虎牢②。

後魏初置南雍州，後改为洛州。太和十七年，自代徙都，亦曰司州。东魏復曰洛州，改河南尹爲洛陽郡。○注：西魏得之，又改司州，北齊復曰洛州。北周曰東京，隋初罷郡，曰洛州。煬帝徙都此，曰豫州，州復曰河南尹。唐初又爲洛州。顯慶二年，建東都。天寶初定爲東京。

潁川郡　故都。

汝南郡

梁國　故國。

沛國　故沛郡，建武改爲國。

陳國　本兗州之淮陽國，改屬豫。

魯國　本屬徐，改屬豫。

兖治昌邑○注：后移治鄄③。舊領郡國八，今領郡五国三。

陳留郡

東郡

泰山郡　皆故郡。

山陽郡　亦故郡。

濟陰郡　亦故郡。

東平國　故國。

任城國　分東平國置。

①三川：指黄河、洛河、伊河。　②虎牢：古邑名。春秋時屬鄭國，舊城在今河南滎陽汜水鎮。形勢險要，歷代爲軍事重鎮。漢初於此置成皋縣。《穆天子傳》卷五：『有虎在於葭中，天子將至，七萃之士曰高奔戎請生搏虎，必全之，乃生搏虎而獻之天子。天子命爲柙，而畜之東虢，是曰虎牢。』按，唐諱『虎』，曾改作『武牢』或『獸牢』，後復舊稱。　③鄄（juàn）：春秋衛邑。在今山東省鄄城縣西北。

五代梁謂之西都。後唐都此，復曰東都。石晉亦曰西京。宋仍爲西京河南府。金廢西京而府如故，兼置金昌軍。興定初，號中京，改爲金昌府。元曰河南路，明曰河南府①。領州一縣十三。

今府城隋大業所營之東都也。昔成王營洛，爲王城，城方千六百二十丈，郭方七十二里，南繫于洛水，北因乎郟山。城面有三門，凡十二門。南城曰圉②門，東門曰鼎門，北城門曰乾祭。又爲下都城，在王城東四十里。亦曰洛陽城。《帝王世紀》：城東西六里十步，南北九里七十步，俗稱『九六城』。平王東遷，居于此。

濟北國　本泰山郡，永元析置。

徐治郯③　舊領郡国六，今領郡二國三。

東海郡　故郡。

廣陵郡　故國。

琅琊國　故郡。

彭城國　故楚國。

下邳國　故臨淮郡。

青治臨菑　舊領郡國七，今領郡二國四。

平原郡　故郡。

東萊郡　故郡。

濟南國　故郡。

樂安國　故千乘郡。

北海國　故郡○注：建武十三年，省菑川、膠東、高密，俱屬北海。郡後改為國。

齊國　故郡。

①河南府：原作『河府』，据《四部备要》本补。　②圉：音 yǔ。　③郯（shàn）：在今浙江嵊縣西南。

秦因而益大之，建宮闕于洛陽。東漢定都于此，城郭益宏壯。魏晉亦相繼都焉。漢洛城凡十二門。魏晉因之。南面四門，正南一門曰平門，亦曰平城門。○注：魏晉以後曰平昌。其東以開陽縣城門柱飛至曰開陽門。其西曰小苑門。亦曰誃①門。○注：水室門也。門内有冰室。魏晉以後爲宣陽門。又西曰津門。○注：魏晉以後曰津陽門。東面三門。正東曰東中門。○注：魏晉以後曰東陽門。其南曰望京門，亦曰稅門。○注：一名芒門，魏晉以後曰清明門。後魏文帝改爲青陽門。其北曰上東門。一名上升門。○注：魏晉以後曰建春門。西面三門。正西一門曰雍門。○注：魏晉以后曰西明門，後魏主宏改爲西陽門。其南一

涼治隴○注：今陝西秦安縣東北，故隴城。舊領郡。今領郡及屬國共十二。

隴西郡　故郡。

漢陽郡　故天水郡。

武都郡　故益州部屬郡，改屬涼。

金城郡　故郡。

安定郡　故郡。

北地郡　故郡。

武威郡　故郡。

張掖郡　故郡。

酒泉郡　故郡。

張掖屬國，安帝延光初置。別領侯官等五城。

①誃：音yí。

門曰廣陽門。○注：亦曰西陽門後魏主宏改曰西明門。其北一門曰上西門。○注：魏晉以後曰閶闔門。又北一門曰承明門，後魏主宏所立，當金墉城前東西大道。初曰新門，旋改爲承明。是時蓋塞宣陽門，開承明，亦十二門。北面二門。東曰穀門。○注：魏晉以後曰廣莫門。西曰夏門。○注：魏晉曰大夏門。其中曰宮城。○注：後漢爲南北兩宮。魏晉因為宮城。宮城正南門曰雲龍門。○注：後漢南宮正門曰端門，旁有東西掖門。曹魏改建閶闔門。晉更名雲龍。而東西掖門如故。後魏亦曰閶闔。或曰後魏以閶闔爲宮城外門，而雲龍爲宮門。東曰萬春門。○注：曹魏門名也。晉亦謂上東門。後魏又改萬歲。西曰千秋門。○注：漢時宮兩門。曰廣義門，亦曰神虎門。晉曰千秋門，又爲神虎門。後魏時亦曰千秋門，

居延屬國六，延光初置，別領居延①一縣。○注：獻帝興平，武威太守張雅請改置西海郡于此。

并治晉陽　仍領郡九。

太原郡　故郡。
上黨郡　故郡。
西河郡　故郡。
五原郡　故郡。
雲中郡　故郡。
定襄郡　故郡。
雁門郡　故郡。
朔方郡　故郡。
上郡　故郡。

冀治鄴　舊領郡國凡十，今領。郡三國六。

魏郡　故郡②。
鉅鹿郡　故郡。

①居延：古縣名。西漢武帝時置，治今内蒙古自治區額濟納旗東南黑城東北故城。爲張掖郡都尉治。東漢爲張掖屬國都尉治。魏晉爲西海郡治。後廢。
②故郡：原無『郡』字，補。

又名神虎門。北曰朔平門。華延儁《洛陽記》：洛陽城内宫殿、臺觀、府藏、寺舍，凡百一萬一千二百一十九間。自劉曜入洛，鞠爲茂草。後魏孝文太和十七年，經始洛京。十九年，新都始立。陽衒之《洛陽迦藍記》①京師東西二十，南北十五里。永熙多難，城郭崩毁，宫室傾覆。隋大業元年改營東京城。前直伊闕之口，後依邙山之塞，東出澗水之東，西踰澗水之西，洛水貫其中。○注：跨洛爲橋，曰天津。河南、洛陽，于是合而爲一。○注：自周、漢、魏、晉，皆都故洛城。至是自故洛城西移十八里置都城。

渤海郡　故函州屬郡，改屬冀。

常山國　故郡。

安平國　故信都國。○注：《晉紀》：桓帝分安平國，置博陵郡。治安平縣。

河間國　故國。○注：《晉紀》：桓帝分河間國，置高陽郡，治博陵。

清河國　故郡。

趙國　故國。

幽治薊　舊領郡國凡十一，今領郡十，屬國一。

涿郡　故郡。

代郡　故郡。

上谷郡　故郡。

漁陽郡　故郡。

右北平郡　故郡。

遼西郡　故郡。

遼東郡　故郡。

①陽衒之：通常作『楊衒之』。

唐亦曰東都。○注：高宗始以洛州爲東都。武后改曰金城。《志》云：自宮城而都二千五百四十步，周一萬五千五十步，其崇丈有八尺。武后號曰金城。又，《會要》：天寶二年築神都羅城，號曰金城。外城。○注：亦曰都城，亦曰京城。周五十二里九十六步。○注：劉昫曰：都城南北十五里二百八十步，東西十五里七十步，周六十九里三百二十步。又，隋初作東都，無外城，僅有短垣，謂之羅城。正南曰建國門，唐武后時，使李德昭築之。天寶初又築焉。內城○注：亦曰皇城。唐曰太微城，在都城西北隅。周一十八里二百五十有八步。宮城○注：唐曰紫微城。亦據内城西北隅。周六里三百步。○注：劉昫曰：宮城東西四里一百八十步，南北二里十五步，有隔城四重。隔城者皇城之東曰東城，皇城端門之南曰南城，東城之東曰曜儀城，宮城之東南曰寶城。

元菟郡　故郡。

樂浪郡②　故郡。

遼東屬國　安帝時置，别領昌黎等縣城。

揚治歷陽○注：今南直和州。復治壽春。建安五年復移合肥。舊領郡国凡六，今領郡六。

九江郡　故郡。

丹陽郡　故郡。

豫章郡　故郡。○注：《晉紀》：靈帝分豫章，置鄱陽、盧陵二郡。

吴郡　本會稽郡地，順帝分置。

會稽郡

盧江郡

荊治漢壽○注：今常德府東四十里有漢壽故城。劉表刺荊州，治襄陽。舊領郡國七，今領郡七。

南陽郡　故郡。

南　郡　故郡。

①樂浪：郡名。漢武帝元封三年（前108）置。治所在朝鮮（今朝鮮平壤市南）。轄境約當今朝鮮平安南道、黄海南北道、江原道和咸鏡南道地。

江夏郡　故郡。
零陵郡　故郡。
武陵郡　故郡。
桂陽郡　故郡。
長沙郡　故郡。
益治雒　○注：今成都府漢州。中平五年，劉焉爲益州牧，徙治錦竹興平。初復治成都。舊領郡九，今領郡九，屬國三。
漢中郡　故郡。
巴郡　故郡。○注：初平元年，益州從事趙韙分巴爲二。以巴郡治墊江。而安漢以下爲永寧郡。建安六年，劉璋以永宁爲巴東郡，閬中爲巴西郡，墊江仍爲巴郡，所謂三巴也。
廣漢郡　故郡。
蜀郡　故郡。
犍爲郡①　故郡。
牂牁郡②　故郡。
越巂郡③　故郡。
益州郡　故郡。

①犍爲：今隸屬四川省樂山市。　②牂牁（zāngkē）：原無『牁』字，今補。牂牁，今貴州東。　③越巂（xī）：今爲四川越西。地處四川省西南部，位於涼山彝族自治州北部。

宋曰西京，大抵皆因隋唐之故。宫城門凡六，中五鳳樓。○注：隋曰則天門，武后改曰應天門。《唐六典》：宫城門南曰承福門。或以爲開元時名也。宋曰五鳳門。東興教隋名也。唐曰重明。昭宗遷洛，又改爲興教。西曰光政自隋至宋，相仍不改。一云唐曰長樂門，昭宗改爲光政。東面一門曰蒼龍。隋曰太陽，唐曰蒼龍，亦日寶仁，宋仍曰蒼龍。西曰千秋門。○注：漢時宫兩門。曰廣義門，亦曰神虎門。晉曰千秋門，又爲神虎門。後魏時亦曰千秋門，又名神虎門。北曰朔平門。華延儁《洛陽記》：洛陽城内宫殿、臺觀、府藏、寺舍，凡百一萬一千二百一十九間。自劉曜入洛，鞠爲茂草。後魏孝文太和十七年，經始洛京。十九年，新都始立。陽衒之《洛陽迦藍記》①西面一門曰金虎。○注：自隋至宋相仍不改。北面一門

永昌郡　明帝永平二年分益州郡置，領不韋等八縣。

廣漢屬國，别領陰平道等三城。

蜀郡屬國，領漢嘉等城。

犍爲屬國，别領朱提等二城。○注：按：屬國凉州二、幽州一、益州三，皆安帝延光初所置。《通釋》靈帝時複置汶山郡，領汶江等三縣。

交治廣信，仍領郡七。『晉志』：桓帝置高凉郡，領高梁等縣。沈約曰：交趾刺史本治龍編。○注：今安南国奉天府治。建安八年，改曰交州，治廣信。○注：即今梧州府治。十六年又徙治南海郡番愚縣。○注：今廣州府治。

拱辰。宫城東西有夾城，各三里。東二門，南曰寶暉，北曰啟明。西二門，南曰金耀，北曰乾通。皇城門凡七。南面三門，中端門。○注：隋名也，唐改曰閶闔。宋亦曰端門。左右掖門。東面一門曰宣仁。西面三門，中曰開化，南曰麗景，北應福。京城门凡十。南面三門。○注：中曰定鼎南曰長夏西曰厚載。東面三門。○注：中曰建春南永通北上東。西面一門曰闕門。北面二門。○注：東延喜，西曰徽安，皆隋唐舊名。

凡郡國百有五。○注：《晉志》作百有八。按舊郡凡百有三。今省城陽、膠東、高密、菑川、真定、廣平、六安、泗水凡八郡，而增置永昌、任城、吴郡、济北凡四郡，又合蜀國比郡者六。合之是百有五。縣、邑、道、侯千一百八十。○注：後漢郡國增于前者二，縣、邑、道、侯，國少于前者三百九十有七。東樂浪、西敦煌、南日南、北雁門、西南永昌，四履之盛，幾于前漢。

董卓賊亂，關東兵起。公孫瓚、袁紹相繼拔冀州，袁術據壽春，吕布據徐州，劉表據荊州，劉焉據益州，張魯據漢中，公孫度據遼東，曹操乘之，遂取中原。至子丕篡易漢祚，昭烈以帝室之胄，恐漢業失墜，即正尊位，以承大統。

後漢。○注：正位蜀漢，繼承大統。

都邑

都成都。

成都攷

府城舊有太城，府南城也。張儀、司馬錯築，一名龜城，俗傳築城未立，有大龜出于江，周行旋走，隋而築之，城因以立。少城府，西城也。惟西南北三壁，東即太城西墉，張儀築。太城，後一年築，晉時猶存。益州刺史治太城，成都内史治少城。隋開皇中，附舊城增築南、西二隅，通廣十里，亦號少城。○注：時秀爲蜀王也[①]。因謂太城爲子城。其後少城復毁。唐乾符三年，高駢展築羅城，周二十五里，名太卒城[②]。

疆域。○注：僅安巴蜀，定都成都，有州三。蜀分益爲梁，又以建寧太守遥領交州，得漢十三州之一。又延熙四年以姜維刺凉州，時凉州止有武都、陰平二郡，亦遥領。

益州　治成都　領郡十二。

蜀郡

犍爲

汶山

越巂

牂牁

永昌　皆故郡。

江陽　建安五年劉璋分犍爲郡置。治江陽縣。

漢嘉　本蜀郡屬國。章武元年改置。

①時秀爲蜀王也：一作『時封子秀爲蜀王也』。　②太卒城：疑爲『太元城』。

南門樓曰太究樓①。後唐天成二年，孟知祥于羅城外築羊馬城，周四十二里。宋嘗營葺。明初，復因舊址增修。周二十里。有新、舊太城，有九城門。少城亦有九門。故有十八門郭門之稱。有小雒郭門、咸門、朔門、陽城、宜門、江橋、市橋、咸陽等名。高駢築羅城，開十門，上皆有樓，有小市橋、小東郭、東閶，西閶等名。明初爲五門，東迎暉、南中和、西清遠、北大安。小西門曰延秋。洪武二十五年塞小西門。今存四，俗呼東、西、南、北。又錦官城在夷里橋南，亦張儀築。錦官者猶合浦之珠官也。城西又有車官城。又，芙蓉城或曰孟蜀營苑。後主盡種芙蓉于城上，謂左右

朱提② 本犍爲屬國。章武元年改置。

建寧 漢益州郡。建興二年改置。治味縣。

雲南 益州永昌郡地。建興二年析置，治雲南縣。

興古 建興二年析益州牂牁郡置。治律高縣。

《晉志》：後主分廣漢，立東漢郡。胡氏曰：洛鄴縣，今潼川州也。又建安十九年，先主入成都，以孔明領益州太守，法正領蜀郡太守。蓋劉璋置益州，與蜀郡并治成都。

①太究樓：疑爲『太元樓』。 ②朱提：漢代縣名，屆犍爲郡，治所在今雲南省昭通縣。

曰此城錦城矣。

梁州　治漢中。領郡十。

漢中

廣漢

巴郡　皆故郡。

梓潼　建安先主分廣漢郡置，治漢壽縣。

涪陵　建安先主分巴都置，治涪陵。

巴東

巴西　俱劉璋分巴郡所置。

宕渠①　建安中先主分巴郡置，治宕渠。

陰平　建安中曹操置，建興七年入于漢。《晉志》云後主置。

武都　亦漢故郡，建興中屬漢。蔣琬分二郡爲涼州②。

①宕渠：此條原無，據《四部備要》本補。宕渠，治所在今四川渠縣東北。　②蔣琬：原作『蔣碗』，據《四部備要》本改。

交　治建寧。

郡國二十有二。東拒吴，北拒魏，以漢中興勢，白帝爲重鎮。

魏之接漢，以灭蜀之年爲斷。○注：魏元帝兴景元四年，實漢後主炎興元年也。然篡漢官自曹操始。

曹操初封魏公，都鄴，子丕篡漢，復都洛陽。黄初二年，以譙爲先人本國，○注：即故豫州治。許昌爲漢之所居，長安爲西京遺蹟，鄴爲王業本基，與洛陽號爲五都。有州十三。

司隸○注：治河南。即漢治也。　領郡六。

河南郡
河内郡
河東郡
宏農郡　皆故郡。
平陽郡　正始八年分河東郡置，治平陽縣。

朝歌郡　黄初二年分河内郡置，治汲縣。

荊州〇注：治襄陽。因劉表舊治，後治宛。嘉平中，又改屯新野。　領郡八。

南陽郡

江夏郡　皆故郡。

襄陽郡　建安十三年，魏武分南郡置，治襄陽縣。

南鄉郡　魏武分南陽郡置，治順陽縣。

魏興郡　建安二十四年，先主分漢中郡所置西城郡，曹丕改置。

新城郡　建安初，劉表分漢中所置房陵郡也。曹丕改置。

上庸郡①　亦建安中析漢中郡置。

義陽郡　黄初二年，分南陽郡置，治安昌②。

①上庸：治在今湖北竹山縣西南。　②安昌：今湖北棗陽東南。

豫州〇注：初治譙，尋治潁川。領郡九。

潁川

梁郡

沛郡

陳郡

魯郡

汝南　皆故郡。

譙郡　建安中，魏武分沛郡置，治譙。

弋陽　黄初中分汝南置，治弋陽。

汝陰　魏武分汝南，置治汝陰縣。〇注：建安二年，曹操分汝南之安陽、郎陵二縣，置陽安都尉，亦曰陽安郡。

青州〇注：治臨淄，卽漢治。領郡七。

齊郡

濟南

樂安
東萊　皆故郡。
城陽　後漢并入琅琊郡，建安中操復分置。本屬徐州，改屬青。
平昌郡　黄初三年，分城陽郡置。治平昌縣。○注：晋废。
長廣郡　建安五年，操分東萊郡置，治不其縣①。

兗州○注：治鄄。嘉平中，屯平阿，今南直懷遠縣東北平阿城。領郡八。
陳留
東郡
濟陰
山陽
任城
東平
濟北
泰山　皆故郡。

①不其：初爲山名，即今嶗山，後又成爲縣名、侯國名、社名、鄉名。秦始皇帝二十六年（前221），置不其縣，治在青島市城陽區。

揚州○注：初治合肥，後治壽春。領郡三。
淮南　漢九江郡。
盧江　漢故郡。
安豐　黄初二年，分盧江郡置。
徐州○注：治鼓城。　領郡六。
下邳①
彭城
東海
琅琊
廣陵　皆故郡。
東莞①　正始初分琅琊郡置，治東莞縣。
涼州○注：治武威。　領郡八。
金城
武威
張掖

①邳：音 Pí。②東莞(guǎn)：今天山東省臨沂市與日照市交界處的沂水、莒縣一帶。

酒泉
敦煌　皆故郡。
西平　建安中，分金城郡置，治西都縣①。
西郡　建安中分張掖郡置，治日勒縣②。
西海郡　即故居延屬國。
秦州○注：治上邽。　領郡六。
隴西
漢陽
武都　皆故郡。
南安郡即靈帝時置。
廣魏　即漢初平所置永陽郡，改治臨渭③。
陰平　本廣漢屬國。建安中魏武改置。太和三年武都、陰平皆入于蜀漢。

①日勒：治所在今甘肅永昌縣西北定羌廟東十里。　②臨渭：縣治在今甘肅天水市東北，南臨渭水。　③臨渭：縣治在今甘肅天水市東北，南臨渭水。

冀州○注：治鄴。　領郡十三。
趙郡
鉅鹿
安平
勃海
河間
清河
中山
常山
魏郡　皆故郡。
平原　漢屬青州，魏改屬冀。
樂陵　建安中，魏武分平原郡置。
陽平　黄初中分魏郡置，治元城縣①。
廣平　黄初二年，分魏郡置，治廣平縣。
《魏紀》：建安八年，魏公操分魏郡置東、西兩部都尉。後以東都

①元城：古縣名，與大名同城而治。民國并入大名縣。即今河北大名城區。

尉分立陽平郡，以西都尉分立廣平郡[1]，謂之三魏。又有郡曰博陵。《晉志》以爲漢桓帝置。魏因之。又高陽郡亦曰桓帝置。又云，太始初置。又章武郡，《晉志》：魏武分勃[2]海國置。又云太始中置。

幽州○注：治冀[3]。 領郡十一。

范陽 即漢涿郡。黄初中更名。燕郡，漢廣陽郡。

右北平

上谷

代郡

遼東

遼西

元菟

樂浪 皆故郡。

昌黎 本遼東屬國，景初中改爲昌黎。

①广平郡：原作『广郡』，据《四部备要》本改。②勃：同『渤』。③冀：《四部备要》本作『蓟』。

帶方郡　建安中分樂浪郡置，魏因之。治帶方縣。○注：在今朝鮮境内。《典略》：景初三年，以遼東、昌黎、帶方、元菟、樂浪五郡爲平州，後合爲幽州。

并州○注：治晉陽。　領郡六。
太原
上黨
西河
雁門　皆故郡。
樂平　建安中魏武分太原地置，治九原縣①。

雍州○注：治長安。　領六郡。
京兆
馮翊
扶風
安定
北地　皆故郡。

①九原縣：曆史上有三個九原縣。此九原縣東漢建安二十年(215)置，治今山西省忻州市。因境内九原山得名。爲新興郡治。北魏太平真君七年(446)廢。

新平　建安中魏武分扶風郡置，治漆縣①。

《晋志》云：魏改京兆尹爲太守，馮翊、扶風各除左右。初，三輔屬司隸。獻帝改置雍州，自三輔距西域皆屬焉。魏析爲凉、秦二州，而雍州不改。

郡國九十有一。東拒吴，西拒蜀，以廣陵、壽春、合肥、沔口②、襄陽、隴西、西陽、南安、祁山、漢陽、陳倉爲重鎮。

孫權割据江東，僭號建業。

初，孫權屯曲阿。○注：今丹陽縣。尋徙屯吴。○注：今蘇州府治。權徙治丹徒，謂之京城。○注：亦曰京口。尋還秣陵，號曰建業，而武昌爲行都。

①漆縣：治所即今陝西彬縣。以縣西漆水得名。　②沔口：漢沔本一水，漢入江處謂之沔口，即今湖北漢口。《通鑒注》今漢陽郡，即夏口也，所謂漢口也，庾仲雍曰，一曰沔口。

○注：章武元年，吴自公安徙都鄂，改曰武昌①。黄龍元年還建業②。甘露元年，又徙都武昌。寶鼎初，還建業。

有州五。○注：吴分漢交州之南海、鬱林、蒼梧爲廣，分荊州之江漢以東爲郢，得漢十三州之三。

揚州○注：治建業。　領郡十三。

丹陽

吴郡

會稽

豫章　皆故郡。

廬江　吴與魏分置，治鏡。

廬陵　建安中孫策分豫章置，治廬陵縣。

鄱陽　建安中孫權分豫郡置③，治鄱陽縣。

新都　建安孫權分丹郡置，治始新縣。○注：今嚴州府淳安縣。

①改：原作『攻』，據《四部備要本》改。　②建業：原并排，據《四部備要本》改。　③中：原無，據《四部備要本》改。

臨川　吴太平三年分豫章郡置，治臨海縣。

臨海　太平三年分會稽東部都尉置，治章安縣。〇注：今台州府東故城。

建安　永安三年分會稽、南部都尉置，治建安縣。〇注：今之建寧府。

吴興　寶鼎初分吴郡置，治烏程。

東陽　寶鼎中分會稽郡置，治長山縣。〇注：今金華府。

荆州〇注：治南郡。　領郡十四。

南郡①

武陵

零陵

桂陽

長沙　皆故郡。

①南郡：始置於秦朝，治所在江陵縣（今湖北荊州）。東漢末年和三國時期治所在公安。唐代南郡更名爲江陵郡，後來又改爲江陵府。

宜都　建安十三年，魏得荆州，分南郡枝江以西爲臨江郡，旋敗還。十四年，蜀先主因分置宜都郡，治夷陵。二十四年入于吴。

臨賀①　黄武中，分蒼梧郡置，治臨賀縣。

衡陽　分長沙西部都尉置，治湘鄉。

湘東　分長沙郡置，治酃縣。

建平　分宜都郡置，　治建平縣。○注：今歸州。

天門　分武陵郡置，　治零陽。○注：今澧州石門縣。

邵陵②　寶鼎初分零陵北郡都尉置，治邵陵縣。○注：今寶慶府。

始安　甘露初分零陵南部都尉置，治始安。○注：今桂林府治。

始興　寶鼎初分桂陽郡置，治曲江縣○注：今韶州治。

①臨賀：治臨賀縣。漢元鼎六年(前111)，漢武帝平南越，在今賀州市北部及昭平縣置臨賀縣，縣治今廣西賀州市賀街鎮。　②邵陵：治今湖南邵陽。

郢州○注：治江夏，今武昌府。領郡未詳。○注：《晉書》：晉滅吴，得州四，謂揚、荊、交、廣也。郢州初置後廢。

武昌　治武昌，漢江夏郡也。本治西陵。

建安十三年移治沙羡①，蓋江夏半入于曹氏。黄武初移治武昌，改曰武昌郡。

蘄春　建安十二年孫權分江夏置。治蘄春縣。○注：今蘄州。

安成　寶鼎二年分豫章廬江郡置，治平都縣。○注：今吉安府安福縣。

彭澤　建安十四年孙權分豫章卢江郡置，領彭澤、柴桑、潯陽三縣。

①沙羡：在今湖北省武漢市江夏區金口。

交州　治龍編①。　領郡七。
日南②
交阯③
九真④
合浦　皆故郡。
新昌　建衡二年置，治麊泠縣⑤。○注：沈改曰：本名新興，晉太康三年改。
武平　治武寧縣⑥。
九德　治九德縣⑦。○注：二郡俱在今安南境，皆寶鼎初置。
廣州○注：治番禺。　領郡七。
南海
蒼梧
鬱林　皆故郡。
高凉　後漢靈帝所置⑧。

①龍編：西漢置。立縣之始，蛟龍蟠編於江津之間，因以爲瑞而名，治所在今越南河内東天德江北岸。②日南：在今越南中部地區。治西卷縣，今越南廣治省東河市。③交趾：郡治交趾縣位於今越南河内。④九真：治所在今越南清化省清化。⑤麊泠：即𪊲泠縣。治所在今越南永富省安朗縣西夏雷村。⑥武寧縣：在越南河北省北寧一帶。⑦九德縣：治所在今越南乂安省榮市。⑧高凉：在今廣東茂名一帶。

高興　吴分高涼置，治廣化縣。〇注：今陽江縣西北。

桂林　寶鼎中分鬱林郡置，治潭中縣。〇注：今柳州府治。

合浦北部　永安六年分合浦郡置[1]，治寧浦縣。〇注：今南寧府描州。

郡國四十三。西拒蜀，北拒魏。以建平、西陵、樂鄉、南郡、巴邱、夏口、武昌、皖城、牛渚圻[2]、濡須塢[3]，後又得邾城[4]、沔口、廣陵，蓋重鎮。

---

①置：本無，據《四部備要》本補。②牛渚圻(qí)：一名牛渚磯，又名採石山。即今安徽馬鞍山市西南採石山。③濡須塢：本水名。今稱運漕河。源出安徽省巢湖，東流至今蕪湖市裕溪口入長江。古代當江淮間交通要道。④邾城：在今湖北黄州市北十里禹王城。

晉○注：傾魏滅吳，天下一統。

都邑

都洛陽。

愍帝都長安，元帝都建康。

疆域○注：分州十九。

○注：沈約《志》：太康元年，天下一統，凡十六州，後又分雍、梁爲益，荆、揚爲江，益爲寧，幽爲平，凡二十州。今從《通典》。

司州○注：治洛陽。　統郡十二。

河南郡　漢郡也。領洛陽等縣十一。

滎陽郡　本屬河南郡。泰始二年分置，領滎陽等縣八。

宏農郡　漢郡。領宏農等縣六。○注：渡江僑立宏農郡于潯陽界內。

洛陽　河南　新城　緱氏　鞏

河陰　陽城　嵩　陸渾　陽翟

汜水

祥符　滎陽　中牟　陽武　苑陵①

密　管城　京②

宏農　靈寶　宜陽　澠池　陝

湖縣　華陰

①苑陵：苑陵縣爲秦始皇所置。秦王政十七年（前230）年秦滅韓，秦王政二十六年（前221）置苑陵縣，屬潁川郡，治所在今新鄭市龍王鄉。秦屬潁川郡，西漢屬河南郡，東漢改作苑陵縣。晉泰始二年（266），新鄭縣并入，屬滎陽郡。　②京：春秋鄭邑，爲共叔段所居。故址在今河南滎陽東南。

建康考：今江寧府。《禹貢》揚州之域，春秋時吳地。○注：《左傳》長岸地。戰國屬越，後屬楚。楚威王初，置金陵邑。○注：相傳地有王氣，因埋金置之，故名。秦改曰秣陵，屬彰郡，漢初屬荊國，後屬吳，又屬江都國。元封初，屬丹陽郡。○注：《丹陽圖》：自句容以西屬彰郡，東屬會稽郡。元封始改彰郡爲丹陽。後漢因之。孫吳自京口徙都此，改秣陵曰建業。晉平吳，移置丹陽郡，兼置揚州治焉。元帝都建康。○注：元興初，避愍帝諱，又改建鄴曰建康。改丹陽太守爲尹。宋、齊、梁、陳因之。隋平陳，郡廢，石頭城置蔣州。大業三年，復曰丹陽。

上洛郡　本漢京兆及宏農地。泰始二年分置，領上洛等縣三。

上洛　盧氏　商洛　拒陽①

平陽郡　魏分漢河東郡置，領平陽縣等縣十二。

平陽　襄陵　洪洞　絳　皮氏②
永安　北屈③　隰川④　永和

河東郡　秦郡也。縣九。○注：安邑漢郡治，渡江後僑立郡于孱陵縣界上明地。

安邑　解　汾陰　猗氏⑤
聞喜　大陽○注：今平陸。

汲郡　本魏朝歌郡，後廢。太始二年改置。領汲縣等縣六。

汲　修武　獲嘉　共○注：今輝縣
隆慮○注：今林縣　朝歌

河内郡　漢郡。領野王等縣九。

野王　平皋　州　軹　沁水
懷　河陽　温　山陽

廣平郡　魏增置。領廣平等縣十五。本屬冀州，晉屬司州。

廣平　武安　涉　臨水○注：今磁州。
襄國　南和　任　曲梁⑥　易陽　平恩⑦
列人⑧　斥章⑨　邯鄲

①拒陽：東晉太和三年(368)置，治今陕西省洛南縣東南。屬上洛郡。後廢。北魏太平真君三年(442)複置，仍屬上洛郡。北周爲拒陽郡治。隋開皇五年(585)改名洛南縣。　②皮氏：皮氏縣秦置，屬河東郡。治所在今山西河津市西。　③北屈：秦以北屈邑置，治今山西省吉縣東北。屬河東郡。　④隰川：治所即今山西隰縣。　⑤猗氏：故治在今臨猗縣南二十里鐵匠營村。　⑥曲梁：西漢元康二年(前64)置曲梁侯國，治今河北雞澤縣南部。後爲縣，屬廣平國。新莽時改稱直梁。東漢後複名曲梁，遷縣於今曲周縣城，屬廣平郡。　⑦平恩：治在河北邱縣南邱城西南四里。　⑧列人：治今河北肥鄉縣東北。　⑨斥章：治今河北曲周縣東南的西呈孟。

唐武德三年，置揚州。七年改爲蔣州。八年復爲揚州，置大都督府。九年揚州移治江都。〇注：以金陵諸邑分屬宣潤二州。至德二載，置江寧郡。乾元元年，改爲昇州。上元初，州廢。大順元年，復置。唐末，楊氏于昇州建大都督府。五代梁貞明三年，徐温徙鎮海軍，治昇州。六年改爲金陵府。石晉天福三年，南唐李氏都之，改爲江寧府。〇注：謂之西都而以江都為東都。宋復爲昇州。天禧二年，升爲江寧府建康軍節度。〇注：仁宗初封昇王。建炎三年，改爲建康府。〇注：時建行都置行宮留守。元爲建康路。〇注：至元二十三年自杭州移江南諸道行禦史臺，治此。

陽平郡　亦魏置。領元城等縣七。本屬冀，晉改屬秦。

頓邱郡　漢東郡地。泰始二年分置，領頓邱等縣四。漢魏俱屬兗州。

魏郡　漢郡也。領鄴縣等縣八，本屬冀州。〇注：晉建興初避諱改鄴為臨漳，時鄴已陷于劉聰。

兗州〇注：治廩延。　統郡國八。

陳留國　漢郡也。領小黄等縣十。東晉咸康四年，于北譙界僑置陳留郡。

元城①　昌樂　陽平　清淵　館陶　朝城

頓邱　陰安　内黄　繁陽　黎陽　衛國

鄴　魏

小黄②

①元城：治所在沙鹿旁（今河北大名縣東）。

②小黄：治今河南開封縣東北。

天曆二年改爲集慶路。○注：《元史》云以文宗潛邸故也。明太祖定鼎于此，曰應天府。國朝順治二年，改曰江寧府。

濮陽國　本漢東郡地，晉泰始間析置。領濮陽等縣四。南渡後僑置淮南。	濮陽　白馬　鄄城　廩邱①
濟陽郡　漢郡。領定陶等縣九。南渡後僑置淮南。	定陶　單父　成武　成陽　乘氏②　己氏③　句陽○注：後省。按：漢所置郡國無濟陽，蓋濟陰之訛。
高平國　漢山陽郡。晉改爲高平國。領昌邑等縣七。安帝時僑置山陽郡，治山陽縣。	昌邑　南平陽　金　鄉　方與　鉅野
任城國　漢故郡。領任城等縣三。	任城　亢父④　樊
東平國　漢故郡。領須昌縣等縣七。	須昌　剛平　無盐　東平陸　壽張　範

①廩邱：治今山東鄆城縣西北。　②乘氏：西漢始置乘氏縣，屬濟陰郡，在今山東巨野龍固鎮。北魏移治今山東菏澤城區。　③己氏：治在今山東省菏澤市曹縣城東南 23 公里安蔡樓鎮楚天集村。　④亢父：治今山東濟寧市南。

濟北國	漢郡。領盧縣等縣五。	盧 臨邑 長清 蛇邱① 東阿 穀城
泰山郡	漢郡。領奉高等縣十一。	奉高 山茌② 博 嬴 新泰縣 萊蕪 牟 鉅平 梁父 南武陽 南成
豫州○注：治項。	統郡國十。	
颍川郡	秦故郡。領許昌等縣九。	許昌 新汲③ 鄢陵 西華 臨潁 郾 召陵④ 颍陰
汝南郡	漢郡。領新息等縣十五。《晉志》惠帝分汝南，立南頓，治南頓縣。明帝分置汝陽郡，治汝陽縣。咸康中廢，尋復置。	新息 汝陽 平輿 北宜春 安城 慎陽 南安陽 上蔡 定潁 新蔡 西平 吴房 濯陽 陽安 平陽

①蛇邱：在今肥城縣境内。②山茌（chí）：治所在今山東長清縣東南三十里張夏鎮。③新汲：治在今河南扶溝縣西南20里汲下村。④召陵：治今河南郾城縣東。

襄城郡　本潁川郡。泰始二年分置，領襄城等縣七。南渡後元帝僑置襄城郡，治繁昌縣。

襄城　繁昌　舞陽　定陵　梁　郟

汝陰郡　魏增置。泰始二年複置，領汝陰等縣七。

汝陰　鮦陽①　固始　褒信　原鹿　新鄀　慎

梁國　漢故郡。領睢陽等縣十三。

睢陽　太康　宛邱　長平　寧陵　武平　虞

沛國　漢舊郡。領相縣等縣九。

相　杼秋②　豐　下邱　取慮　符離　竹　沛　蕭　洨③

譙郡　魏增置。領譙縣等。

譙　鄲城　蘄　酇④　城父　龍元　蒙城　鐘

魯郡　漢郡。領魯縣等縣七。

魯　漢陽　鄒　卞　蕃　公邱　薛

①鮦(zhòu)陽：因在鮦水之陽得名。治所在今安徽臨泉縣西北鮦城。　②杼縣：位於蕭縣西七十五里。　③洨(xiáo)：治今安徽省淮北市相山區。

④酇(zàn)：在今湖北省老河口一帶。

弋陽郡　魏增置。郡領西陽等縣七。	西陽　茹田　定城　期思　軑　蘄春
安豐郡　魏增置。領安風等縣五。	安風　安豐　松滋　義昌　雲婁　蓼
冀州○注：治房子。統郡國十三。	
趙國　漢郡，領房子等縣九。	房子　元氏　下曲陽　鼓城　平　高邑　内邱　柏人　平鄉
鉅鹿國　秦郡也。領癭陶等縣二。	癭陶②　鉅鹿
安平郡①　漢故郡也。領信都等縣。	信都　扶柳　武邑　觀津　下博　廣宗　經城
平原國　漢郡。領平原等縣九。	平原　安德　西平　昌　鬲　般
樂陵國　魏增。置厭次等縣五。	聊城　博平　茌平　高唐　厭次　○注：武定川治。　陽信　樂陵

①安平郡：《四部備要》本作『安平國』。　②癭陶：治在今河北寧晉縣西南29里。

勃海郡　領南皮等縣十。	南皮　阜城　蓨①　東光　清池　饒安　高城　廣川
章武國　魏置郡。領東平舒縣四。	東平　舒　文　安
河間國　漢郡領樂成今獻縣。	樂成　武垣　咸平　中水　鄚州
高陽國　漢郡。領博陸等縣四。○注：《晉志》：太使元年置。或中間廢後復置也。	博陸　樊輿　北新　昌城○注：今雄縣。　蠡吾　高陽
博陵國　漢郡領安平等縣四。	安平　蒲陰　南深澤　饒陽
清河國　漢郡領清河等縣六。	清河　東武城　甘陵　貝邱　繹幕　靈鄃②
中山國　漢郡領盧奴等縣八。	盧奴　唐　誰都　北平　曲逆　新市　魏昌　安喜　行唐
常山郡　漢郡領真定等縣八。	真定　丹陘　獲鹿　靈壽　九門　蒲吾　曲陽

①蓨（tiáo）：在今河北景縣南。　②鄃（shū）：在今山東夏津附近。

幽州○注：治。統郡國七。		
范陽郡	漢涿郡。魏改曰范陽。領涿縣等縣四。	涿 方城 廣陽 良鄉 范陽○注：郡治。 容城 易 迺
燕國	漢故郡。亦曰廣陽國。領薊縣等縣十。	薊 安次 潞 雍奴 泉州 昌平 軍都 居庸
北平郡	秦郡。領徐無等縣四。	徐無 無終① 土垠
上谷郡	秦郡。領沮陽等縣二。	沮陽② 潘
廣甯郡	本上郡地。太康中分领下洛等縣三。	下洛 涿鹿
代郡	秦郡。領代縣等縣四。	

①無終：治今河北玉田縣。

②沮陽：治在河北懷來縣小南辛堡鎮大古城村北官廳水庫畔。

平州　春秋、戰國并屬燕。秦置遼東、遼西二郡。漢初因之。武帝拓朝鮮，并割遼東屬邑，置樂浪、元菟、真番、臨屯四郡。昭帝省臨屯、真番二郡。後爲公孫度所據，自稱平州牧。三國魏分置遼東、昌黎、樂浪、元菟、帶方五郡。晉改遼東，仍隸平州。咸寧二年，以慕容廆爲刺史。後爲慕容廆所據。太和五年屬苻秦。

三。遼西郡　秦郡。領陽樂等縣

陽樂　肥如③　海陽　義豐

平州○注：治昌黎。魏嘗置平州，後罷。後晉寧二年。複分幽州。永嘉以後平州，屬于慕容氏。

統郡五。

二。昌黎郡　魏增置。領昌黎等縣

八。遼東郡　秦郡。領襄平等縣

襄平　新昌　居就　遼陽○注：廢

安市　平郭○注：省。　忟○注：後廢。

六。樂浪郡　漢郡。領朝鮮等縣

朝鮮　遂成　昭明

三。元菟郡　漢郡。領高句驪等縣

高句驪　望平○注：後省。　上殷台①

西蓋馬②

①肥如：在河北盧龍縣西北。

帶方郡　公孫度置。魏因之。領帶方等縣七。

并州○注：治晉陽。建興以後，并州淪没。義熙五年寄鎮淮陰。十四年移鎮蒲阪。

統郡國六。

太原國	秦郡。領晉陽等縣十三。	晉陽　陽曲　榆次　太谷　祁　大陵　平陶　孟　京陵　鄔
上黨郡	秦郡。領潞縣等縣十。	
西河郡	漢郡。領離石等縣四。	離石③　隰城　中陽　介休
樂平郡	魏增置。《晉志》云：太始中置，領沾縣等縣五。	沾縣　壽陽　上艾　樂平

①上殷臺：漢武帝元封三年（前108）置。隸屬玄菟郡。縣治所在鹽難水（今渾江）與哈泥河會合處，即今吉林通化市江北自安古城遺址。②西蓋馬：治所在鴨緑江左岸朝鮮楚山附近。因蓋馬大山得名。東漢安帝時移治今遼寧撫順市勞動公園内古城。③離石：今山西呂梁市離石區。

雁門郡　秦郡　領廣武等縣八。

廣武　原平　平城　繁畤　崞①

九原○注：即秀容。　晉昌

新興郡　魏置　領九原等縣五。

雍州○注：治京兆。　統郡七。

京兆郡　漢郡　領長安等縣九。

長安　霸城　杜城　新豐　陰盤　櫟陽

藍田　高陵　鄭

馮翊郡　漢郡　領臨晉等縣八。

臨晉　下邽②　頻陽　重泉　郃陽　韓城

粟邑

扶風郡　漢郡　領池陽等縣六。

池陽　盩厔③　美陽　鳳翔　陳倉　報風

郿　汧源

安定郡　漢郡　領臨涇等縣七。

臨涇　長武　朝那　鶉觚

北地郡　秦郡　領泥陽等縣二。

泥陽　富平　定安○注：今寧縣。

①崞（guō）：在山西北部，今崞陽鎮。　②下邽：原作『下鄭』，誤。　③盩厔（zhōu zhì）：原作『盩屋』，誤。今周至縣。

始平郡　本扶風地。泰始三年分置。領槐里等縣五。南渡後，僑立郡于武當城。		槐里　始平　鄠①　武功
新平郡　魏置。領漆縣等縣二		漆　新平　栒邑
涼州○注：治武威。永寧以後其地為張氏所據。　統郡七。		
金城郡　漢郡。領榆中等縣五。		榆中　金城　允街　浩亹②○注：音合門　白土
西平郡　魏置。領西都等縣四。		西都③　西宁　衛　临羌④　安夷⑤
武威郡　漢郡。領姑臧等縣七。		姑臧　蕃禾　顯美　鎮蕃　莊浪　蒼松　揟次⑥
張掖郡　漢郡。領永平等縣三。		永平　臨澤
西郡　魏初置。領日勒等縣五。	按：司馬彪《郡國志》：日勒、删丹屬張掖郡。是西郡由張掖分，而漢末不聞有西郡之名。即總序所述漢魏增置，亦無之。	日勒　删丹　仙堤　萬歲　藏池

①鄠(hù)：即户縣，今爲西安市鄠邑區。②浩亹：治所在今甘肅永登縣西南河橋鎮。③西都：今西寧境內。④臨羌：今湟源境內。⑤安夷：今平安境內。⑥揟(xū)次：治在今甘肅古浪縣土門鎮。原作揖次，误。

酒泉郡　漢郡。領福禄等縣	福禄　樂涫[3]　玉門　延齊　會水
九。	
敦煌郡　漢郡。領昌蒲等縣十	昌蒲　乾齊　燉煌　效谷　淵泉　龍勒
二。又惠帝元康五年分燉煌及酒泉	陽關　冥安　廣至　新鄉
地置晉昌郡，領宜禾等縣八。	沙頭　宜禾　寧都　伊吾
秦州○注：初治冀城，後治上邽。	
統郡六。	
隴西郡　秦郡。領襄武等縣	襄武　狄道　首陽
四。惠帝末分置狄道郡，領狄道等	武街○注：屬狄道郡。　洮陽
九。	
南安郡[1]　漢郡。領獂道等縣	獂道　中陶　新興　漳
三[2]。	

①南安：原作南皮，據《四部備要》本改。　②獂(huán)道：今隴西縣三台。　③涫：音guàn。

	天水郡　漢郡。後漢及曹魏皆曰漢陽。晉復曰天水。領上邽等縣六。	上邽　冀　成紀　顯親②　始昌　新陽
	略陽郡　魏廣魏郡。泰始中更名。領臨渭等縣四。	臨渭　平襄　略陽　清水
	武都郡　漢郡。領下辨等縣五①。	下辨　道　沮縣③　武都　河池
	陰平郡　魏置。《晉志》云：泰始中置。領陰平等縣二。南渡後複有南北二陰平郡。南陰平在今四川龍安府東百里。	陰平　平武
	梁州〇注：治南鄭。　統郡八。	
	漢中郡　秦郡。領南鄭等縣八。	南鄭　褒中　西鄉

①下辨：治在今甘肅成縣西北抛沙鎮廣化村。②顯親：東漢建武八年(32)，劃成紀縣地置顯親侯國，封竇友爲顯親侯，在顯親侯國地置顯親縣。東漢建武中元元年(56)，友子固襲封顯親侯，地屬屬天水郡。故治在今甘肅秦安縣東北。③沮縣：治在今陝西勉縣茶店鎮。

	梓潼郡　蜀漢置。領梓潼等縣八。《晉志》：江左孝武時分梓潼北界，立晉壽郡，領晉寺等縣四。	梓橦① 白水 沔陽 涪城 晉壽 興安
	廣漢郡　漢郡。領廣漢等縣三。《晉志》：桓温平蜀，復置遂寧郡。	廣漢 劍閣 德陽 任城
	新都郡　本廣漢郡地。泰始二年分置新都國。領雒縣等縣四。太康尋復置爲郡。	雒 新都 什邡 綿竹
	涪陵郡　蜀漢置。領漢復等縣五。	漢復 漢葭② 涪陵〇注：今彭城縣。 漢平 萬寧
	巴郡　秦郡。領江州等縣四。	江州 臨江 墊江 枳 漢平
	巴西郡　蜀漢置。領閬中等縣九。〇注：《晉志》：蜀漢嘗割巴郡置宕渠郡，晉省，入巴西。惠帝復分置宕渠郡。	閬中 漢昌 西充國③ 岐評 南充 安漢 岩渠 宣漢〇注：宕渠郡

①橦：疑當作『潼』。　②漢葭：治在今四川彭水苗族土家族自治縣鬱山鎮。　③西充國：東漢西充國縣故治在今四川閬中市木蘭鄉。屬巴郡。建安六年(201)，屬巴西郡。東晉永和三年(347)，巴西郡因僚人所據，僑置西充國縣於今四川安縣沸水鄉街場，屬巴西郡。

巴東郡　蜀漢置。領魚復等縣三。　魚複　北井　朐䏰①　南浦

益州○注：治成都。　統郡八。

蜀郡　秦郡。領成都等縣八。　成都　郫　繁　臨邛

犍爲郡　漢領武陽等縣五。　武陽　資中　南安

汶山郡　漢郡領汶山等縣八。　汶山　都安　廣柔　平康　蠶陵

漢嘉郡　蜀漢置領漢嘉等縣四。　漢嘉　嚴道　徙陽②

江陽郡　蜀漢置領江陽等縣三。　江陽　符

朱提郡　漢分建爲郡界置。領朱提等縣五。○注：沈約曰：懷帝分置南廣郡，領南廣等縣四。　朱提　堂琅　南廣　漢陽

①朐䏰：治在今重慶市雲陽縣雙江鎮建民村（原名萬户驛、萬户壩、舊縣坪），轄今之重慶雲陽縣、開縣、萬州、梁平縣等地域。　②徙（sī）陽：本徙人所居，因以爲名。治今全縣東三十里的始陽鎮。

五。

越巂郡① 漢郡。領會無等縣

會無 邛都 臺登 卑水 定筰②

牂牁郡 漢郡。領萬壽等縣八。《晉志》：永嘉五年分牂牁立。平夷○注：今雲南陸涼州。夜郎○注：今遵義府桐梓縣東。二郡，改屬寧州。又有西河郡，領芘蘇○注：大理府雲隴州西。等縣。

萬寿 且蘭 談拒

寧州○注：治雲南。晉泰始七年分益州置。統郡四。

雲南郡 蜀漢置。領雲平等縣九。永嘉三年分雲南、永昌、立河陽郡。治東河陽縣，亦曰東河陽郡。

雲平 遂久○注：後廢。 姑複 美棟

青蛉 葉榆 雲南 雲平 賓川

興古郡 蜀漢置。領律高等縣十一。

律高 宛温 霑益 勝休 漏臥 羅平

馬龍 賁古 句町

①越巂：當作『越嶲（xī）』。在四川。今作越西。②定筰（zé）：今鹽源縣。

建寧郡　蜀漢改置。領味縣等縣十七。

《晉志》：惠帝分建寧以西七郡別立益州郡。永嘉二年改爲晉寧郡，領建伶等縣。成帝時，又分建寧，置建都郡，領新安等六縣。

味　存䣕②　穀昌　秦臧　建伶　連然　昆澤　俞元

永昌郡　漢郡。領不韋等縣八。

不韋　嶲唐③　永平　騰越　蒙化　麗江

青州○注：治臨菑。　統郡國六。

齊國　秦郡。領臨淄等縣五。

臨淄　昌國　安平　廣饒　昌邑

濟南郡　漢郡。領平壽等縣五。

平壽　下密　祝阿　著　膠東　即墨

錢氏《十駕齋》云①：晉《地理志》：青州無北海郡而有濟南郡，統縣五：平壽、下密、膠東、即墨、祝阿。按漢之濟南治東平陵，領縣十四，與此所領無一同者。杜元凱《左傳集解》：皆以晉郡縣證古地名，濟南有歷城、平陵、於陵、濕陰、祝阿諸縣。而平壽、即墨，自屬北海。與此志相校，唯有祝阿一縣相合，余皆乖錯。又《武帝紀》：泰始元年封皇從叔父遂爲濟南王，陵爲北海王，兩郡同時建國，不聞并北海入濟南。志殆誤矣。

樂安國　漢郡。領高苑等縣八。

高苑　朝陽　梁鄒　利益　博昌　臨濟　壽光

①錢氏《十駕齋》：指清代錢大昕《十駕齋養心録》。②存䣕（mǎ）：在今宜賓境内。③嶲（xī）唐：今雲南保山。唐原作『磨』，误。

《宋書·州郡志》：濟南太守領歷城、朝陽、著、土鼓、逢陵、平陵六縣，唯土鼓、逢陵二縣下云晉無，則歷城諸縣皆晉所有也。朝陽縣下云晉曰東朝陽。太康《地志》屬樂安，則歷城諸縣仍屬濟南也。又北海太守領都昌、膠東、劇、即墨、下密、平壽六縣。唯據縣下云晉太康《地志》屬琅琊。今志屬東莞，其餘五縣不云改屬，則晉時平壽諸縣仍屬北海也。杜元凱生于晉世，沈休文去晉未遠，故當取以爲信。蓋濟南郡領歷城、著、平陵、於陵、祝阿諸縣，北海郡領平壽、下密、膠東、即墨、都昌諸縣。史家不知文字爛脱，乃以北海縣入之濟南，後人遂謂晉以平壽爲濟南郡○注：治于欽引《輿地記》。豈其然乎？

城陽郡 漢郡。領莒縣等縣十。

莒 昌安 平昌 淳于① 諸 東武
姑幕② 高密 夷安③

東萊國 漢置。領掖縣等縣六。

不其④ 萊陽 挺⑤ 長廣

長廣郡 魏置。領不其等縣三。

徐州○注：治彭城。統郡國七。

彭城國 漢郡。領彭城等縣七，渡江後亦曰沛郡。

彭城 武原 偪陽⑥ 吕 留城⑦
廣戚⑧

下邳國 漢郡。領下邳等縣七。

下邳 睢陵⑨ 良城⑩ 麥城

①淳于：西漢初置，故治在今山東濰坊市坊子區黄旗堡鎮駐地西南四公里杞城村。屬北海郡。曹魏屬城陽郡。北齊天保七年(556)并入高密縣。②姑幕：故治在今山東安丘市南35公里的石埠子鎮石埠子村。③夷安：治在今山東高密市區。④不其：治在今青島市一帶。⑤挺：治在今山東省萊陽市區南部。⑥偪陽：逼陽縣。在今山東棗莊市臺兒莊區、驛城區一帶。⑦留城：位於山東省濟寧市微山縣境内，曾爲漢初留侯大將張良封地。⑧廣戚：東漢置，治今江蘇省沛縣東。東晉廢(一説南朝宋廢)。⑨睢陵：今約在泗洪縣東南一帶。⑩良城：治今邳州市戴莊鎮良城村。

	東海郡　漢郡。領郯縣等縣十二。《晉志》：元康分東海郡置蘭陵郡，領蘭陵等縣。○注：蘭陵，漢縣，屬東海郡。晉元康分東海爲東蘭陵郡。中朝亂，淮北流民過江，元帝僑置本土，加以南名，置南蘭陵郡。今山東兖州府嶧縣，唐省入承縣，楚之蘭縣也。江蘇常州府武進縣西北有蘭陵廢城，此南兰陵也。	郯縣　朐山[1]　贛榆　祝其　利城　戚　襄賁[2]
	瑯琊國　秦郡。領開陽等縣九。元康七年分置東安郡，領東安等縣。	開陽　鄫[3]　臨沂　即邱　費　華　蒙陰　東安　陽都
	東莞郡　魏置。後廢。太康中復置。領東莞等縣八。	東莞　劇　昌樂　臨朐　朱虛[4]　安印　沂水　蓋
	廣陵郡　漢郡。領淮陰等縣八。義熙中分廣陵置海陵、山陽二郡。	淮陰　斜陽　鹽瀆　江都　輿　海陵

①朐（qú）山：治在今江蘇連雲港市西南海州鎮。《元和志》卷十一朐山縣：『取界内朐山爲名。』②襄賁：治在今山東蘭陵縣城南長城鎮。③鄫（zēng）：本爲與夏朝同姓封國，故城遺址位於今山東省臨沂市蘭陵縣向城鎮西北16公里鄫城前村與鄫城後村之間。④朱虛：位於今山東省臨朐縣臨朐鎮東南25公里城頭。

臨淮郡　漢郡。後改置下邳國。大康初復析置。領盱眙等縣十。	盱眙① 徐縣 淮陵 東陽 棠邑② 下相 司吾③ 高郵
荆州○注：初治襄陽，後治江陵。《晉志》：惠帝元康初分桂陽、武昌、安城三郡及揚之豫章、鄱陽、廬陵、臨川、南康、建安、晉安七郡爲江州。懷帝永嘉初，又分長沙、衡陽、湘東、零陵、貴陽及廣州之始安、臨賀、始興九郡爲湘州，後并入荊州，而江州如故。其江州初治豫章，後入武昌。統郡國二十二。	
江夏郡　漢郡。領安陸等縣七。惠帝分江夏，立竟陵郡，治竟陵縣。	安陸 鄳④ 雲杜⑤ 南新市 竟陵
南郡　漢郡。領江陵等縣十二。	江陵 鄀⑥ 编⑦ 當陽 石首 監利⑧ 州陵⑨ 枝江

①盱眙(xū yí)：今屬江蘇省淮安市。②棠邑：治所位於今南京市六合區西北部。③司吾：故治在今江蘇新沂市境內。④鄳(méng)：在今河南省羅山縣城以西。⑤雲杜：治所即今湖北京山縣。後徙治今湖北仙桃市西北。⑥鄀(ruò)：治今湖北宜城市東南。⑦编：治在今湖北荊門市西北。⑧監利：本作『臨利』，改。⑨州陵：本偃姓古國。西元前701年春，楚武王熊通滅州國，州國地遂爲楚國之地域。州陵縣位於今嘉魚縣長江對岸，洪湖縣沔陽縣與武漢市武昌之間。州陵，《四部備要》本作『州』。

襄陽郡　魏置。領宜城等縣八。又咸和初分置義成郡，領義成等縣。	宜城　襄陽　鄧城　鄾①　山都　邔②　中廬　臨沮　上黄　南漳○注：上二縣晉志無。
南陽郡　秦郡。領苑縣等縣十四。《晉志》：惠帝分南陽，立新野郡，領新野等縣。	宛縣　淯陽③　博望　南陽　西鄂　雉縣④　比陽　舞陰○注：今泌陽。　酈　堵陽○注：今裕州東。　葉縣　昆陽　魯陽　犨⑤○注：今魯山縣東五十里。
順陽郡　本魏所置南鄉郡，晉太康中改。領酇縣等縣八。	酇　南鄉　析　井水○注：內鄉西南面二十里。　築陽　陰　武昌
義陽郡　本魏所置。領新野等縣十二。晉惠帝又分置隨郡，領隨縣等縣。	新野　義陽　平陽　安昌　平氏　穰縣　冠軍　涅陽　棘陽　朝陽○注：新野縣西。　蔡陽
新城郡　魏置。領房陵等縣四。	房陵　沶○注：音祁鄉⑥

①鄾（yōu）：在今中國湖北省襄樊市北。　②邔（qǐ）：在今中國湖北省宜城縣。　③淯（yù）陽：即育陽縣。在今河南南陽縣南六十里。　④雉縣：治在今河南省南召縣東南。　⑤犨：音chōu。　⑥沶鄉：一作祁鄉縣。三國魏置，屬新城郡。治所在今湖北南漳縣西南。南朝梁廢。

魏興郡　魏置。領晉興等縣六。

晉興　西城　洵陽　安康　廣城　錫②

上庸郡　魏置。領上庸等縣六。晉惠帝時分新城、魏興、上庸三郡，屬梁州。又南渡後，謂上庸、新城、魏興及襄陽、義成、竟陵、江夏爲沔中七郡。

上庸　上廉

建平郡　本吳置。治姊歸。晉治巫縣。太康初以吳置郡，并入。領巫縣等縣八。

巫　沙渠③　歸鄉④〇注：東晉置。　信陵

宜都郡　蜀置。領夷陵等縣縣三①。

夷陵　佷山⑤　宜都

①夷陵：原作『陵』。　②錫：楚頃襄王十八年（前281），秦滅楚後，在錫穴（湖北鄖縣五峰一帶）置錫縣，隸秦國漢中郡。西漢隸益州刺史部漢中郡。東漢建安十六年（211），漢魏公曹操打敗張魯，錫縣屬西城郡（今陝西安康北）。三國魏文帝黄初四年（223），改西城郡爲魏興郡。錫縣屬之。魏文帝太和二年（228）立錫郡，錫縣爲郡治。景初元年（237）廢錫郡。錫縣改屬梁州漢中郡。西晉武帝太康五年（284）廢錫縣。　③沙渠：治今湖北省恩施市。　④歸鄉：治今湖北秭歸縣（剪刀峪）西北。　⑤佷（hěn）山：治今湖北長陽土家族自治縣西三十六里州衙坪。

南平郡　本吴所置南郡。吴得江陵，移南郡，治公安。晋平吴，南郡復治江陵而改其故南郡爲南平郡。領作唐等縣三。

作唐①○注：今安郡鄉。　南安　江安

武陵郡　漢郡。領臨沅等縣十五。

臨沅　黔陽　漢壽　沅南　龍陽　酉陽　辰陽　舞陽

天門郡　吴置。領零陵等縣五。

零陵　澧陽②　臨澧　充　漊中③

長沙郡　漢郡。領臨湘等縣十。○注：沈約曰：元康九年分長沙，置建昌郡，領巴陵等縣四。宋元嘉十六年，爲巴陵郡。

湘　羅　瀏陽　醴陵　下雋　攸　蒲圻④　巴陵　吴昌

衡陽郡　吴置。領湘鄉等縣九。

湘鄉　湘潭　新康　益陽　永陽　鍾武　衡山

①作唐：治今湖南安鄉縣安全鄉槐樹村。

②澧(lǐ)陽：治今湖南石門縣。澧，水名。

③漊(lóu)中：治今湖南慈利縣西北。梁以後廢。漊，水名。

④蒲圻：《四部備要》本作『蒲』。

	湘東郡　吳置。領臨縣等縣七。	酃① 陰山 茶陵 臨丞 新寧 新平
	零陵郡　漢郡。領泉陵等縣十一。《晉志》：穆帝時分零陵，立營陽郡，領營道等縣。	泉陵 觀陽 祁陽 春陵 營浦
	邵陵郡　吳置。領邵陵等縣六。	邵陵 建興 高平 都梁 夫夷 武岡
	桂陽郡　漢郡。領郴縣等縣六。	郴 耒陽 臨武 南平 便 晉寧②
	武昌郡　吳置。領武昌等縣七。	武昌 沙羡③ 鄂 陽新 下雉④ 沌陽⑤ 灄陽⑥
	安成郡　吳置。領平都等縣七。《晉志》：吳屬揚州，晉改屬荊州。	

①酃(líng)：治所在今衡陽市珠暉區酃湖鄉。　②晉寧：《四部備要》本無。　③沙羡：西漢置。治所在今湖北武昌西金口。三國吳廢。晉太康初複置，移治夏口(今武漢市武昌)。太元三年(西元378年)廢入沙陽。　④下雉：漢高祖六年(前201)年，分南郡始置下雉縣，治在今湖北省黄石市陽新縣富池口，隸屬江夏郡。新莽改下雉爲閏光縣。東漢建武十三年(37)複爲下雉縣。三國時屬吳，魏黄初二年(221)，孫權改江夏郡置武昌郡，分下雉縣置陽新縣(今陽新縣、通山縣地)。東晉元熙中，下雉入陽新。後複置。隋合下雉、陽新縣爲永興縣。　⑤沌(zhuàn)陽：故城在今湖北漢陽縣西。按《晉書地理志》及《文獻通考》，皆無沌陽名，此故城自系齊時所建，而宋志以沌陽爲江左立，元和志以爲晉於臨嶂山下置沌陽縣，諸説不同。沌，水名。上游爲東荊河，至漢陽沌口注入長江。　⑥灄(shè)陽：西晉永安元年(304)置，屬江夏郡。治所在今湖北黄陂縣西南。北周廢。灄，水名，入長江。

揚州〇注：初治壽春。太康二年移治秣陵。東晉時治建康。興寧間又移鎮故孰，尋復故。

統郡十八。

丹陽郡　漢郡。領建業等縣十一。元帝建都揚州，改丹陽太守爲尹。

建業　于湖　秣陵　江寧　丹陽　江乘　湖熟　句容　溧陽　永世

宣城郡　本丹陽郡地。太康二年分置。領宛陵等縣十一。

宛陵　春穀　石城〇注：今貴池縣。臨城〇注：今青陽。陵陽〇注：青陽縣南六十里。宣城　涇　安吴　寧國　懷安　廣德

淮南郡　秦漢舊郡。領壽春等縣十六。

壽春　臨淮　鍾離　平阿　定遠　西曲陽　陰陵　下蔡　義成　成德　俊遒　上黨　歷陽　烏江

盧江郡　漢郡。領陽泉等縣十。

陽泉　龍舒　舒城　襄安　居巢　盧江　灊①　尋陽

昆陵郡　分吴郡地置。領丹徒等縣七。

丹徒　武進　無錫　暨陽　曲阿　延陵

①灊(qián)：今安徽省灊山市。

吴郡　漢郡。領吴縣等縣十一。	吴　婁　海虞　太倉　臨官　富陽　新城　建德　桐廬　壽昌　嘉興　海臨
吴興郡　吴置。領烏程等縣十一。《晉志》：永興中割吴興及丹陽郡置義興郡，領陽羨等縣。	烏程　餘杭　臨安　於潛　長興　武康　安吉　原鄉　陽羨○注：今宜興縣。　國山　臨澤
會稽郡　秦郡。領山陰等縣十。	山陰　永興　餘姚　上虞　剡①　鄮②○注：今鄞縣。
東陽郡　領長山等縣九。	長山　吴寧　義烏　永康　龍遊　定陽　遂昌
新安郡　吴所置新都郡也。晉改領始新等縣六。	始新　歙　海寧○注：今休寧。　黎陽　黝③　遂安
臨海郡　吴置。領章安等縣八。	章安　寧海　始豐　臨海　長山　松陽　永嘉　安固　橫陽○注：分安固置。

①剡(shàn)：治在今浙江嵊縣西南十二里。　②鄮：音mào。　③黝：東漢建安十三年(208)，改黝縣爲黟縣(即今安徽黟縣)。

建安郡　吴置。領建安等縣七。

晉安郡　本建安郡地。太康二年分置。領原豐等縣八。

豫章郡　漢郡。領南昌等縣十六。《晉志》：永興初分廬陵、武昌郡地，置尋陽郡，領柴桑等縣柴桑孫吴置。

按：漢時尋陽縣本在江北，今湖北黄海縣界。晉時移郡，治柴桑。又省尋陽入之，自是以郡治之柴桑爲尋陽。隋廢柴桑，於湓口故城改置，唐因之。於是又以湓口爲尋陽，而名益淆。《明一統志》云：尋陽縣城在今九江府西十五里，本漢尋陽縣。其縣城晉孟懷玉所築，隋因水患移入附郭。今名故州曰彭蠡、曰湓城，即其地，尤無所據。

南昌　宜豐○注：今新建。　豐城　新吴　豫寧　永修○注：今寧州。　建成○注：今高安。　望蔡○注：今上高。　康樂○注：今萬載。　建昌　新淦①　吴平　彭澤　桑乾

臨川郡　吴置。領臨汝等縣十。

臨汝　新南城　南豐　西豐　宜黄　安浦

①新淦(gàn)：治今江西樟樹市。淦，水名。

鄱陽郡　吴置。領廣晉等縣八。

廣晉　鄱陽　餘干　樂安　晉興　葛陽　鄡陽

按：廣晉即吴之廣昌縣。晉太康元年，改曰廣晉。移鄱陽郡來治，是改廣昌，非改鄱陽也。晉、宋、齊三《志》，鄱陽、廣昌并見。《梁書·陸襄傳》：鄱陽郡民鮮于琛殺廣晉令王筠，可知此縣在梁時尚存。《隋志》不言，陳時廢耳。《元和志》謂晉武帝改鄱陽爲廣昌，隋開皇九年，改廣晉爲鄱陽，與諸史不合。《明統志》又謂宋省，亦誤。

廬陵郡　吴置。領西昌等縣十。

西昌　興平　高昌　石陽　吉陽　陽豐　遂興

按：《晉志》：廬陵郡首西昌縣，當爲郡治。而《元和志》言晉時治石陽，諸志亦不云嘗治西昌也。以《寰宇記》高昌本廬陵説考之，則吴時及晉初郡治，當是高昌。《志》訛高昌爲西昌。

南康郡　本吴所置廬陵南部都尉，太康三年改置郡，領贛縣五。

贛　雩都①　寧都　南康　陂縣

交州○注：治龍編。　統郡七。

合浦郡　《漢志》領合浦等縣六，《晉志》太康初省珠崖入合浦。

合浦　徐聞　臨允　高涼　朱盧○注：舊屬珠崖郡②。

①雩(yú)都：今作於都。以北有雩山，得名雩都。雩，本作『雲』，改。　②屬：《四部備要》本作『本』。

交趾郡　漢置。領龍編等縣十四。

新昌郡　吴置。領麊泠等縣六。

武平郡　吴郡。領武寧等縣七。

九真郡　漢郡。領胥浦等縣七。

九德郡　吴置。領九德等縣八。

日南郡　秦象郡。漢曰日南。領象林等縣五。

廣州○注：治番禺。《晉志》：太康初吴平，以荊州之始安、始興、臨賀三郡來屬。懷帝永嘉初，又以三郡屬湘州。成帝時又以三郡還屬荊州。

統郡十。

龍編　朱䳒　勾漏　南定　泗城　軍平　麗江　鎮安　思明　田州　利州　聿議州　向武州　都唐州　江州

麊泠[1]

武寧　封谿

胥浦　居風　安顺　高安　松原　都龐

九德○注：即驩州治。　越裳　陽遂　浦陽　咸驩

朱吾　西卷　象林　比景　會勞　盧容

①麊（mí）泠：一作『麊泠』。

	南海郡　秦郡。領番禺等縣六。成帝時又分南海，立東莞郡，領寶安等縣。安帝又分東莞立義安郡，領海陽等縣。恭帝時又分南海，立新會郡，領盆允等縣。	番禺　新彝○注：後改屬新會郡。　四會　博羅　龍川　寶安　安懷
	臨賀郡　吴置。領臨賀等縣六。	臨賀　馮乘①　富川　封陽　興安
	始安郡　吴置。領始安等縣七。	始安○注：今臨桂县。　平樂　荔浦　熙平　永豐
	始興郡　吴置。領曲江等縣七。	曲江　中宿②　桂陽　湞陽③　含洭④　准興　陽山
	蒼梧郡　漢郡。領廣信等縣十。《晉志》：穆帝分蒼梧立晉康郡，領端溪等縣。又立新寧郡，領新興等縣。又立永平郡，領安沂等縣。	廣信　建陵　遂成　猛陵⑤　安沂　天寧

①馮乘：縣治于深平城，即今湖南省江華瑶族自治縣濤圩鎮連山脚村。縣域包括今湖南省江華瑶族自治縣大部、廣西壯族自治區富川瑶族自治縣東部。

②中宿：治所在今廣東清新縣龍頸鎮城村。　③湞陽：治今廣東省英德市。　④浛洭（hánkuāng）：唐作『浛洭縣』，宋作『浛光縣』。西漢置。以境内有洭水得名。治今廣東英德市西北浛洸。　⑤猛陵：治在今廣西蒼梧縣西孟陵。

	鬱林郡　漢郡。領布山等縣九。	布山　阿林　鬱平①　武熙　領方
	桂林郡　吴置。領潭中等縣八。	潭中　陽壽
	高涼郡　漢置。領安寧等縣三。	安寧　高涼
	高興郡　吴置。領廣化等縣五。《晉志》：武帝後省入高涼。	廣化　西平
	寧浦郡　吴合浦北部也。晉置郡。領寧浦等縣五。	寧浦　平山　興道　簡陽　始定　吴安
	郡國一百七十有三。○注：晉太康初因後漢及三國之舊，其增置者十五郡而已。《晉志》增置二十有三，誤。縣一千一百有九，幾于秦漢之境矣。	

①鬱平：《四部備要》本作『西平』。